国学经典 | 典藏版

人物志

[三国魏] 刘劭 著　[西凉] 刘昞 注

杨新平　张锴生　注译

中州古籍出版社
·郑州·

图书在版编目(CIP)数据

人物志 /（三国魏）刘劭著；（西凉）刘昞注；杨新平，张锴生注译 . —郑州：中州古籍出版社，2018.1（2022.2重印）

（国学经典：典藏版）

ISBN 978-7-5348-7419-2

Ⅰ.①人… Ⅱ.①刘…②刘…③杨…④张… Ⅲ.①人物志-中国-三国时代②人才学-中国-三国时代③《人物志》-注释④《人物志》-译文 Ⅳ.① C96-092

中国版本图书馆CIP数据核字（2017）第265446号

RENWU ZHI

人物志

责任编辑 高林如
责任校对 温向苏
美术编辑 曾晶晶

出版社	中州古籍出版社（地址：郑州市郑东新区祥盛街27号6层 邮编：450016 电话：0371-65723280）
发行单位	河南省新华书店发行集团有限公司
承印单位	河南新华印刷集团有限公司
开　　本	640 mm×960 mm　1/16
印　　张	17
字　　数	208千字
印　　数	8 001—10 000册
版　　次	2018年1月第1版
印　　次	2022年2月第4次印刷
定　　价	59.00元

本书如有印装质量问题，请与出版社调换。

前　言

在中国数千年的历史岁月和思想历程中，遗留下来许多光照千古、传之万世的不朽著作，闪耀着中华民族杰出人物光辉思想的千古火花，并在世界思想史、文化史的发展中占有一定的地位。如感知万物、预测万事的《易经》，阐述道化、无为而治的《老子》，中庸处事、可治天下的《论语》，奇正变化、百战不殆的《孙子兵法》，载叙人物、纪传传世的《史记》，资于治世、以史为鉴的《资治通鉴》，但在识才用人、成就大业方面，却有一本藏之名山、登峰造极的不朽著作——《人物志》。由于此书所涵盖的理论，融会贯通了儒家、道家、法家、名家、阴阳家等先秦两汉时期的学术思想，在知人、识人、用人、培养人诸方面都有非常独到的见解和博大精深的论述，并把它们发展到一个前所未有的高度，对后世产生了深远的影响。所以，宋代阮逸评论说："王者得之，为知人之龟鉴；士君子得之，为治性修身之檠栝。"明代郑旻评论说："三代而下，善评人品者，莫或能逾之矣。"前人都对此书评价极高。20世纪30年代，此书被美国著名心理学家施莱奥克（J. K. Shryock）译成《人类能力之研究》，并在美国出版，至今在欧、美及日本仍有众多的研究者，并产生着较大的影响。

一

　　《人物志》一书的作者是三国时期魏国的刘劭。据《三国志·魏书·刘劭传》所记载：刘劭，字孔才，广平邯郸（今属河北）人。他的生卒年月在史书上没有确切的记载，故暂无可考定。

　　关于刘劭之名，《三国志·魏书·刘劭传》上为"劭"字，隋唐《经籍志》著录《人物志》皆为"刘邵"撰，唐代刘知幾《史通·自序篇》却提"故刘劭《人物志》生焉"，宋代阮逸《人物志序》及明清两代各种版本中如《四部丛刊·人物志》（据明正德本影印）与《四库全书·人物志》本大多皆为"邵"字。《四部丛刊·人物志》中所载《刘邵传略》中宋代宋庠考证说："据今官书《魏志》作勉劭之'劭'，从力。他本或从邑者，晋邑之名。案：字书此二训外，别无他释。然俱不协孔才之意。《说文》则为'邵'，音同上，但召旁从阝耳，训高也；李舟《切韵》训美也。高、美又与孔才义符。扬子《法言》曰周公之才之邵，是也。今俗写《法言》亦作邑旁。'邵'，盖力、阝文近易讹，读者又昧偏旁之别，今定从'邵'云。"我们认为：刘劭本名应为"劭"字。后来，到南北朝西凉时，刘昞为其书作注。北魏太武帝拓跋焘平凉州后，士庶东迁，夙闻刘昞其名，拜为乐平王从事中郎。刘昞所注刘劭的《人物志》一书，也必流传于北魏。北魏孝庄帝元子攸之兄彭城王名元劭，当时所流传之《人物志》为避元劭之讳，故改为"邵"。此事当有旁例，如北齐有邢劭其人，《北齐书·邢邵传》、《北史·邢邵传》皆作"邵"字，《北齐书·邢邵传》云："少时有避，遂不行名。"故《资治通鉴》卷第一百五十四胡三省注"邢子才"条却云："邢劭字子才，避魏主兄彭城王劭讳，故以字行。"《三国志》为晋人陈寿所著，当时还未有北魏王朝，自然不应避讳，在年代上又离曹魏很近，档案资料尚存，在刘劭之名上似不应出现错误。所以，我们认为，刘劭之名是在北魏时期为避彭城王元劭之名讳,在《人物志》一书上被改为刘邵的,隋唐《经籍志》和后世《人物志》版本又大多从之。

刘劭在东汉建安(196年—219年)年中,曾做过府郡的计吏之类的小官。到许都后,曾在尚书令荀彧处所倡言不必为日蚀废辞朝会与聚会,深得荀彧嘉许。后拜为太子舍人,又升迁为秘书郎。

魏文帝曹丕黄初(220年—226年)年间,又改任尚书郎、散骑侍郎。受魏文帝诏,集五经群书分类汇辑,作《皇览》一书,以供君王择要分类阅读。从这点可以看出,刘劭博览群书,深谙先秦两汉各家流派学术思想渊源。

魏明帝曹叡即位后,刘劭出任陈留(今河南开封市东南)太守,治绩卓著。朝廷又征召他为骑都尉,与议郎庾嶷、荀诜等册定法律,作《新律》十八篇,又著有《律略论》,由此可见,刘劭在法制上也颇有建树。后来,又升任散骑常侍。当时传闻辽东公孙渊受了东吴孙权封予的燕王称号,大臣皆主张派兵征讨,独刘劭以为不可。他认为公孙渊之父公孙康当年曾斩袁尚兄弟之首效忠朝廷,现在应该加以宽贷,以待其变。后来,公孙渊果然也斩孙权使者之首送来魏都。魏明帝青龙(233年—236年)年间,东吴军队围困合肥,当时,东方守边的将士都在休整,征东将军满宠上表请求朝廷派兵,刘劭建议先派数千精兵,虚张声势,使东吴军队以为魏国大军赶到,惊恐逃走。后来,果如刘劭所言。从这些事件的处理上,又可以看出刘劭具有卓越的谋略才能。魏明帝景初(237年—239年)年间,刘劭受诏著《都官考课》七十二条,开官吏考核的条文制定之先河。此外,刘劭曾写过《赵都赋》、《许都赋》、《洛都赋》等,文辞优美,深受魏明帝的赞美嘉许。另外,为移风易俗,刘劭还著有《乐论》十四篇,不料,恰逢魏明帝驾崩,来不及颁布施行。从这些又可以看出,刘劭又富有文学艺术才能。

当时,魏文帝下诏求贤,散骑侍郎夏侯惠上书推荐刘劭说:我见常侍刘劭，内心忠厚，意志坚定，考虑问题比较周全并且符合天数，凡是遇到错综复杂的大事，必定考虑其源远流长的前后关系，因此，不论众人才能大小，都学习他与自己相近的长处而细加斟酌度量。所以，本性诚实的人都佩服他平和公正，清静不争的人都羡慕他谦虚退让，崇尚儒学的人都赞扬他推理详密，逻辑严密的人都清楚他法则精通，善于思考的人都知道他深不可测，喜好写作的人都深爱他著论文辞，主张法制的人都尊奉他化繁为简，长于谋略的人都称赞他玄机妙化。所有这些论述，都是赞扬他的群才各取适合于自己的长处而推举的刘劭才能的某个方面。基于以上这些评价，夏侯惠认为：像刘劭这样不是世上所常见的奇才，适宜于辅佐机要大事，应该接纳他运筹帷幄，也即推荐他担任丞相重职，执掌军国大事。从以上这些论述来看，当时人们对刘劭的各种才能评价甚高，只是时运不济，当时正逢司马懿专权的时代，正直之士不屑卖身投靠，与之为伍。所以，历史没有给刘劭一个施展才能与抱负的机遇。

后来，到魏齐王正始（240年—248年）年间，刘劭已不问政事，专以讲解儒家经学，被赐予关内侯的爵位。他死后，朝廷追赠他为光禄勋。

二

三国时代，是一个群星灿烂、英雄辈出的时代，历史造就出诸葛亮、庞统、关羽、张飞、赵云、姜维、周瑜、鲁肃、陆逊、郭嘉、司马懿、钟会、邓艾等一大批文武人才，曹操更是提出了唯才是举的崭新口号："治天下，平时尚德行；有事尚功能。"这才上演了一幕幕龙虎英雄风云际会的历史大剧。刘劭《人物志》也就产生在这样的历史背景下。由于刘劭博览群书，学贯百家，他荟萃融合了儒家、道家、法家、名家、阴阳家等先秦两汉学术思想流派的精华，并把前贤知人用人的思想提炼、升华后，才得以创作出这一人才学上的绝世之作——《人物志》。

我们综观《人物志》全书，可以看出，刘劭的人才学理论可分为三大部分。

第一部分是关于人才的本体论。

在人的各种资质及其表现特征方面，刘劭在《九征第一》中认为：人的德才的本源，是出自于人的思想和本性。凡是有生命的物体，没有谁不是以元气为本质的，凭阴阳二气形成个性，依金、木、水、火、土相生而形成筋、骨、血、气、肌肉的形体。通过形体与素质，可以去探索人的思想与本性。在人体自身的素质能量中，以各种性情中的中正和谐最为珍贵，只有这种平淡的性情，才能协调发展成为仁、义、礼、智、信这五种优秀品德。关于中庸平淡的思想，著名大学者钱穆曾评价说："刘邵所用'平淡'二字，明是老庄思想；但其用'中庸'二字，则自儒家来。刘邵将此儒、道二家思想配合而自创一新说，此在汉儒中甚少见。"关于仁、义、礼、智、信这五种品德，《孟子·告子上》云："恻隐之心，仁也；羞恶之心，义也；恭敬之心，礼也；是非之心，智也。"这只是阐述了其内涵。到西汉董仲舒时，已把这五种品德称为五常，列为"三纲五常"学说的重要内容。东汉王充在《论衡》中认为：人们性情的善恶贤愚，全在于"五常之气"的厚薄多少。虽说有一定的道理，但还是没有讲清五常的本质。刘劭认为："骨植而柔者，谓之弘毅。弘毅也者，仁之质也。气清而朗者，谓之文理。文理也者，礼之本也。体端而实者，谓之贞固。贞固也者，信之基也。筋劲而精者，谓之勇敢。勇敢也者，义之决也。色平而畅者，谓之通微。通微也者，智之原也。五质恒性，故谓之五常矣。"显而易见，他通过元气形成人的形体，人的形体又是"五常"的本质的层层推理，已把人的仁、义、礼、智、信五种品德归结于从元气中产生，这是一种唯物主义的思想观点。同时，他又认为"五常"是代表五种不同物质的品德。即："五常之别,列为五德。是故温直而扰毅,木之德也。刚塞而弘毅,金之德也。愿恭而理敬,水之德也。宽栗而柔立,土之德也。简畅而明砭,火之德也。"这显然是从《尚书·皋陶谟》中的"宽而栗,柔而立,愿而恭,乱而敬,扰而毅,直而温,简而廉,刚而塞,强而义"这"九德"综合发展而来,又参照了《黄帝内经》中所说的金、木、水、火、土"五形之人"的分类法,这种把人的品德按五种物质归纳成五类的分类方法,是一个创造性的发展。

至于人的品德精神的特征(即所谓"征神")怎样表现出来,古人多认为眼神可以表现人的品德的特征。《孟子·离娄上》与《周书·官人解》中都有评说,但都不完善。刘劭认为:人的外在仪容、声音、目光的变化,均发自于内心。所以,真诚的仁爱,必然显露出温柔的神色;真正的勇敢,必然显露出坚强的神色;真实的才智,必然显露出明达的神色。仁慈的目光,体现出的是心灵的精华,给人以诚实正直的印象;勇敢的目光,体现出的是肝胆的精华,给人以光亮逼人的印象。但以上皆是偏才,因为其内在资质是通过某种特别突出的形体特征表现出来,并不精纯,所以,人体上的整体机能就得不到充分的控制与发挥。唯有中庸之道的品德,把仁、义、礼、智、信五种品德合而为一,中和成一种平淡的味道与本质。五种品德的资质充实于内心,五种品德的精华外露于目光中,因此,眼光中放出的神采就是仁、义、礼、智、信五德的光辉。所以,刘劭得出一个正确的结论:"物生有形,形有神精,能知精神,则穷理尽性。"可以看出,刘劭对"征神"的阐述更全面完备,更有实践意义。为了更进一步探索人的性情的特征,刘劭又总结出"九征"之说:善良与邪恶的本质全在于元神,明慧与愚蠢的实体全在于元精,勇猛与胆怯的态势全在于筋腱,坚强与懦弱的培育全在于骨骼,暴躁与镇静的先决全在于气血,悲伤和欢喜的情感全在于脸色,衰退与端正的形态全在于仪表,奸邪与宽容的变化全在于面容,和缓与急切的情状全在于语言。

这种方法比较系统而完备，对于识别人才具有较大的实用意义。

关于人的资质与洞彻事理的关系，刘劭在《材理第四》中认为：由于事物的原理有四种情况，阐明这些原理也就形成了四家流派；各家的性情又因与事理不尽相同，于是就产生了九种偏见；如若性情不精纯通达，就容易出现七种似是而非的现象；在阐释事理时不洞彻，则会形成三种失误；在辩驳时不谨慎，就可能产生六种不同的情绪；要想通晓天下情理，就必须具备八种才能。刘劭对上述四种原理、四家流派、九种偏见、七种现象、三种失误、六种情绪和八种才能的论述详细精辟，具有较大的参考意义。其人才理论中博采众家的特点，由此也可以略窥一斑。

关于人的资质与所具才能的关系，刘劭在《材能第五》中认为：人的能力，出自于人的才智，而人的才智的大小是不一样的。才智不同的人才，应该担任不同的职务。他们一旦参与治理国家，就必然会采取不同的治国方略。因此，他详细探讨了八种人才所适宜担任的职务及他们各自的治国方略。

关于人的个性及其所适宜从事的职业，刘劭在《体别第二》中认为：在个性方面，亢奋进取和拘谨保守都违背了平淡通达的中庸之道。人的个性可以分为十二种，他详细地阐述了这十二种个性的优劣之处及其所适宜的工作。这不仅是对《逸周书》上所列举的十二种个性的继承、发展与完善，其独到之处，还在于针对这十二种人才的优劣，提出了怎样充分发挥他们才能的方法。

关于人才的各种类型及其所适宜担任的职务，刘劭在《流业第三》中认为：人才的类型可分为十二种，其中以一身兼具德、法、术三种才能的国家脊梁一类的国体人才为最高智慧人才。根据这十二种人才的特长，他又分别指出了他们各自适宜担任的职务。而对于其中六种人才，他在《利害第六》中又特别指出了他们的职业利弊。三国以前的人才分类杂乱肤浅，刘劭的人才分类方法简明、清晰、准确、实用。至于刘劭的十二种人才的"十二用"方法,则是对《逸周书》和《大戴礼》所阐述的"九用"的继承与发展,这都对后世产生了深刻的影响。

第二部分是关于人才的认识论。

关于怎样识别人才,刘劭在《接识第七》中认为:由于人的性情的本源是非常难以探索的,许多人能够认识与自己同一种类型之人的优点,却不能认识与自己不同类型之人的长处。所以,精通一种流派才能的人,能认识和发掘同一种流派之人的长处;兼具两种流派才能的人,能认识和发掘两种流派之人的长处;具备各种流派才能的人,那就能认识和发掘各种流派之人的长处。至于在接谈中如何了解一个人是兼才还是偏才,刘劭列出了区别的方法,还指出了偏才常犯的过失。

关于怎样认识、评价英雄人才,刘劭在《英雄第八》中认为:聪明杰出的人可以称为英才,胆力超凡的人可以称为雄才。聪明必然从策划谋略开始,英明卓识又能见机行事,其胆识又具备临机决断的能力,唯此才可以成为英才。气力超过常人,勇气又能遇难而行,才智又足以决断事宜,唯此才可以成为雄才。所以,英才只可以为相,雄才只可以为将。在一个人身上,是英才的成分多一些好呢?还是雄才的成分多一些好呢?英才与雄才的素质与成分的多少,是立于不败之地的决定性因素。英而不雄,则群雄不服;雄而不英,则智者不归。如若一人兼有英雄双才,则可以驾驭天下英雄。能驾驭天下英雄,则可以成就大业。虽然"英雄"称谓已散见于先秦典籍中,东汉末年王粲又著有《汉末英雄传》,但刘劭这样深刻的英雄理论,详细精妙,前所未有,的确是英雄理论中的千古绝唱!

关于怎样识别和挖掘人才,刘劭在《八观第九》中认为:众多的人才性情品质种类各异,理想志向也不尽相同,如何观察他们是否通达顺畅,所依据的标准有八个方面。即:"一曰观其夺救,以明间杂;二曰观其感变,以审常度;三曰观其志质,以知其名;四曰观其所由,以辨依似;五曰观其爱敬,以知通塞;六曰观其情机,以辨恕惑;七曰观其所短,以知所长;八曰观其聪明,以知所达。"刘劭的"八观法"较之《太公六韬》中的"八观法"与"六观法"、《逸周书·官人解》中的"六观法"、《吕氏春秋·论人》中的"八观法"以及诸葛亮的"七观法"有不少的继承与发展,具有不少科学的成分,颇具实用的价值。

第三部分是关于人才的发展论。

关于认识人才的复杂性及其局限性方面,刘劭在《七缪第十》中认为:由于人才在思想上具有一定的复杂性和局限性,在辨别人才的种类、优劣等方面的道理上,其中奥妙无常的地方又难以详尽阐明,当人们按照自己的性情去鉴定考察不同的人才时,存在的谬误大约有七种:一是考察人的声誉时,有偏颇不全的错误;二是待人接物时,易受爱憎的干扰;三是审查人才志向时,有不分大小的失误;四是品评人物素质时,不能区别早智与晚成;五是辨别人才类型时,有同类相敬或相争的迷惑;六是评论人才时,有提携亨通者、压抑失意者的偏邪;七是观察奇才时,有分不清尤妙、尤虚两种人才的过失。这些都对人才的发展有重要的影响。刘劭在书中对每一种谬误都有全面详细的阐述,其真知灼见很值得今人吸取。

关于人才自身的发展变化与任用者的复杂心理方面,刘劭在《效难第十一》中认为:了解人才存在两方面的困难,一是难以识别的困难;二是虽然了解却无从推荐的困难。由于人的天资、性情精妙细微,所以,了解人才的精神实质和外在表现的方法很难把握。因此,一般人在了解人才的外在表现上常用八种虚浮的方法,在考察人才的本质特征时,常犯七种错误。人在不同的境遇里,还常常发生五种不同的变化。因此,常常得到的是盛传不实的一般人才,而失去符合实际的人才。对此,刘劭提出了"居视其所安,达视其所举,富视其所与，穷视其所为，贫视其所取"的五种掌握人才性情本质的观察方法，具有很实际的应用价值。然而，即使了解了人才的资质才能，也并不足以认识人才的不同情况，至于实际生活中，也还存在着推荐人才不被重用和人才无法举荐的种种困难，对此，刘劭都有详细的阐述。这是一种把"知人之难"的问题，放在一种发展变化的状态中去解决的方法，对于今日仍不失其借鉴意义。

关于增强人才自身修养方面，刘劭在《释争第十二》中认为：美德中最高尚的是不自我夸耀，谦让才是事业成功的顺达之路，而骄横凌弱则是自毁前程的危险之路。君子与小人有不同的行为准则，而争夺与谦让的差别也十分明显。争强好胜之人有六种作为，并容易产生一些弊病。相互仇视无异于自我毁灭，怀恨争斗其实是自我诋毁。他论述了争强好胜之人的苛求心理与贤良君子的宽容心理，以及争强忍让的祸福变化。《老子》中说："夫唯不争，故天下莫能与之争。"刘劭继承和发展了老子的这一思想，他认为君子的"不争"之道，一是主动地谦让；二是积极地丰富充实自己；三是战胜敌手而不见争斗。只有超越三等世俗之人，追求崇高的道德境界，才能道德声望媲美于古代圣贤。

通过上面的介绍与分析，我们可以大致概括出一个轮廓：刘劭的人才学理论主要分为三大部分。

第一部分是关于人才的本体论。在这一部分理论中，又分成五个方面。一是关于人才的生理素质的理论。二是关于人才的心理素质的理论。以上两方面的理论，主要反映在《九征第一》中。而且是一讲人才先天的生理素质，二讲人才后天的心理素质。他认为人才的生理素质是其心理素质的基础，而心理素质又是其社会伦理道德的基础。三是关于人才个性的划分。这主要反映在《体别第二》中。他一共划分了十三种个性，并提出了它们各自的特点，对不同个性之人又提出了不同的使用方法。四是关于成才规律的探索。这主要反映在

《材理第四》与《英雄第八》中。他认为人的八种本能聪、思、明、辞、捷、守、攻、夺经过自然发展,再与事理规律结合,或单独、或几种相结合就形成人的才能。五是关于人才的类别划分与如何使用。这主要反映在《流业第三》、《材能第五》与《利害第六》之中。他一共划分出十二种人才,指出了他们的不同特点,提出了对他们的不同使用方法。

第二部分是关于人才的认识论。在这一部分理论中,又分成三个方面。一是关于识别人才的主体条件。这主要反映在《接识第七》中。他指出八种人才在识别人才时的各自标准与不同的失误,认为只有具备各种流派才能的人,才能认识不同流派的长处。这就是说,对人才有选拔或推荐资格的人,他自身所具备的各种流派知识与才能的多寡,是认识人才种类多少的决定性因素。二是关于识别人才的素质与学识。这主要反映在《接识第七》与《英雄第八》中。他区分出英才与雄才所具备的聪、明、智与胆、力、勇六种素质,并按照不同的素质组合,指出了他们适宜担任的不同职务。而对于不同人才的学识,刘劭在《流业第三》中是按照学识与才能的十二种标准来划分的。在这十二种人才的学识中,他特别看重兼具德、法、术三种学识的人才。三是关于识别人才的各种方法。这主要反映在《九征第一》、《接识第七》、《八观第九》、《效难第十一》诸篇中。如在《九征第一》中以"九征法"观察人的精、神、筋、骨、气、色、仪、容、言,从而区分人才的善良或邪恶、明慧或愚蠢、勇猛或胆怯、坚强或懦弱、暴躁或镇静、悲伤或欢喜、衰退或端正、奸邪或宽容、和缓或急切等九个方面。在《接识第七》中,他主张通过与八种人才交谈,特别是对国体之人具有的德、法、术三种学识的交谈,从而详细了解不同人才的不同学识。在《八观第九》中,他主张通过观察人才在救援、感变、特质、作为、爱敬、情绪、短处、聪明等八方面的表现,来了解人才的综合才能。在《效难第十一》中,他提出

"居视其所安，达视其所举，富视其所与，穷视其所为，贫视其所取"的"五视"观人法，从五个不同的方面来观察人才的所作所为。

第三部分是人才的发展论。这一部分理论，又分为两个方面。一是关于人才发展的制约因素。这主要反映在《七缪第十》与《效难第十一》中。其一是人才早亡的自然因素；其二是人才清高不群的自身因素；其三是生不逢时的时世因素；其四是举荐者的自身因素，或是举荐者对人才难以识别，或是举荐者虽然了解却难以推荐。二是关于人才发展的有效途径。这主要反映在《释争第十二》中。其一是主动地谦让，其二是积极地丰富充实自己，其三是战胜敌手而不见争斗。这些既是人才发展的"不争"之道，也是《老子》的"夫唯不争，故天下莫能与之争"的精髓。

刘劭的人才学思想博大精深，是他著作中的精华。我们认为，在人才学领域，直到今天为止，古今中外还没有人能够超越这一理论。另外，刘劭还有一些心理学、政治学、伦理学的理论，在书中的一些篇章中皆有反映，并与他的人才学思想交织在一起，我们就不在此一一列举。

三

《人物志》成书以后，西凉儒林祭酒刘昞感其书言简意深，为其书作注，实质上是对此书的增补，以便后人能充分理解书中的深意。隋唐《经籍志》均把此书列入名家之中。唐代刘知幾的《史通·自序篇》评论说："五常异，百行殊执，能有兼偏，知有长短。苟随才而任使，则片善不遗，必求备而后用，则举世莫可，故刘劭《人物志》生焉。"李德裕《李卫公外集》评论说："余尝览《人物志》，观其索隐精微，研几元妙，实天下奇才。"此后就藏之名山，世人少知了。只是在《人物志》的历代版本之序跋中，有宋代阮逸、文彦博（字宽夫）、宋庠、王三省，明代郑旻、李芮、刘元霖，清代彭家屏、纪昀等人的评论。

《人物志》的丛书版本有以下几种：

《汉魏丛书·子籍》（万历本、景万历本）

《广汉魏丛书·载籍》（万历本、嘉庆本）

《两京遗编》（万历本）

《快阁藏书》（天启本）

《增订汉魏六朝别解·子部》（崇祯本）

《四库全书·子部杂家类》（乾隆本）

《增订汉魏丛书·子余》（乾隆本、红杏山房本、三余堂本、大通书局石印本）

《墨海金壶·子部》（嘉庆本、景嘉庆本）

《守山阁丛书·子部》（道光本、鸿文书局景道光本、博古斋景道光本）

《畿辅丛书》（光绪本）

《玉尺山房术数奇书》（光绪本）

《玲珑山馆丛书·术数编》（光绪本）

《龙谿精舍丛书·子部》（民国潮阳郑氏用守山阁本参中州彭氏本刊）

《四部丛刊·子部》（初次印本、二次印本、缩印二次印本）

《四部备要·子部儒家》（排印本、缩印本）

《景印元明善本丛书十种·两京遗编》

《人物志》的单本版本有如下几种：

明嘉靖八年顾定芳刻本

明隆庆六年梁梦龙刻本

明万历五年李尚刻本

明刻本

明钞本

在以上诸本中,最早的当是《四部丛刊·子部》中据明正德刊本影印的《人物志》,我们遂依据此本为底本,参校以《汉魏丛书》本、《两京遗编》本、《四库全书》本、《墨海金壶》本、《龙谿精舍丛书》本等。

在注释与译文中,为了不与刘昞的注释混淆,我们采取只注刘劭《人物志》原文,不注刘昞注文,个别脱字的地方才加以注释。在原文和译文的排版中,刘劭《人物志》原文和译文以大一号字体排出,刘昞注文与译文用小一号字体并加以括号排出。刘昞注释因对刘劭《人物志》原文是一补充,故一并译出。

在注释与翻译的分工中,杨新平负责前言、刘劭原序、九征第一、流业第三、材能第五、利害第六、接识第七、英雄第八、附录二、附录三等部分的注译与撰写。张锴生负责体别第二、材理第四、八观第九、七缪第十、效难第十一、释争第十二、附录一等部分的注译。

刘劭的著作博大精深,我们注译的能力水平有限,错误与疏漏之处在所难免,敬请方家指正!

目　录

自序 1

卷　上

九征第一 13
体别第二 32
流业第三 45
材理第四 59

卷　中

材能第五 83
利害第六 96
接识第七 106
英雄第八 118
八观第九 128

卷　下

七缪第十 161
效难第十一 184

释争第十二 —— 195

附录一

人物志序	阮 逸	215
跋	文宽夫	216
序人物志后	王三省	217
重刻人物志跋	郑 旻	218
人物志提要	纪 昀等	219

附录二

刘劭传 —— 223
刘昞传 —— 225

附录三

读《人物志》 汤用彤 229
略述刘邵《人物志》 钱 穆 246

自 序

夫圣贤之所美,莫美乎聪明;(天以三光著其象,人以聪明邵其度。)聪明之所贵,莫贵乎知人。(聪于书计者,六艺之一术;明于人物者,官材之总司。)知人诚智,则众材得其序①,而庶绩②之业兴矣。

[注释]

①序:次第,次序。《周礼·春官·肆师》云:"以岁时序其祭祀。"郑玄注云:"序,第次其先后大小。"②庶绩:各种事功。《尚书·尧典》云:"允厘百工,庶绩咸熙。"

[译文]

古代的圣人贤者之所以被后人赞美,不过是赞美其聪明;(天以日、月、星辰的升落显示其天象运转,人以聪明作为其圣明贤良的标准。)聪明之所以被崇尚,不过是崇尚其有知人之明。(聪颖在于记载人事计簿的人,只是运用了礼、乐、射、御、书、数六艺中的一种方法;查明和了解了各种人物的不同才能的人,才能统御和掌管各种人才。)深知各人的内在品德和所具才智,才可将众多人才按才能大小有序地使用起来,而各种事业就可以从此兴旺发达。

是以圣人著爻象①,则立君子小人之辞;(君子者,小人之师；小人者，君子之资。师资相成，其来尚矣。）叙诗志②，则别风俗雅正③之业；（九土殊风，五方异俗。是以圣人立其教不易其方，制其政不改其俗。）制礼乐④，则考六艺⑤祗庸⑥之德；（虽不易其方，常以诗礼为首；虽不改其俗，常以孝友为本。）躬南面⑦，则援俊逸辅相之材。皆所以达众善，而成天功⑧也。（继天成物，其任至重。故求贤举善，常若不及。）天功既成，则并受名誉。（忠臣竭力而效能，明君得贤而高枕。上下忠爱，谤毁何从生哉！）

[注释]

①爻（yáo尧）象：爻是形成《周易》卦形的基本符号。"—"为阳爻，"— —"为阴爻，每三爻可形成一卦，共形成八卦。也即"☰"乾卦、"☷"坤卦、"☳"震卦、"☶"艮卦、"☲"离卦、"☵"坎卦、"☱"兑卦、"☴"巽卦。此八卦再每两卦（六爻）上下组合共形成六十四卦。由于六十四卦各由六爻组成，故有三百八十四爻。古代圣人智者以此象征世间万事万物的各种错综复杂的关系，并推测其未来吉凶的发展。据史籍载传，八卦为上古圣人伏羲氏所作；爻辞为周文王所著，是说明六十四卦每卦各爻要义的文辞；象辞为孔子所作，是对卦辞、爻辞的解释。②诗志：诗，指《诗经》一书；志，指古书。据《史记·孔子世家》记载，孔子曾整理修删《诗经》、《尚书》、《礼记》等古代典籍，以教弟子。③风俗雅正：指《诗经》一书中风、雅、颂三种不同内容的风格。《诗经》是我国最早的一部诗歌总集。上古有诗三千余篇，到孔子时，去其大量重复的，按礼义教育的需要，上采自原始社会的契与后稷，中述及殷周之盛，下至孔子时的诗歌三百零五篇，分风、雅、颂三种风格，"风"指十五国的不同民歌，"雅"指周王朝的《小雅》、《大雅》乐曲，"颂"指商、周时代宗庙祭祀的乐歌。孔子把各种不同的诗歌分别归入三大类中，这样就能更准确地反映十五国不同的风俗和周王朝的雅正之礼。④礼乐：指古代奴隶社会或封建社会贵族等级制度的社会规范和道德规范。《论语·为政》云："殷因于夏礼，所损益，可知也。"又云："齐之以礼。"朱熹注云："礼，谓制度品节也。"乐：指在贵族等级制度下各种社会活动中所奏的音乐。《史记·孔子世家》载：《诗经》"三百五篇孔子皆弦歌之，以求合韶、武、

雅、颂之音。礼乐自此可得而述，以备王道，成六艺"。⑤六艺：先指古代学校的教育内容。《周礼·地官司徒·保氏》云："保氏掌谏王恶；而养国子以道，乃教之六艺。"即指礼、乐、射、御、书、数。后来到孔子时可能有所增删。又指《诗经》、《尚书》、《礼记》、《乐经》、《易经》、《春秋》等六种典籍，即"六经"。《史记·滑稽列传》云："孔子曰：'六艺于治一也。《礼》以节人，《乐》以发和，《书》以道事，《诗》以达意，《易》以神化，《春秋》以道义。'"⑥祗（zhī只）庸：祗，指恭敬；庸，指经常、有常。《周礼·春官·大司乐》云："以乐德教国子：中、和、祗、庸、孝、友。"郑玄注云："祗，敬；庸，有常也；善父母曰孝；善兄弟曰友。"⑦南面：古代帝王之位是坐北面南，故称居帝王之位为"南面"。《周易·说卦》云："圣人南面而听天下，向明而治。"王符《潜夫论》云："凡南面之大务，莫急于知贤。"⑧天功：指天下大事。《尚书·舜典》云："钦哉！唯时亮天功。"蔡沈集传云："使之各敬其职，以相天事也。"

[译文]

所以，古时的圣贤为《周易》作爻辞和象辞之时，就已经定下了君子与小人的不同文辞；（君子是小人应当学习的老师，小人是君子要教育和感化的对象。教育者和受教育者是相辅相成的关系，自古以来就是这样。）圣人整理修定《诗经》一书，就已经区别了十五国民歌风俗与周王朝雅正之乐的不同篇章；（天下九州民风不一，东西南北中五方民俗各异。所以圣人树立教化时不移其民风，制定政策时不改其民俗。）制定社会等级的礼乐制度，就着重在礼、乐、射、御、书、数六个方面考察人们的品行和持守；（圣人虽不移各地的民风，常常以礼义为首；虽不改各地的民俗，常常以孝敬父母亲善兄弟为本分。）身居帝王之位以后，就选拔德才兼备并能辅佐治理天下的人才。这都是为了发扬文武人才的杰出作用，而完成天下大业。（秉承上天的意志成就大业，这种任务非常重大。所以渴求贤人选拔良臣，常常感到不够使用啊。）天下大事成功后，那明君与贤臣就一起享受天下盛名和万世美誉。（忠臣竭尽全力而贡献才能，明君得到贤臣而高枕无忧。君臣上下忠心和爱护，诽谤和诋毁从哪里能生出呢！）

是以尧以克明俊德①为称，舜以登庸二八②为功，汤以拔有莘之贤③为名，文王以举渭滨之叟④为贵。由此论之，圣人兴德，孰不劳聪明于求人，获安逸于任使者哉？（采士饭牛，秦穆所以霸西戎；一则仲父，齐桓所以成九合。）

[注释]

①尧以克明俊德：尧，陶唐氏，名放勋，史称唐尧，是传说中原始社会后期部落联盟的领袖。克，能够；明，看清，认识；俊德，指才智出众、品德高尚的人。《尚书·尧典》云："克明俊德，以亲九族。"②舜以登庸二八：舜，有虞氏，姚姓，名重华，史称虞舜，是传说中原始社会后期部落联盟的领袖。登、举、进；庸、用、任用；二八，即八恺、八元。据《左传·文公十八年》记载，高阳氏有才子八人：苍舒、聩敳、梼戜、大临、尨降、庭坚、仲容、叔达，谓之"八恺"；高辛氏有才子八人：伯奋、仲堪、叔献、季仲、伯虎、仲熊、叔豹、季狸，谓之"八元"，实为十六个氏族的族长。尧让舜管理百官、代治天下后，舜举用八恺管理土地，执掌农业，处理各种事务；举用八元管理教化，宣扬礼义。③汤以拔有莘（xīn 辛）之贤：汤，又称成汤、武汤，原为商族领袖，后灭夏朝，建立商朝；有莘，古国名，在今山东曹县西北，成汤娶有莘氏之女，即此国，有莘之贤，指商初大臣伊尹，名伊，尹是官名。相传伊尹是奴隶出身，原为有莘氏之女的陪嫁之臣，被成汤举用，先用为"小臣"，后任以国政，出谋划策，帮助成汤攻灭夏桀，建立商王朝，故称之为有莘之贤。④文王以举渭滨之叟：文王，指周文王，姬姓，名昌，商末周族领袖，其子武王灭商后尊为文王；渭，指陕西渭水；渭滨之叟，指周王朝的开国丞相姜子牙。姜子牙，名尚，世称姜太公。80岁时在渭水之旁钓鱼，被周文王出猎时访得，遂拜为丞相。周文王死后，辅助周武王兴兵讨伐殷纣王，建立起周王朝。《四库全书·人物志》此句无"王"字。

[译文]

所以，尧帝以能够识别任用才智出众、品德高尚的人才而受到称颂，舜帝以能够举用"八恺"、"八元"这样的群贤而得到成功，商汤以能够选拔任命有莘氏的贤人伊尹而名扬后世,文王以能够擢举重用渭水之滨的钓鱼叟姜子牙而万代尊崇。由这些用贤史实来看,圣贤之人要实施自己的德政大业,谁不是运用天下最聪明的心机去寻求人才,并任用为文臣武将而使自己治理军国大事安逸一些呢?(因为能任用养过牛的贤士百里奚,所以秦穆公才能纵横万里,称霸西戎;由于重用管仲为卿并尊为"仲父",所以齐桓公才能九合诸侯,称雄天下。)

是故仲尼不试①,无所援升,犹序门人以为四科②,泛论众材以辨三等③。(举德行为四科之首,叙生知为三等之上,明德行者道义之门,质志气者材智之根也。)又叹中庸④,以殊圣人之德;(中庸之德其至矣乎,人鲜久矣,惟圣人能之也。)尚德⑤,以劝庶几⑥之论;(颜氏之子,其殆庶几乎!三月不违仁,乃窥德行之门。若非志士仁人,希迈之性,日月至焉者,岂能终之?)训六蔽⑦,以戒偏材之失;(仁者爱物,蔽在无断;信者露诚,蔽在无隐。此偏材之常失也。)思狂狷⑧,以通拘抗之材;(或进趋于道义,或洁己而无为,在上者两顺其所能,则拘抗并用。)疾⑨悾悾而无信⑩,以明为⑪似之难保。(厚貌深情,圣人难之,听其言而观其所为,则似托不得逃矣。)又曰:"察其所安,观其所由"⑫,以知居止之行。(言必契始以要终,行必睹初以求卒,则中外之情粗可观矣。)

[注释]

①仲尼不试:仲尼,孔子,名丘,字仲尼,春秋末期思想家、教育家,儒家的创始人;不试,指孔子曾周游列国,自称:"如有用我者,吾其为东周乎!"但其仁学礼义的政治主张在当时不被重视,其本人也未被列国任用。②四科:儒家以德行、言语、政事、文学来品评学生的四种分类。《论语·先进》云:"德行:颜渊、闵子骞、冉伯牛、仲弓。言语:宰我、子贡。政事:

冉有、季路。文学：子游、子夏。"故后世有"四科"之称。③三等：孔子以生而知之、学而知之、困而学之来品评学生智力的三个等级。《论语·季氏》云："孔子曰：'生而知之者，上也；学而知之者，次也；困而学之，又其次也。'"④中庸：指对待万事万物的不偏不倚、无过不及、守常不变的态度和原则，是孔子提倡的儒家伦理思想中的最高的道德准则。《论语·雍也》云："子曰：'中庸之为德也，其至矣乎！'"何晏集解云："庸，常也，中和可常行之道。"⑤德：疑德前脱一"道"字，或德后脱一"行"字，据刘昞其下注云："乃窥德行之门。"故所脱应为"行"字。⑥庶几：庶，古代指百姓、众民；庶几，即指一般人中可以学而成才的贤人。《易·系辞下》云："子曰：'颜氏之子，其殆庶几乎！有不善，未尝不知；知之，未尝复行也。'"⑦六蔽：孔子所说的人性上的六种蔽端。《论语·阳货》载，孔子对子路说："女闻六言、六蔽矣乎？……好仁不好学，其蔽也愚；好知不好学，其蔽也荡；好信不好学，其蔽也贼；好直不好学，其蔽也绞；好勇不好学，其蔽也乱；好刚不好学，其蔽也狂。"也即指由于人们不好学习而易使品德上产生的六种弊病：仁者易被人愚弄，智者易放荡不羁，信者易被人利用，直者易言语刺人，勇者易闯下大乱，刚者易狂妄不羁。⑧狂狷：狂，指狂放富有进取心之人；狷，指狷介无为之人。《论语·子路》云："子曰：'不得中行而与之，必也狂狷乎！狂者进取，狷者有所不为也。'"⑨疾：憎恨，厌恶。《论语·泰伯》云："人而不仁，疾之已甚，乱也。"⑩悾（kōng 空）悾而无信：悾悾，诚恳之貌；无信，没有信义。《论语·泰伯》云："子曰：'狂而不直，侗而不愿，悾悾而不信，吾不知之矣。'"⑪为：通"伪"，装作。《礼记·檀弓下》云："夫子为弗闻也者而过之。"⑫"察其所安，观其所由"：察，考察；安，安放，设置；观，看，观察；由，经由，必由。语出《论语·为政》云："子曰：'视其所以，观其所由，察其所安，人焉廋哉？人焉廋哉？'"

[译文]

因为孔子周游列国并未得到诸侯的任用，所以也无所援引和提拔其他人才，但他还是把自己的学生按德行、言语、政事、文学四科来品评和教育，广泛地研究许多人才并把他们区分成生而知之、学而知之和困而学之三个等级。（把德行定为四科之首，把生而知之排为三等第一，阐明德行是修行道义的门径，评断志气是才智的基础。）又赞许推崇守常不变的中庸之道，以突出宣扬圣人的品德；（守常不变的中庸之道是道德的最高境界，人们缺乏这种至高无上的品德已经很久了，惟有圣人才能具备这种品德。）并崇尚德行，以成劝说勉励好学成才的贤人之宏论；（颜渊这位弟子，已经快接近贤人了！三个月之内所作所为从不违背仁义，已经窥探到德行的门径。如若不是有志气和仁义的人，具备罕见和超人的性格，并像日月运行一样有非凡的恒心，怎么能达到目标呢？）还教导人们在修身养性时，要注意防止仁者易被人愚弄、智者易放荡不羁、信者易被人利用、直者易言语刺人、勇者易闯下大乱、刚者易狂妄不羁这六种人性上的弊病，以防止和戒除偏才的过失；（仁厚之人爱护万物，他的弊病在于不善于从速决断；信义之人诚意外露，他的弊病在于不善于深藏于心。这都是偏才常常犯的过失。）还希望结识或得到狂放进取和狷介谨慎这两种人才，以沟通并任用谦虚谨慎和狂放亢进这两种建功立业或治国御民之人的才能；（或者在天下道义的旗帜下成就大业，或者在清正廉洁的美名下无为而治，身居领导层内就要合理地使用这两种人才的特长，那么谦虚谨慎和狂放亢进这两种人才就可以同时使用。）他憎恨外貌忠厚诚恳而没有信义的人，以此表明伪装或相似是难以长久得到别人的信任的。（忠厚的外貌和深沉的情意，有时圣人也难以辨其真伪，认真倾听他的言论并仔细观察他的所作所为，那么伪装或相似就混不过去了。）孔子又说"考察他所办理的事情，观察他所走过的道路"，就知道他平时的德行了。（了解一个人所说的是真是假，须从他过去的言谈举止中求得结论；考察一个人行为的善恶，必须从他过去的所作所为中找到答案。这样一来，心中的善恶和外在的真伪就可以搞清楚了。）

人物之察也，如此其详。（不详察则官材失其序，而庶政之业荒矣。）是以敢依圣训，志序人物，庶[①]以补缀遗忘，惟[②]博识君子裁览其义焉!

[注释]

①庶：副词，表示期望或可能之意。《左传·桓公六年》云："君姑修政而亲兄弟之国，庶免于难。"②惟：只有，惟有。《商君书·修权》云："惟明主爱权重信，而不以私害法。"

[译文]

圣人对于人物的观察和了解，竟然如此周详和完备。（如不详细地考察则朝廷任用的各种人才就无法按其才能大小合理使用，各种国家大事由于得不到合适的人才去办理就会荒废下去。）所以，我才大胆地遵照圣人的准则，以本书叙述和记载有关知人用人的理论和方法，希望能达到弥补前贤在此方面的遗漏和疏忘，唯请博学多才、识见不凡、品德高雅的人们裁决和浏览其意义！

[点评]

古代的圣贤之所以被后人赞美崇尚，是因为其有知人之明，并举用各种英才俊杰成就大业。最古老的《易经》就已经区分了君子与小人这两种人物，也即是告诫人们要亲君子、远小人。远古时代的领袖尧、舜和商周时代的成汤、文王都是善于识别任用人才而建功立业名扬天下的。孔子周游列国虽未得到任用，但他对人才却有详细的研究和划分。他推崇不偏不倚的中庸之才，但对狂放之才和谨慎之才又主张取长补短，两者并用；他特别指出仁、智、信、直、勇、刚六种人才在性格上容易产生六种弊病；他还在中国历史上第一个建立了学校，以培养人才。

既然圣人已有如此周详完备的人才理论和使用方法，本书依照圣人的准则把这些理论与方法记载成书，也就填补了前贤在知人用人著述上的空白和遗缺。因此，这本书是三国以前用人理论、人才鉴别和人才使用方法的集大成著作，其中对人才理论各个方面的研究论述，不仅在中国，而且在世界上，也达到了登峰造极的地步，后人难望其项背。可以说本书是一本前无古人、后无来者的千古用人名著。

所以,对于现代社会各级行政领导干部与企业家来说,这是一本不可不读的书。从这本书中,您可以学到怎样鉴别人才和使用人才,什么样的人才可以做什么样的工作,在当代知识社会中,这些掌握各种知识的专门人才,正是知识经济中现代企业的生命线。

卷上

九征第一

（人物情性、志气不同，征神见貌，形验有九。）

[解题译文]

（人们的思想与性格不同，志向和气质各异，在神情上留下征候，在脸色上显示出来，故在其形体上可检验出九种特征。）

[提要]

人的品德与才能来源于何方？在人类各种性情中以中正和谐最为珍贵，唯有它才能协调发展成各种美好的品德与杰出的才能。仁、义、礼、智、信五种品德在人体内外具有不同的表现特征。通过对"征神"与"九征"现象的深刻理解，可以准确地鉴别与掌握各种人才的品德与才能。

盖人物之本，出乎情性。（性质禀之自然，情变由于染习。是以观人察物，当寻其性质也。）情性之理，甚微而玄，非圣人之察，其孰能究之哉！（知无形状，故常人不能睹，惟圣人目击而照之。）凡有血气者，莫不含元一[①]以为质，（质不至则不能涉寒暑，历四时。）禀阴阳②以立性，（性资于阴阳，故刚柔之意别矣。）体③五行④而著形。（骨劲筋柔，皆禀精于金木。）苟有形质，犹可即而求之。（由气色外著，故相者得其情素也。）

[注释]

①元一：即元气。中国古代哲学范畴，指阴阳二气混沌未分的实体，由此产生和构成天地万物。《论衡·谈天篇》云："元气未分，浑沌为一。"《论衡·言毒篇》又云："万物之生，皆禀元气。"②阴阳：中国古代哲学的一对范畴。指自然界和人类社会无所不在的两种互为对立并相互消长的物质势力。《老子》云："万物负阴而抱阳。"《易·系辞上》云："一阴一阳之谓道。"③体：凭借，依靠。《管子·君臣上》云："则君体法而立矣。"④五行：指金、木、水、火、土五种物质。中国古代思想家用这五种物质来说明万事万物的起源和多样性的统一。战国时代，形成"五行相生相胜"原理，相生为相互促进，如"木生火、火生土、土生金、金生水、水生木"；相胜即相克，为相互排斥，如"水胜火、火胜金、金胜木、木胜土、土胜水"。

[译文]

关于人的德才的本源，是出自于人的思想和本性。（人的本性渊源于自然，思想变化来自于后天的染习。所以观察了解人的德智与才能，应当探寻考察人的本性。）而人的思想与本性，却又是非常深奥与微妙的，如若不是古代的圣贤首先考察研究，谁又能查明认识它呢！（我们只知道人的思想和本性没有形状，所以一般人不能看清，唯有古代圣贤才犹如能看得见一样地描述了它。）凡是有生命的物体，没有谁不是以元气为本质，（元气不具备则不能历经寒冷和酷暑，度过春秋岁月。）凭阴阳二气形成个性，（个性诞生于阴阳二气，所以刚强与柔顺的性格截然分别。）依金、木、水、火、土相生而形成筋、骨、血、气、肌肉的形体。（骨骼刚劲筋条柔韧，都是秉承金木的精华。）如果具有了形体与素质，就可以通过它们去探索人的思想和本性。（由于气质与神色显露于外，所以识鉴之人可以看出人的真情实意。）

凡人之质量，中和①最贵矣。（质白受采，味甘受和。中和者，百行之根本，人情之良田也。）中和之质，必平淡无味，（惟淡也，故五味得和焉。若苦则不能甘矣，若酸也则不能咸矣。）故能调成五材②，变化应节。（平淡无偏，群材必御。致用有宜，通变无滞。）是故观人察质，必先察其平淡，而后求其聪明。（譬之骥骤，虽超逸绝群，若气性不和，必有毁衡碎首决胸之祸也。）聪明者，阴阳之精，（离目、坎耳，视听之所由也。）阴阳清和，则中睿外明。圣人淳耀③，能兼二美。知微知章④，（耳目兼察，通幽达微，官材授方，举无遗失。）自非圣人莫能两遂。（虽得之于目，或失之于耳。）

[注释]

①中和：儒家中庸之道的伦理思想，这里是指人类各种性情中的中正和谐。《礼记·中庸》云："喜怒哀乐之未发谓之中，发而皆中节谓之和。"②五材：指人的勇、智、仁、信、忠五种德才。《六韬·论将》云："太公曰：'所谓五材者，勇、智、仁、信、忠也。'"③淳耀：正大光明。《国语·郑语》云："夫黎为高辛氏火正，以淳耀敦大，天明地德，光照四海，故命之曰'祝融'，其功大矣。"韦昭注曰："淳，大也。耀，明也。"④知微知章：微，隐蔽、微小；章，与"彰"通，明显、显著。既知微小的变化，又知明显的巨变。《周易·系辞下》云："君子知微知彰，知柔知刚，万夫之望。"

[译文]

关于人体自身的素质能量，以各种性情中的中正和谐最为珍贵了。（素质平淡的人可以得到他应得到的果实，果实味道甘甜，其人又可以享受到中正和谐的美味。中正和谐的处世之道，是百行百业遵循的根本原则，是化育人类美好情感的良田沃土。）中正和谐这种素质，平时必然是淡而无味的，（惟有平淡，才能把五种滋味调成中和状态。如若是苦味则不能调成甘甜之味，如若是酸味则不能调成咸味。）所以才能协调发展成仁、智、忠、信、勇这五种优秀品德，并能转换自如以适应客观环境的变化。（平淡中正没有偏离，必然可以驾驭各种才能的发展和使用。达到运用有宜，通变没有阻滞。）正因为如此，观察与测评人的品质，必须首先察看其是否有平淡中和的素质，尔后才可以探求其聪明程度。（譬如周穆王八骏之中的骥、骒宝马，虽然超逸绝群，如若气性暴躁不驯，必然会毁坏车辕，摔伤主人，从而招致主人砸碎马头剖开马胸的祸殃。）聪明这种品德，是人身上阴阳二气凝聚的精华，（对应《周易》离卦的眼睛、坎卦的耳朵，是人身上五官之视力和听力与外界连接的必由之路。）如若阴阳二气清纯和畅，则必定是内含智慧，外露聪明。圣人之所以能正大光明照耀众人，只是因为其同时兼具智慧和聪明这两大美德。既可以明察微小的变化，又可以洞知沧桑巨变，（运用视听同时兼察，可以沟通曲幽，达到隐微之处，展示五官之才能所赋予的方法，可以做到举无遗失。）这是除了圣人之外，其他人所难以达到的两全其美的境界。（其他人虽然可以看到沧桑巨变，但或许听不到隐微的变化。）

故明白之士，达动之机①，而暗于玄虑②。（达于进趋而暗于止静，以之进趋，则欲速而成疾；以之深虑，则抗夺而不入也。）玄虑之人，识静之原③，而困于速捷。（性安沉默，而智乏应机，以之闲静，则玄微之道构；以之济世，则劲捷而无成。）犹火日外照，不能内见；金水内映，不能外光。（人各有能，物各有性，是以圣人任明白以进趋，委守成于玄虑，然后动止得节，出处应宜矣。）二者之义，盖阴阳之别也。（阳动阴静，乃天地之定性，况人物乎！）

[注释]

①机：时机，机会。《三国志·蜀书·诸葛亮传》云："成败之机，在于今日。"②玄虑：玄，奥妙，深奥。《老子》云："玄之又玄，众妙之门。"玄虑，深思远虑。③原：水源，源泉。《左传·昭公九年》云："木水之有本原。"引申为追究根源。

[译文]

所以，眼明手快的人，虽然能掌握行动的时机，但不善于深思熟虑。（具有进取性而不善于深思，以此进取，则欲速而不达；以此深虑，则思考不能深入。）深思熟虑的人，虽然了解深思的方法，但行动却不能快速和敏捷。（个性安静沉稳，而遇事缺乏机敏，以其安静深思，则绝妙深奥的方法可以构成；以其济世安民，则心有余而力不足。）犹如火焰和太阳以光芒照耀外物，但不能在自身映照出外物之形象；而金属和水面虽然在自身映照出外物的形象，但不能朝外发射光芒。（人物各有自己的能力，物体各有自己的性理，所以，圣人任用善于行动的人以进取来建功立业，把守成委之于深思熟虑的人，然后进取和守成应对得节，进取之人的出击和守成之人的处事皆应对适宜了。）以上两种物体的不同，就在于它们自身阴阳性质的区别。（万物中阳呈动态阴呈静态，乃是天地间的常理，人物的各种才能也不能例外。）

若量其材质，稽诸五物①。五物之征，亦各著于厥体②矣。（筋勇色青，血勇色赤，中动外形，岂可匿也。）其在体也，木骨、金筋、火气、土肌、水血，五物之象③也。（五性者，成形之具。五物为母，故气色从之而具。）五物之实，各有所济④。（五性不同，各有所禀，禀性多者，则偏性生也。）是故骨植⑤而柔者，谓之弘毅⑥。弘毅也者，仁之质也。（木则垂荫，为仁之质。质不弘毅，不能成仁。）气清而朗者，谓之文理⑦。文理也者，礼之本也。（火则照察，为礼之本。本无文理，不能成礼。）体端而实者，谓之贞固⑧。贞固也者，信之基也。（土必吐生，为信之基也。基不贞固，不能成信。）筋劲而精者，谓之勇敢。勇敢也者，义之决也。（金能断割，为义之决。决不勇敢，不能成义。）色平而畅者，谓之通微⑨。通微也者，智之原也。（水流疏达，为智之原。原不通微，不能成智。）五质恒性，故谓之五常⑩矣。（五物，天地之常气；五德，人物之常行。）

[注释]

①五物：指金、木、水、火、土五种物质。②厥（jué 决）体：厥，代词，意为"他的，那个"。贾谊《吊屈原赋》云："乃殒厥身。"厥体也即其体之意。③象：表现，指万物的表现形态。《礼记·乐记》云："乐者，心之动也；声者，乐之象也。"④济：成。《三国志·蜀书·先主传》云："夫济大事，必以人为本。"⑤骨植：植，通"直"。此处指骨干挺直，引申为强毅的意思。《周礼·考工记·弓人》云："骨直以立，忿执以奔。"郑玄注云："骨直，谓强毅。"⑥弘毅：抱负远大，意志坚强。《论语·泰伯》云："士不可以不弘毅，任重而道远。"⑦文理：礼仪，引申为知文达理。《荀子·礼论篇》云："孰知夫礼义文理之所以养情也。"⑧贞固：坚贞不移。谓能坚守正道，始终如一。《左传·襄公九年》云："贞固足以干事。"⑨通微：通，通晓，精通；微，深奥，微妙。谓精通深奥的玄理。《老子·十五章》云："古之善为士者，微妙玄通，深不可识。"⑩五常：仁、义、礼、智、信称为五常。董仲舒《举贤良对策一》云："夫仁、谊（义）、礼、知（智）、信五常之道，王者所当修饰也。"

[译文]

如若要衡量人的才能和资质，则需要首先考察构成人体的金、木、水、火、土五种物质。这五种物质的特征，也已经各显现在人体的不同部位上了。（勇气在筋上呈现时筋的颜色是碧青的，勇气在血管上呈现时血的颜色是赤红的，身体内部有变化时，外面的部位就会反映出来，那是无法隐藏的。）这种特征在人体中，骨骼体现的是木的特征，筋腱体现的是金的特征，内气体现的是火的特征，肌肉体现的是土的特征，血液体现的是水的特征，这也就是上述五种物质在人体上的存在形态。（五种物质的特性，形成具体的人体部位。五种物质作为其母体，所以，这些人体部位的气色特征皆与五种物质相同。）人体中五种物质的实相，各有其所成就的方面。（五种物质的特性不同，所秉承的气质也各有不同，秉承的特性太多者，则可能形成偏执的性格。）所以，骨骼挺拔而又柔韧的人，可以称之为抱负远大、意志坚强。而抱负远大、意志坚强的品格，正具备了"仁"的资质。（与骨骼相对应的木则绿阴遮地，这即是"仁"的资质。如果不具备抱负远大、意志坚强的资质，那就不能成为仁义之士。）内气清纯而又明朗的人，可以称之为明礼懂仪、知文达理。而明礼懂仪、知文达理的品格，正具备了"礼"的本质。（与内气相对应的火则照耀明察，这即是"礼"的本质。如果不具备明礼懂仪、知文达理的本质，那就不能成为礼仪之士。）形体端正而又厚实的人，可以称之为坚守正道、始终如一。而坚守正道、始终如一的品格，正具备了"信"的基础。（与肌肉相对应的土则滋生万物，这即是"信"的基础。如果不具备坚守正道、始终如一的基础，那就不能成为信义之士。）筋腱强劲而又精干的人，可以称之为勇猛无畏、刚强果敢。而勇猛无畏、刚强果敢的品格，正具备了"义"的特性。（与筋腱相对应的金则能斩断切割，这即是"义"的特性。如果不具备勇猛无畏、刚强果敢的特性，那就不能成为忠义之士。）血色柔和而又通畅的人，可以称之为洞见玄幽、见微知著。而洞见玄幽、见微知著的品格，正具备了"智"的本源。（与血液相对应的水则川流不息，这即是"智"的本源。如果不具备洞见玄幽、见微知著的品格，那就不能成为智谋之士。）这五种物质在人的身体内所形成的特性是永恒不变的，所以，仁、义、礼、智、信被称为"五常"。（这五种物质，是天地间很平常的物质；这五种品德，是人才行事的最基本的准则。）

　　五常之别，列为五德①。是故温直②而扰毅③，木之德也。（温而不直则懦，扰而不毅则刿。）刚塞④而弘毅，金之德也。（刚而不塞则决，弘而不毅则缺。）愿恭⑤而理敬⑥，水之德也。（愿而不恭则悖，理而不敬则乱。）宽栗⑦而柔立⑧，土之德也。（宽而不栗则慢，柔而不立则散。）简畅⑨而明砭⑩，火之德也。（简而不畅则滞，明而不砭则瞀。）虽体变无穷，犹依乎五质。（人情万化，不可胜极，寻常竟源，常在于五。）故其刚柔明畅贞固之征，著乎形容，见乎声色，发乎情味，各如其象。（自然之理，神动形色，诚发于中，德辉外耀。）故心质亮直⑪，其仪劲固。心质休决⑫，其仪进猛。心质平理⑬，其仪安闲。夫仪动成容⑭，各有态度。直容⑮之动，矫矫⑯行行⑰；休容⑱之动，业业⑲跄跄⑳；德容㉑之动，颙颙卬卬㉒。

[注释]

①五德：指金、木、水、火、土这五种物质的德性。《史记·秦始皇本纪》云："始皇推终始五德之传，以为周得火德，秦代周德，从所不胜。"②温直：既温和可亲而又正直耿介。"温直"与下面的"扰毅"、"刚塞"、"愿恭"、"理敬"、"宽栗"、"柔立"、"简畅"等词语皆出自于《尚书·皋陶谟》，皋陶曰："宽而栗，柔而立，愿而恭，乱而敬，扰而毅，直而温，简而廉，刚而塞，强而义。"③扰毅：既柔顺驯服而又刚毅果决。④刚塞：既刚正坦荡而又谦谨笃实。⑤愿恭：既忠厚诚实而又严格庄重。⑥理敬：既条理细密而又敬业守勤。⑦宽栗：既恢弘大度而又小心谨慎。⑧柔立：既柔和温文而又坚定自立。⑨简畅：既简约豪放而又畅通无滞。⑩明砭：既明白事理而又规劝善谏。砭，指治病刺穴的石针。《素问·异法方宜论》云："其治宜砭石。"宋人文宽夫疑为"砭"是"启"字传抄之误，实为臆猜，不足为信（见附录一：文宽夫《跋》）。⑪亮直：亮，通"谅"，诚信之意。亮直，诚信正直。《三国志·魏书·卢毓传》云："亮直清方，则司隶校尉崔林。"⑫休决：休，美好；休决，美好、决断。《诗经·商颂·长发》云："何天之休。"郑玄笺云："休，美也。"⑬平理：平和明理。⑭容：容貌、仪容，指人行为举止的仪容样式。《后汉书·华佗传》云："年且百岁，犹有壮容。"⑮直容：正直之人的仪容样式。⑯矫矫：勇武之貌。《诗经·鲁颂·泮水》云："矫矫虎臣，在泮献馘。"⑰行行（háng杭）：刚强之貌。《论语·先进》云："子路，行行如也。"⑱休容：温和之人的仪容样式。《尚书·秦誓》云："其心休休焉，其如有容。"⑲业业：畏惧之貌。《三国志·吴书·朱桓传》云："时桓手下及所部兵，在

者五千人,诸将业业,各有惧心。"⑳跄跄:步趋有节之貌。《诗经·大雅·公列》云:"跄跄济济,俾筵俾几。"㉑德容:品德高尚之人的仪容样式。㉒颙颙(yóng喁)卬卬(áng昂):颙颙,肃敬之貌;卬卬,气概轩昂之貌。《诗经·大雅·卷阿》云:"颙颙卬卬,如圭如璋。"

[译文]

依据五常性质的不同之处,又可以分为五种不同的品德。因此,外表温和柔顺而且内心耿直坚毅,这即是"木"的品德。(温和可亲而不正直耿介的人,则实为懦弱;柔顺驯服而不刚毅果决的人,则易受挫折。)外表坚强笃实而且内心刚毅果断,这即是"金"的品德。(刚正坦荡而不谦谨笃实的人,则易被中伤;抱负远大而意志不坚强的人,则不够完美。)外表忠厚严恭而且内心处事细密,这即是"水"的品德。(忠厚诚实而不严恭庄重的人,则实为糊涂;有条理做事细密而不敬业守勤的人,则易出错乱。)外表宽厚谨慎而且内心柔顺独立,这即是"土"的品德。(宽厚大度而不小心谨慎的人,则容易傲慢;柔和温文而不坚定自立的人,则容易散漫。)外表简约通畅而且内心明理识劝,这即是"火"的品德。(简约豪放而不畅达不滞的人,则易于拘泥;明白事理而不会规劝善谏的人,则易形成遮蔽。)虽然人的品德和性情变化无穷,但还是依据金、木、水、火、土这五物的品质而变化。(人的性情千变万化,不可胜数,一般地探索人的性情变化的根源,大都可以追溯到这五种品德上。)因此,人的刚强温和、聪明豁达、忠贞坚定等性情的特征,都可以从形体容貌上反映出来,从声音神色上显示出来,从性情趣味上发散出来,各与其外在表现相符。(这是一种自然的原理,心神的变化引发人的行为和表情,真实的言行源自于人的内心,品德的光辉闪耀在言行上。)所以,内心品质光明正直,其仪容坚毅刚强。内心品质强劲决断,其仪容奋进勇猛。内心品质平和明理,其仪容安逸悠闲。人的仪表举止的变化形成一定的仪容样式,各自形成不同的神态和气度。正直之人体现出来的仪容样式,则是勇武刚强的形象；温和之人体现出来的仪容样式，则是谨慎谦虚的形象；品德高尚之人体现出来的仪容样式，则是肃敬轩昂的形象。

夫容之动作发乎心气，（心气于内，容见于外。）心气之征，则声变是也。（心不系一，声和乃变。）夫气合成声，声应律吕①。（清而亮者律，和而平者吕。）有和平之声，有清畅之声，有回衍②之声。（心气不同，故声发亦异也。）夫声畅于气，则实存貌色。（非气无以成声，声成则貌应。）故诚仁，必有温柔之色；诚勇，必有矜奋③之色；诚智，必有明达之色。（声既殊管，故色亦异状。）夫色见于貌，所谓征神④。（貌色徐疾，为神之征验。）征神见貌，则情发于目。（目为心候，故应心而发。）故仁，目之精，悫然⑤以端。（心不倾倚，则视不回邪。）勇，胆之精，晔然⑥以强。（志不怯懦，则视不衰悴。）然皆偏至之材⑦，以胜体为质⑧者也。（未能不厉而威，不怒而严。）故胜质不精，则其事不遂。（能勇而不能怯，动必悔吝随之。）是故直而不柔，则木⑨；（木强激讦，失其正直。）劲而不精，则力⑩；（负鼎绝膑，失其正劲。）固而不端，则愚；（专己自是，陷于愚戆。）气而不清，则越⑪；（辞不清顺，发越无成。）畅而不平，则荡⑫。（好智无涯，荡然失绝。）是故中庸之质，异于此类。（勇而能怯，仁而能决，其体两兼，故为众材之主。）五常既备，包以澹味⑬。（既体咸酸之量，而以无味为御。）五质内充，五精⑭外章。（五质澹凝，淳耀外丽。）是以目彩五晖⑮之光也。（心清目朗，粲然自耀。）故曰：物生有形，形有神精。（不问贤愚，皆受气质之禀性阴阳，但智有精粗，形有浅深耳。寻其精色，视其仪象，下至皂隶牧圉，皆可想而得之也。）能知精神⑯，则穷理尽性。（圣人有以见天下之动而拟诸形容,故能穷理尽性,以至于命。)

[注释]

①律吕:中国古代音律的合称。即六律、六吕的合称,也称十二律。指用三分损益法将一个八度分为十二个不完全相等的半音的一种律制,各律从低到高依次为黄钟、大吕、太簇、夹钟、姑洗、仲吕、蕤宾、林钟、夷则、南吕、无射、应钟。其中,奇数各律称"律",偶数各律称"吕",合称律吕。②回衍:迂回展延之意。③矜奋:坚强奋发之意。《庄子·在宥》云:"愁其五脏以为仁义,矜其血气以规法度。"④征神:指人精神的特征。⑤悫(què 确)然:诚实、谨慎的样子。《史记·孝文本纪》云:"法正则民悫。"⑥晔(yè叶)然:光亮、光彩的样子。张衡《思玄赋》云:"列缺晔其照夜。"(列缺,指闪电。)《四库全书·人物志》为"煜然",意思相同。⑦偏至之材:偏才之意。⑧胜体为质:指控制人体机能的资质。⑨木:质朴,朴实。《史记·绛侯周勃世家》云:"勃为人木强敦厚,高帝以为可属大事。"⑩力:倔强之意。《尔雅·释畜》云:"戎事齐力。"郭璞注云:"力,尚强。"⑪越:超出,超过。有过激之意。《荀子·议兵篇》云:"师不越时。"⑫荡:放纵之意。《论语·阳货》云:"古之狂也肆,今之狂也荡。"⑬澹味:澹,通"淡",淡味之意。⑭五精:指仁、义、礼、智、信五常之道的精神。⑮五晖:指仁、义、礼、智、信五种品德的光辉。⑯精神:指人的意识、思维活动、心理状态等。《吕氏春秋·论人》云:"无以害其天则知精,知精则知神,知神之谓得一。"

[译文]

人的仪容的举止变化,发自于心气,(心气在人体内部,仪容见于体外。)心气外在的征兆,则体现在声音的各种变化之中。(心情不只体现一种状态,声音与心态相和才会发生变化。)内气在外部融合成声音,凡是声音都是合乎律吕的。(声音清纯而又洪亮的属于律,声音柔和而又平静的属于吕。)有平和的声音,有清畅的声音,有迂回的声音。(心气不同,所以发出的声音也不一样。)人的声音之舒畅来源于心气,其实质则又体现于容貌与神情之中。(没有气无以形成声音,声音形成则与容貌相应合。）所以，真诚的仁爱，必然显露出温柔的神色；真正的勇敢，必然显露出坚强的神色；真实的才智，必然显露出明达的神色。（声音既然像从不同的管道中发出，所以神色也各呈异状。）所以，人的这些神色显现于容貌之上，即是所谓的"征神"。（人的容貌颜色安舒疾愤，是心神反映在外的征兆。）人的心神征兆表现在容貌上，而情感浮现于眼睛中。（眼睛是心灵的窗户，所以情感反映了内心。）因此，仁慈的目光，体现出的是心灵的精华，给人以诚实正直的印象。（心不倾斜或偏倚，则目光就不迂回或偏邪。）勇敢的目光，体现出的是肝胆的精华，给人以光亮逼人的印象。（心不胆怯和懦弱，则目光就不会衰弱和忧虑。）然而，这些都只是偏至的才能，其内在资质通过某种特别突出的形体特征表现出来。（这很难达到不发厉言而具威相、没有怒容而具威严的效果。）所以，气质特征过于突出而又不精纯，做事情就不会成功。（能表现勇猛而不能在某些特定的情况下有意表现出怯懦，以至于在其行动之后常常伴随着后悔和耻辱。）因此，耿直而不兼具柔韧的人，则表现为呆板；（呆板太过分了就会成为一种缺点，反而会失去原有的正直。）坚强而不兼具精明的人，则表现为倔强；（秦武王与大力士孟说比赛举鼎，折断了膝盖骨，反而失去了正劲。）固执而不兼具正直的人，则表现为愚憨；（专断太过、自以为是，那就陷于愚憨。）气愤而不兼具清醒的人，则表现为过激；（言辞表达不清晰流利，易产生偏激而一事无成。）恣情而不兼具平和的人，则表现为放荡。（卓越的智慧是没有极限的，但在纵情与放荡中却会失绝。）所以，中庸之道的品德，是与上述这些不一样的。（勇敢的人在特定的环境又能显示出怯弱，仁慈的人在非常的时刻又能表现出决断，在他们的身上两者兼备，所以能成为众才之首。）仁、义、礼、智、信这五种品德合而为一，包容于平淡之中。（既能体验仁、义、礼、智、信五种品德的过度与不足，而又以平淡无味的中和之质为准则。）五种品德的资质充实于心田，五种品德的精华则外露于目光中。（五种品德的资质在内心充分地凝结,纯正的光芒在目光中放射出迷人的光彩。)所以,眼光中放出的神采就是仁、义、礼、智、信五种品德的光辉。(心中清纯,目光明朗,自身放射出灿烂的光芒。)所以说:万物生来就有了形体,凡是形体皆有元神与元精。(不论圣贤与常人,都承受于自然,形成阴阳融合的性情与气质,但智力却有高低,形体而有大小。探索其中精华的种类,观察他们的仪容与形象,以至于工匠奴隶,都可以了解到他们的性情与气质。)能深刻地理解元精与元神,则能探索出其中的道理,并尽知心灵的奥秘。(古代圣贤看到天下万物的变化,而阐述出万物变化的规律,所以能探索出自然的大道,并尽知人类自身的奥秘,以至于悟出修炼精、气、神的方法。)

性之所尽,九质①之征也。(阴阳相生,数不过九,故性情之变,质亦同之。)然则平陂②之质在于神,(神者,质之主也,故神平则质平,神陂则质陂。)明暗之实在于精,(精者,实之本,故精惠则实明,精浊则实暗。)勇怯之势在于筋,(筋者,势之用,故筋劲则势勇,筋弱则势怯。)强弱之植③在于骨,(骨者,植之基,故骨刚则植强,骨柔则植弱。)躁静之决在于气,(气者,决之地也,气盛决于躁,气冲决于静矣。)惨怿④之情在于色,(色者,情之候也,故色悴由情惨,色悦由情怿。)衰正之形在于仪,(仪者,形之表也,故仪衰由形殆,仪正由形肃。)态度⑤之动在于容,(容者,动之符也,故衰动则容态,正动则容度。)缓急之状在于言。(言者,心之状也,故心恕则言缓,心褊则言急。)其为人也,质素平澹⑥,中睿外朗,筋劲植固,声清色怿,仪正容直,则九征皆至,则纯粹之德也!(非至德大人,其孰能与于此?)

[注释]

①九质:指下文所说的神、精、筋、骨、气、色、仪、容、言九种有形

之质或无形之质。②陂（bì 臂）：倾斜，不平。通"诐"，邪恶的意思。《荀子·成相篇》云："谗人罔极，险陂倾侧此之疑。"③植：栽种，如植树。引申为培养、培育。如培植、栽植。④惨怿（yì 易）：悲伤和欢喜。《史记·萧相国世家》云："高帝不怿。"⑤态度：奸邪佞媚称态。《荀子·臣道篇》云："巧敏佞说，善取宠乎上，是态臣者也。"王先谦集解云："以佞媚为容态。"器量宽宏称度。《汉书·高帝纪》云："常有大度，不事家人生产作业。"⑥平澹：《四库全书·人物志》为"平淡"。

[译文]

人类的所有性情，可归纳为九种本质特征；人的性情之所以能够充分体现，就在于九种本质特征的准确应验。（万物阴阳相生，变数超不过九次，所以，人的性情的变化，本质也与此相同。）这即是：善良与邪恶的本质全在于元神，（人的元神，是资质的主宰，所以，元神平和则资质也必定平和，元神邪恶则资质也必定邪恶。）明慧与愚蠢的实体全在于元精，（人的元精，是明暗实体的根本，所以，元精聪慧则实体也必定明慧，元精浑浊则实体也必定愚蠢。）勇猛与胆怯的态势全在于筋腱，（人的筋腱，是勇怯态势的表现，所以，筋腱强劲则体现的态势必定是勇猛，筋腱无力则体现的态势必定是胆怯。）坚强与懦弱的培育全在于骨骼，（人的骨骼，是培育强弱的根基，所以，骨骼刚硬则培育的必定是坚强，骨骼柔弱则培育的必定是懦弱。）暴躁与镇静的先决全在于气血，（人的气血，是决定躁静的基础，气血旺盛则决定的必定是暴躁，气血冲虚则决定的必定是镇静。）悲伤和欢喜的情感全在于脸色，（人的脸色，是体现悲欢情感的征候，所以，脸色忧愁是由于情感的悲伤，脸色喜悦是由于情感的欢喜。）衰退与端正的形态全在于仪表，（人的仪表，是衰正之形的体现，所以，仪表的衰退体现的是懒惰的形态，仪表的端正体现的是严肃的形态。）奸邪与宽容的变化全在于面容，（人的面容，是态度变化的标志，所以，不正常的变化则面容必定奸邪，正常的变化则面容必定宽容。）和缓与急切的情状全在于语言。（人的语言，是缓急之心的反映，所以，内心宽恕则语言必定和缓，内心褊狭则语言必定急躁。)作为一个人,其行事为人资性平和而宁静淡泊,内心聪慧而清朗爽直,筋腱强劲而骨骼刚硬,声音清和而面露微笑,仪表端正而容貌庄重,这即是九征齐备的纯粹品德啊!(如若不是品德高尚的君子,谁又能达到这一境界呢?)

九征有违,(违,为乖戾也。)则偏杂之材也。(或声清色怿,而质不平淡;或筋劲植固,而仪不崇直。)三度①不同,其德异称。(偏材苟一至之名,兼材居德仪之目,兼德体中庸之度。)故偏至之材,以材自名;(犹百工众伎,各有其名也。)兼材之人,以德为目②;(仁义礼智,得其一目。)兼德之人,更为美号。(道不可以一体说,德不可以一方待,育物而不为仁,齐众形而不为德,凝然平淡,与物无际,谁知其名也?)是故兼德而至,谓之中庸。(居中履常,故谓之中庸。)中庸也者,圣人之目也。(大仁不可亲,大义不可报,无德而称,寄名于圣人也。)具体而微③,谓之德行。德行也者,大雅④之称也。(施仁以亲物,立义以利仁,失道而成德,抑亦其次也。)一至⑤谓之偏材。偏材,小雅⑥之质⑦也。(徒仁而无义,徒义而无仁,未能兼济,各守一行,是以名不及大雅也。)一征⑧谓之依似。依似,乱德之类也。(纯讦似直而非直,纯宕似通而非通。)一至一违,谓之间杂。间杂,无恒之人也。(善恶参浑,心无定是。无恒之操,胡可拟议!)无恒⑨、依似,皆风人⑩末流。(其心孔艰者,乃有教化之所不受也。)末流之质,不可胜论,是以略而不概也。(蓍徒成群,岂可数哉。)

[注释]

①三度:指偏才、兼才、兼德三种人才在德才上具备的不同程度。②目:名称之意。《穀梁传·隐公元年》云:"段,郑伯弟也。何以知其为弟也?杀世子母弟,目君。以其目君,知其为弟也。"范宁注云:"目君,谓称郑伯也。"③具体而微:指已大体具备各种品德的基础,但深度还未发展完善。

《孟子·公孙丑上》云:"子夏、子游、子张皆有圣人之一体,冉牛、闵子、颜渊则具体而微。"④大雅:指德才兼备、飘逸绝伦的人。⑤一至:指虽初具各种德才,但只在其中一种德才上发展较完善的人。⑥小雅:指德才初具,但在许多种德才上还没有尽善尽美者。⑦质:典当、抵押。《南史·甄法崇传》云:甄彬"尝以一束苎就州长沙寺库质钱"。此处引中为另换一种说法。⑧一征:指一种特征,与某一种品德很近似,但并不一样。⑨无恒:指无恒常品德。⑩风人:古代采四方民歌以观风俗民情,故称采诗者为风人,后来也泛指诗人。《三国志·魏书·陈思王植传》云:"雍雍穆穆,风人咏之。"

[译文]

如果违背了九征之中的任何一种,(违,指不合。)则必定是偏杂之才。(或者声音清和面露微笑,而资质并不平和安静;或者筋腱强劲骨骼刚硬,而仪容并不端正庄重。)偏才、兼才、兼德这三种人才的德才程度不同,其品德的名称也各不一样。(偏才负担了独门才能的名声,兼才占据了品德礼仪的称号,兼德体现了中庸之道的深度。)所以,偏于一种才能的人,以其所具有的才能作为其名号;(犹如百工众匠,各以其技艺为名号。)兼具多种才能的人,以其所具品德的名目作为其称号;(仁、义、礼、智,得其一种称号。)兼具多种德才的人,更应该有一种美好的称号。(大道不可只以一种物体来说明,盛德不可只由一个方面来期待,哺育万物而不仅仅是因为仁慈,规范众人行为而不仅仅是因为美德,形成一种平淡的心态,与万物融合汇入天际,谁又能知道这应该叫一种什么美名呢?)所以,兼具种种德才并达到尽善尽美,可以称为中庸。(居于一种不偏不倚的境界,遵循世间永恒不变的规律,所以称之为中庸。)中庸是什么呢,也就是圣人的一种美称。(巨大的仁慈无法感激,巨大的恩义无法报答,甚至找不到具体的美德之名去称赞,只有把美名记在圣人身上。)已经大体具备各种品德的基础,但深度还未修炼圆满,这可以称为德行。德行是什么呢?也就是大雅之人的一种称号。(广泛地实施仁惠以亲近万物,树立礼义以利于仁教的推广,即使失去治国的文武之道而成其德政,可也是比中庸次一级的德政。)

只在一种德才上突出发展，可以称为偏才。偏才是什么呢，也就是小雅之人的一种名号。（仅仅具有仁而没有具备义，仅仅具有义而没有具备仁，没有能两者一起具备，而只是各自坚守着一种德行，所以，名声不如大雅之人高。）与某一种品德很近似，但并不一样，这可以称为依似。依似是什么呢？是德行紊乱的人的一种称号。（极端而不带私心杂念地批评别人的短处，好像是正直但并非正直，极端而不带世俗之见地放荡不羁、无拘无束，好像是通达但并非通达。）只在其中一种德才上发展比较完善，但另有一种与德才相违，这可以称为间杂。间杂是什么呢？也就是一种没有常性之人的一种称号。（善与恶掺和混淆在一起，内心没有坚定正确的信念。没有长久的志向操守，怎么可以在一起商议大事呢！）没有常性的人、德行紊乱的人，都是四处巡游、不可教化的末流之士。（其中心胸狭窄的人，即使有良好的教化他也不会接受。）末流之人的品质，不必以太多的文字来谈论，所以大略地议论一下而不详谈。（末流之徒多得成群，又怎么能数得清呢。）

[点评]

人的德才的本源，是出自于人的思想与本性。这种哲理，首先由古代的圣贤考察研究出来，的确是非常深奥与微妙的。至于人体自身的素质能量，以各种性情中的中正和谐最为珍贵，惟有它才能协调发展成仁、智、忠、信、勇五种品德。所以，观察人的品质，首先要看其是否有平淡中和的素质，尔后再探求其聪明程度。聪明这种品德是人身上阴阳二气凝聚的精华，如若阴阳二气清纯和畅，则必定是内含智慧，外露聪明。圣人之所以能正大光明照耀众人，即是因为其同时兼具智慧与聪明这两大美德，既可以明察微小的变化，又可以洞知沧桑巨变。这些关于人的美德与才能是由人的性情中的中正和谐素质协调发展而来的理论，是糅合了老子与孔子的思想，并借鉴于兵书《六韬》关于德才的论述综合而成的，确实是难能可贵的考察和确信无疑的结论，在一千七百多年前，作者能把这种深奥与玄妙的人才理论阐述得如此详细，真是令人不可想象。

在衡量人的才能与资质方面，作者还运用"五行学说"，认为构成人体筋、骨、血、气、肉的金、木、水、火、土五种物质，是形成义、仁、智、礼、信"五常"品德的本源，由于本源不同，这五种品德，在人体内外又表现出不同的特征，所以，人的各种性情特征，都可以从形体容貌、声音脸色、个性趣味上显现出来，因此，不同品德的人的仪容举止，必形成不同的样式。"五行学说"认为五种物质构成人体的五个方面的观点带有朴素的唯物论，这五种物质又是形成义、仁、智、礼、信"五常"品德的本源的看法，却为"五常"品德这些精神行为找到了物质基础，具有一定的意义。至于这五种品德，在人身上表现的不同特征，却是观察不同人才的可靠方法。

人的仪容和举止变化，发自于心气；心气外在的征兆，则又体现在声音的各种变化中。人的五德所表现的温柔、明达、忠贞、诚实、坚强五种神色呈现在容貌上就是所谓的"征神"。人的"征神"表现在容貌上，而情感浮现于目光中。五种品德不同的目光，表现的是人体内部不同部位的精气。由于它是通过某种特别突出的形体特征表现出来，所以并不精纯，属于偏才的范畴，以至于人体上的整体机能就得不到充分的控制与发挥。而中庸的品德是与此不同的，仁、义、礼、智、信五种品德合而为一，中和成一种平淡的品质，五种品德的资质内充于心田，五种品德的精华外聚于目光。"征神"也即是五种品德之灵魂在声音、颜色、目光上的综合表现。"征神"问题的提出，对于观察人才、识别人才具有较大的意义。刘劭认为，五德的任何一个单项都不精纯，都属于偏才的范畴，而只有中庸的品德把五德合而为一，才是人类至高无上的品德。

人的性情之所以能够充分体现，就在于九种本质特征的准确应验。这即是：善良与邪恶的资质全在于元神，明慧与愚蠢的实体全在于元精，勇猛与胆怯的态势全在于筋腱，坚强与懦弱的培育全在于骨骼，暴躁与镇静的先决全在于气血，悲伤与欢喜的情感全在于脸色，衰退与端正的形态全在于仪表，奸邪与宽容的变化全在于面容，和缓与急躁的情状全在于语言。如若要达到九征完备，那就必须具备资性平和而宁静淡泊，内心聪慧而清朗爽直，筋腱强劲而骨骼刚硬，声音清和而面露微笑，仪表端正而容貌庄重，这就是九征齐备，这就是纯粹的品德！如若九征不完备的，就属于偏才。刘劭对人类的心理活动的考察比较细致而精确，"九征"理论是对人类心理现象首次系统而全面的总结，无论在当时，还是科学发达的今天，都有其巨大的价值。

在科学发达的当今社会，虽然人类在心理学研究上取得了一系列的成果，有更为科学的研究方法。但像刘劭的全面系统的人才心理学理论，他的中正和谐、性情协调发展，进而形成人才的品德和才能的观点，他的"九征"观点，都是历久而弥新的人才学理论，具有重要的再认识价值。现代各级领导和企业家都可以把它作为识别人才、了解人才的法宝。

体别第二

（禀气阴阳，性有刚柔。拘抗文质，体越各别。）

[解题译文]

（人天生的性情气质就有阴阳的区分，表现在性格上有刚强柔弱的不同。有的拘束谨慎，有的刚烈不屈，有的文采飞扬，有的质朴老实，不同个体之间互有差别。）

[提要]

中庸之道是区分、衡量各种人才的基本标准。由于人们与生俱来的不同性情，进而形成不同类型的人才。以中庸为准则来分析这些人才的情况，大致有刚烈和拘谨两类。刚烈和拘谨都不完全符合中庸之道，前者的行为过头，后者的行为则不及。这两类人各有特长，又可区分为十二种不同的人才。各种人才在性情表现上都有突出的特点。这些特点反映了不同性情者的长处和短处。当你了解了这些人才的优缺点之后，他们在社会生活中该警戒什么，最适宜干什么，自然就昭然若揭了。

夫中庸之德[1]，其质无名。（泛然不系一貌，人无得而称焉。）

故咸②而不碱③，（谓之咸耶，无碱可容。公成百卤，也与咸同。）淡而不醋④，（谓之淡耶，味复不醋。）质而不缦⑤，（谓之质耶，理不缦素。）文而不绩⑥。（谓之文耶，采不尽绩。）能威能怀⑦，能辨能讷⑧，（居咸淡之和，处质文之际，是以望之俨然，即之而文，言满天下无辞费。）变化无方，以达为节⑨。（应变适化，期于通物。）

[注释]

①中庸之德：儒家的伦理思想和最高道德标准，一般指对待事物不偏不倚的态度。②咸：指盐味。此字有二音，读jiǎn时意思与"碱"相同。③碱：古人从碱地中熬取，味道苦涩，这里指苦味。④醋：无味。⑤缦：没有花纹的丝织品。《管子·霸形》云："令诸侯以缦帛鹿皮报。"引申为没有文采的意思。⑥绩：通"绘"。色彩艳丽。⑦怀：安抚。《左传·僖公七年》云："怀远以德。"⑧讷：说话迟钝。《论语·里仁》云："君子欲讷于言而敏于行。"⑨节：节度，标准，法度。《荀子·成相篇》云："言有节，稽其实，信诞以分赏罚必。"

[译文]

所谓中庸的伦理道德，它的实际内容没有一个确定的命名。（中庸包括的品德言行十分广泛，不只是一种，人们不知道怎样称呼它。）因此，它咸却不苦涩，（说它咸，却没有一种盐碱的苦涩味道能够包容它。用它调成百种卤味，和碱也属同类。）它平淡却并非无味，（说它淡，其味道又不是毫无滋味。）它朴实无华却并非没有文采，（说它质朴，纹理却不素白无奇。）它文采华美却不色彩艳丽。（说它有文采，却不像彩绘般华丽。）它具有威慑的力量又有安抚的能力，既能言善辩又沉默寡言。（它兼有咸淡的滋味，处于质朴和华美之间，因此，从远处看它的样子庄重严肃，靠近它时会感到温文尔雅，用它评论全天下的事物就不用耗费多余的词语。）它变化多端没有一定的区限或规矩，以通达万事万物为标准。（适应各种变化，以期达到通融万事万物的目的。）

是以抗者过之，（励然抗奋于进趋之涂。）而拘者不逮。（屯然无为于拘抗之外。）夫拘抗违中①，故善有所章②，而理有所失。（养形至甚，则虎食其外。高门悬薄，则病攻其内。）是故厉直刚毅，材在矫正，失在激讦③。（讦刺生于刚厉。）柔顺安恕，每④在宽容，失在少决。（多疑生于恕懦。）雄悍杰健，任⑤在胆烈，失在多忌。（慢法生于桀悍。）精良畏慎，善在恭谨，失在多疑。（疑难生于畏慎。）强楷⑥坚劲，用⑦在桢干⑧，失在专固。（专己生于坚劲。）论辨理绎⑨，能在释结，失在流宕⑩。（傲宕生于机辨。）普博周洽，弘在覆裕⑪，失在溷浊⑫。（溷浊生于周普。）清介廉洁，节⑬在俭固，失在拘扃⑭。（拘扃生于廉洁。）休动磊落，业⑮在攀跻⑯，失在疏越⑰。（疏越生于磊落。）沉静机密，精在玄微，失在迟缓。（迟缓生于沉静。）朴露径尽，质⑱在中⑲诚，失在不微⑳。（漏露生于径尽。）多智韬情㉑，权㉒在谲略㉓，失在依违㉔。（隐违生于韬情。）及其进德㉕之日不止㉖，揆㉗中庸以戒其材之拘抗，（抗者自是以奋励，拘者自是以守局。）而指人之所短以益其失，（拘者愈拘，抗者愈抗，或负石沉躯，或抱木焦死。）犹晋楚带剑递相诡㉘反也。（自晋视楚，则笑其在左；自楚视晋，则笑其在右。左右虽殊，各以其用，而不达理者，横相诽谤。拘抗相反，皆不异此。）

[注释]

①中：不偏不倚，无过无不及。此指中庸之道。《孟子·尽心下》云："孔子岂不欲中道哉？"赵岐注云："中道，中正之大道也。"②章：明显，显著。《左传·昭公三十一年》云："或欲盖而名章。"③激讦（jié洁）：激烈地攻击或揭发别人的短处。《汉书·外戚传下》云："讦扬幽昧之过，此臣所深痛也！"④每：美。《左传·僖公二十八年》云："原田每每。"杜预注："喻晋军美盛，若原田之草每每然。"⑤任：能力。《韩非子·定法》云："因任而授官。"⑥楷（jiē街）：树名，也叫黄连木。其枝干疏而不屈，用以形容刚直。

⑦用：财用，资财。《荀子·天论篇》云："强本而节用，则天不能贫。"⑧桢干：古代夯筑土墙时两头用的木柱叫"桢"，两边的夹板或立柱叫"干"。比喻支柱，骨干。《三国志·吴书·陆凯传》云："皆社稷之桢干，国家之良辅。"⑨绎：寻求事物的原因。⑩宕（dàng荡）：放荡，不受约束。⑪覆裕：覆，遮盖，掩蔽，引申为"遍及，遍布"。《吕氏春秋·本生》云："精通乎天地，神覆乎宇宙。"裕：富足，富饶。《荀子·富国篇》云："足国之道，节用裕民。"⑫涽（hùn混）浊：浑浊。屈原《离骚》云："世涽浊而嫉贤兮，好蔽美而称恶。"⑬节：气节，节操。左思《咏史》云："高节卓不群。"⑭扃（jiōng窘）：门窗箱柜的插关，也有"关锁"之意。《汉书·外戚传下》云："应门闭兮禁闼扃。"《四库全书·人物志》与《龙谿精舍丛书·人物志》皆为"局"。⑮业：事业，功业，学业。诸葛亮《草庐对》云："高祖因之以成帝业。"⑯跻（jī鸡）：升，登。《诗经·豳风·七月》云："跻彼公堂。"⑰越：离，散。《淮南子·主术训》云："精神劳则越。"⑱质：实，诚信。《左传·昭公十六年》云："楚子闻蛮氏之乱也，与蛮子之无质也。"⑲中：通"忠"。⑳微：隐蔽，藏匿。㉑韬情：掩藏真情。韬：遮掩，隐藏。《后汉书·姜肱传》云："以被韬面。"㉒权：灵活，权变。《三国志·魏书·武帝纪》云："太祖少机警，有权数。"㉓谲（jué决）略：谲，欺诈。略，谋略，方略。谲略，即诈谋。《史记·太史公自序》云："汉既谲谋，禽信于陈。"㉔依违：犹豫不决。《楚辞·九叹·离世》云："余思旧邦，心依违兮。"王逸注云："言我思念故国，心中依违不能远去。"㉕进德：提高或增进德行。《易经·乾卦·文言传》云："君子进德修业。"㉖止：停止，平息，消除。《荀子·大略篇》云："语曰：'流丸止于瓯臾，流言止于知者。'"㉗揆（kuí葵）：揣测，估量。《淮南子·兵略训》云："能治五官之事者，不可揆度者也。"㉘诡：要求，责成。《汉书·京房传》云："今臣得出守郡，自诡效功。"

[译文]

　　因此说性情刚烈的人是过头了，（在进取的道路上心气高扬，一味地要超过别人。）而拘谨则为不及。（置身于进取和竞争之外，无所作为。）拘谨和亢奋都违背了中庸之道，它们各自的长处是很明显的，其短处也是很明显的。（战国时鲁人单豹，身体保养得非常好，擅长内养,却被外来的饿虎吃掉。张毅大门开放,仅挂一帘子,虽擅长外交,却因体内的热病而死。)所以,严厉耿直、刚毅不阿的性格,其才干在于纠正偏错,失误在于揭露别人的短处时过分激烈。(激烈地揭露和指责别人的短处,是由于刚毅严厉的个性。)柔顺安稳、宽以待人的性格,其美盛之处在于能宽宏大量,容忍谦让,失误在于缺少决断。(常常迟疑不定,是由于宽厚懦弱的个性。)雄健有力、强悍杰出的性格,其能力在于勇创功业,失误在于猜忌太多。(不尊重法律、制度,也是由于个性强悍,才能出众。)精明善良、敬畏谨慎的性格,其优点在于谦逊有礼,办事小心慎重,失误在于疑虑过多。(疑惧是由于害怕和谨慎。)刚直不屈、坚强任性的性格,其功用在于能起骨干作用,承担重责,失误在于独断专行,固执己见。(主观专断是由于个性强劲。)好辨是非、讲究道理的性格,其才能在于解释疑难问题,失误在于轻浮飘荡,不受约束。(傲慢不羁是由于个性机灵巧辩。)广泛救济、乐善好施的性格,其宏量在于遍施财富,失误在于贫富不分。(穷富不分是由于普遍周济。)清正耿介、廉洁奉公的性格,其气节在于勤俭节约,始终如一,失误在于拘谨封闭。(拘谨封闭是由于廉洁。)乐于奔忙、办事杂乱的性格,其功绩在于能攀登向上,失误在于疏忽不细,过于零散。(疏忽零散是由于个性粗疏忙乱。)沉静不言、机敏在心的性格,其精明在于暗察秋毫,通晓机要,失误在于迟钝缓慢。(迟钝缓慢是由于个性沉稳安静。)朴实外露、直截了当的性格,其本质在于忠诚老实,失误在于不善于掩蔽自己。(处处暴露自己是由于个性直爽。)足智多谋、隐情不露的性格,其灵活性在于通权达变,善用谋略,失误在于犹豫不决。(犹豫不决是由于好掩饰真实情绪。)上述不同的性格,如果在修身养性增进品德的时候,仍不能取长补短而任其继续发展,人们就会按自己理解的中庸标准,去戒除性格上的过失和不足,(亢奋进取的人因此而一味地奋斗争强,拘谨的人因此而继续保守封闭。)进而指责他人的"短处"而增加自己的过失,(拘谨的更加拘谨,亢奋的更加亢奋,或者像商代的申徒狄那样,背着石头自沉于河,或像周代的介子推那样抱木而死。)犹如晋人和楚人佩带宝剑的部位不同,而相互指责对方的剑佩带反了一样。(从晋人的立场看楚人,就会讥笑楚人把剑佩带在左边;从楚人的立场看晋人,就会嘲笑晋人把剑佩带在右边。左右虽然不同,各自都是根据自己的实际需要,不明白这个道理的人,却相互横加诽谤。拘谨与亢奋性情相反,也都和上述道理一样。)

是故强毅之人,狠刚不和。不戒①其强之搪突②,而以顺为挠③,厉④其抗。(以柔顺为挠弱,抗其搪突之心。)是故可以立法⑤,难⑥与入微。(狠强刚戾,何机微之能入?)柔顺之人,缓心宽断。不戒其事之不摄⑦,而以抗为刿⑧,安⑨其舒⑩。(以猛抗为刿伤,安其恕忍之心。)是故可与循常,难与权疑。(缓心寡断,何疑事之能权?)雄悍之人,气奋勇决。不戒其勇之毁跌,而以顺为恇⑪,竭其势⑫。(以顺忍为恇怯,而竭其毁跌之势。)是故可与涉⑬难,难与居约⑭。(奋悍毁跌,何约之能居?)惧慎之人,畏患多忌。不戒其懦⑮于为义,而以勇为狎⑯,增其疑。(以勇鸷为轻侮,而增其疑畏之心。)是故可与保全,难与立节。(畏患多忌,何节义之能立?)凌楷⑰之人,秉意劲特⑱。不戒其情之固护⑲,而以辨⑳为伪,强其专。(以辨博为浮虚,而强其专一之心。)是故可以持正,难与附众。(执意坚持,何人众之能附?)辨博之人,论理赡给㉑。不戒其辞之泛滥,而以楷为系㉒,遂㉓其流。(以楷正为系碍,而遂其流宕之心。)是故可与泛序㉔,难与立约。(辨博泛滥,何质约之能立?)弘普之人,意爱周洽㉕。不戒其交之溷杂,而以介为狷㉖,广其浊。(以拘介为狷戾,而广其溷杂之心。)是故可以抚众,难与厉俗。(周洽溷杂,何风俗之能厉?)狷介之人,砭(甫廉反。)清激浊㉗。不戒其道之隘狭,而以普为秽㉘，益其拘。（以弘普为秽杂，而益其拘局之心。）是故可与守节，难以变通。（道狭津隘，何通涂之能涉？）休动之人，志慕超越。不戒其意之大猥㉙，而以静为滞㉚，果㉛其锐。（以沉静为滞屈，而增果锐之心。）是故可以进趋㉜，难与持后。（志在超越，何谦后之能持？）沉静之人，道思回复㉝。不戒其静之迟后，而以动为疏，美㉞其懁。（以躁动为粗疏，而美其懁弱之心。）是故可与深虑，难与捷速。（思虑回复，何机速之能及？）朴露之人，中疑实䃀㉟。不戒其实之野直，而以谲为诞㊱，露其诚。（以权谲为浮诞，而露其诚信之心。）是故可与立信，难与消息㊲。（实䃀野直，何轻重之能量？）韬谲之人，原度取容㊳。不戒其术之离正，而以尽为愚，贵其虚。（以款尽为愚直，而贵其浮虚之心。）是故可与赞善，难与矫违。（韬谲离正，何违邪之能矫？）

[注释]

①戒：戒备，警戒。《三国志·蜀书·诸葛亮传》云："箕谷不戒之失。"②搪突：即"唐突"，冒犯。③挠：弯曲，引申为屈服。《墨子·经说下》云："贞而不挠。"④厉：剧烈，猛。《庄子·齐物论》云："厉风济，则众窍为虚。"也通"励"，勉励，激励。⑤法：法令，制度。此指权威性工作。⑥难：艰难，不易。《左传·隐公四年》云："众叛亲离，难以济矣。"⑦摄：整理。《史记·高祖本纪》云："于是沛公起，摄衣谢之。"⑧刿（guì贵）：刺伤，划伤。《老子五十八章》云："方而不割，廉而不刿。"⑨安：安心。《三国志·魏书·司马朗传》云："郊境之内，民不安业。"⑩舒：舒缓，迟缓。王符《潜夫论·爱日》云："治国之日舒以长。"⑪恇（kuāng筐）：恐惧，惊慌。《后汉书·张步传附王闳传》云："内外恇惧。"⑫势：势头，趋势等。《孟子·公孙丑上》云："虽有智慧，不如乘势。"⑬涉：进入，到，经历。《左传·僖公四年》云："不虞君之涉吾地也。"⑭约：约束，束缚。《论语·雍也》云："君子博学于文，约之以礼。"⑮懁：软弱，怯懦。⑯狎（xiá狭）：轻侮。《韩非子·十过》云："狎徐君。"⑰凌楷：凌通"陵"，严峻，严密。《荀子·致士篇》云："凡节奏欲陵，而生民欲宽。"楷，刚直不屈。⑱秉意劲特：秉意，

即执意,秉有执持之意。《诗经·邶风·简兮》云:"右手秉翟。"特,特别,杰出,突出。《诗经·秦风·黄鸟》云:"百夫之特。"⑲固护:牢固,指性情的固执专一。⑳辨:通"辩",变化。《庄子·逍遥游》云:"若夫乘天地之正,而御六气之辩。"㉑赡给:赡,充足,富足。给,敏捷。㉒以楷为系:楷,法式,典范。系,拴绑,引申为拘束。㉓遂:通达。《淮南子·精神训》云:"何往而不遂。"㉔泛序:序亦作"叙"。泛序,广泛叙述。㉕意爱周洽:意,心意,心愿。爱,喜欢。周洽,普遍周济。㉖以介为狷:介,耿介,独特,节操。《孟子·尽心上》云:"柳下惠不以三公易其介。"狷,心胸狭窄。《后汉书·范冉传》云:"以狷急不能从俗。"㉗砭清激浊:砭,用刺穴的石针治病。激,水的冲击。砭清激浊,意为指正和抨击世事的清浊。㉘秽:污秽,丑陋。㉙猥(wěi委):众,多。《汉书·沟洫志》云:"以为水猥盛则放溢。"㉚滞:停滞,不流畅。《淮南子·时则训》云:"流而不滞。"㉛果:充实,饱足。《庄子·逍遥游》云:"适莽苍者,三餐而反,腹犹果然。"㉜趋:快步走。《庄子·盗跖》云:"孔子再拜趋走。"㉝道思回复:道,道理。思,思考。道思回复,指思考事情反复多次。㉞美:赞美。《庄子·齐物论》云:"毛嫱、丽姬,人之所美也。"㉟中疑实㿒:中疑,心中的疑虑。实㿒,㿒即"昏",昏出。㊱诞:荒诞,虚妄。《国语·楚语上》云:"是言诞也。"㊲消息:音讯,信息。《后汉书·董祀妻传》载《悲愤诗》云:"迎问其消息,辄复非乡里。"此处指机密信息。㊳原度取容:原,察究,推求。《韩非子·主道》云:"掩其迹,匿其端,下不能原。"度,(duó夺),推测,揣度。《史记·陈涉世家》云:"度已失期。"取容,曲从讨好别人。

[译文]

因此,性情强毅的人,原本就刚狠严厉,不甚温和,如果不能警戒自身强硬冒犯的缺点,反而将柔顺当成软弱屈服,那就会激励自己过分抗进逞强。(把柔顺看成屈服软弱,更增进其冒犯倔强的个性。)所以,这种人可以让他去干制定法令制度等具有权威性的工作,不能轻易给他细致入微的任务。(性格刚强激烈,有什么认真细致的事能够去做呢?)温柔随和的人,心绪平缓,处理事情宽松大度,如果不能警戒自身遇事随便,不愿整治的缺点,而把亢奋进取的行为当成一种伤害，就会更加安心于自己舒缓宽容的处事之道。（把亢奋进取视为伤害，其宽恕忍让的性情更加安然。）所以，这种人可以给他安排有规可循的日常工作，不能轻易让他去干行使权威、决断疑难的任务。（心绪迟缓，优柔寡断，能权断什么疑人之事呢？）雄健强悍的人，豪气振奋，勇于开拓，如果不能警戒自身勇敢中有破坏性的缺点，而把温顺随和当成胆小畏惧，就会竭尽全力地发挥其强悍勇猛、摧毁一切的气势。（把柔顺忍耐看成怯懦，进而尽情发挥其破除万物的威势。）所以，这种人可以给他较为困难的任务，不要轻易让他从事有约束性、受限制的工作。（奋勇强悍的好斗个性，有什么条约限制他能遵守呢？）胆小谨慎的人，患得患失，顾虑重重。如果不能警戒自身在做正义事业时的懦弱畏惧，而将勇敢的行为看作轻率不敬，就会进一步增添自己多疑、恐惧的心理。（认为勇敢是轻侮，进而助长了疑畏之心。）所以，这种人可以给他保守又安全的任务，不能轻易安排他干舍生取义、树立气节的工作。（胆怯多忌的个性，能保持什么节义呢？）严峻正直的人，坚持自己志向的思想特别强烈，如果不能警戒性情固执专一的缺点，而把随机应变视为虚伪诡诈，就会强化自己专一不变的个性。（把适应周围环境的变化看作是轻浮虚妄，进而强化了固执不变的心态。）所以，这种人可以给他坚持正义的任务，不能轻易让他去做顺应人心、争取群众的工作。（固执己见，能使什么人来归附？）能言善辩，见识广博的人，理论丰富，口才敏捷，如果不能警戒自身言语过多、用词泛滥无所约束的缺点，而将有关法式、规定视为束缚或障碍，就会放任自己信口开河、任意轻浮的个性。（把正规法式看成约束阻碍，进而放纵自己浮躁不安的心绪。）所以，这种人可以给他一般介绍性、阐述性的任务，不能轻易安排他从事订立条款盟约性质的工作。（说话内容过分广泛、无所约束，能订立什么明确的盟约条款呢？）宽宏大量、广泛交际的人，原本就喜欢普遍结交，如果不能警戒自身交往关系混乱复杂的缺点，而将耿介独立视为心胸狭窄，就会扩大自己交际浑浊不清的毛病。（把谨慎独立视为狭隘，进而扩宽了社交混杂的不良性情。）所以，对这种人可以给他安抚群众的工作，不能轻易让他去干严肃民风习俗的事。（广泛交往，良莠混杂不分，能整顿什么风俗？）洁身自好、独特清高的人，不论世事清浊，都要指正抨击，如果不能警戒自身处世之道的狭隘，而将许多普通的习俗和言行视为污秽，就会更增加自己的拘谨保守。（把普遍存在的事物都看成污浊不洁，进而使拘泥的个性更为增强。）这种人可以给他们坚持礼节、遵守道义的任务，不可轻易安排他们去做协调变通的工作。（思想方法狭窄阻塞，能走上怎样通畅的道路？）不甘寂寞、停下来就又想有所行动的人，志向高超远大，如果不能警戒自身的好高骛远、理想过多的缺点，而把安稳恬静视为呆滞无为，就会更加增添他的急功近利，锐意进取。（将深沉安静看成停滞委屈，进而更增强了急于求成的心理。）所以，这种人可以给他冲锋在前、开拓领先的任务，不能轻易让他干幕后操作、完善后事的工作。（其志向就是要超越领先，能做好哪些谦让善后的事？）深沉恬静的人，主张反复推敲，三思而行，如果不能警戒自身因沉静而反应迟钝、思维缓慢的缺点，将正常的活动视为粗疏，更加鼓励了他的软弱。（把紧迫行为看成是粗疏，进而以其懦弱的心理为美好。）这种人可以给他需要深思熟虑的任务，不能轻易让他从事快速敏捷的工作。（反复思虑，能做到什么快速机灵？）质朴老实、心怀坦荡的人，心中有什么疑虑都会如实道出，如果不能警戒自身诚实之中过于粗野爽直的缺点，而把狡猾欺诈视为荒诞不实的事，就会加倍地暴露自己的诚实。（将权谋欺诈看成是虚妄无据的事，进而使其诚实守信的心理更加显露。）所以，这种人可以给他建立信义的任务，不能轻易让他负责保守机密的工作。（性情实诚粗直，怎能衡量出事情的轻重？）心怀谋略、擅长权术的人，能够觉察揣度别人的心思，并投其所好，取悦于人，如果不能警戒自身施展权术往往偏离公正的缺点，而将襟怀坦白、诚恳直爽视为愚蠢,就会更加看重自己虚伪不实的一面。(将诚恳老实看成愚直,进而更珍惜轻浮虚假的性格。)所以,这种人可以给他赞美颂扬善德善行的任务,不可轻易让他去干矫正违规、杜绝邪恶的工作。(玩弄权术偏离正道,什么邪恶行为能够矫正!)

夫学,所以成材也;(强毅静其抗,柔顺厉其懦。)恕①,所以推情②也;(推己之情,通物之性。)偏材之性不可移转矣。(固守性分,闻义不徙。)虽教之以学,材③成而随之以失。(刚毅之性已成,激讦之心弥笃。)虽训之以恕,推情各从其心,(意之所非,不肯是之于人。)信者逆④信,(推己之信,谓人皆信,而诈者得容为伪也。)诈者逆诈。(推己之诈,谓人皆诈,则信者或受其疑也。)故学不入道,恕不周物⑤,(偏材之人,各是己能,何道之能入,何物能周也?)此偏材之益⑥失也。(材不能兼,教之愈失。是以宰物者,用人之仁去其贪,用人之智去其诈,然后群材毕御,而道周万物也矣。)

[注释]

①恕:用自己的心推想别人的心。《论语·卫灵公》云:"子贡问曰:'有一言而可以终身行之者乎?'子曰:'其恕乎!己所不欲,勿施于人。'"②推情:推,推求,推究,推论。《韩非子·五蠹》云:"推是言之,是无乱父子也。"推情,即推求,推测心情或感情。③材:材料,也通"才",才能。这里指性格或性情。④逆:接受。《仪礼·聘礼》云:"众介皆逆命。"⑤周物:周,合。《韩非子·五蠹》云:"是以天下之众,其谈言者务为辩,而不周于用。"物,事物,特指别人,众人。魏征《十渐不克终疏》云:"损己以利物。"⑥益:大。《战国策·中山策》云:"中山虽益废王,犹且听也。"

[译文]

学习是用来造就人才的手段,(对强毅的人,使其亢奋的性情安静下来;对柔顺的人,使其软弱的性情变得坚强一些。)恕是用来拿自己的心去推想别人心理的方法。(用自己的性情来推比,进而通晓他人的性情。)过分偏执的个性不容易改变转化。(坚持固有的性情,听到正确合理的指教仍不改变自己。)虽然用学习开导教育他,但是偏执的性情已经养成,学习一过所学的东西就丧失殆尽。(刚毅的性格已经定型,激烈好斗的心理更加坚固。)即使用儒家"恕"的道理训导他,但是在用自己的心推测别人的心时,仍然是各人只按各人的标准去想。(教他想的都是他所不愿想的,所以不肯按这种想法去推想他人。)自己老实守信的,只接受老实守信的教育。(用自己的诚实可信去推想,认为别人都诚实可信,致使欺诈者受到信任,能够继续其虚伪的诡诈。)自己欺诈不实的,只相信人都是欺诈不实的。(用自己的欺诈推想,认为别人都欺诈,这样,诚实可信的人又要受他的怀疑。)所以,经过学习却没有掌握正确的道理,推想别人时就难以符合别人的实际心情。(性格偏执的人,每个人都认为自己的性情不错。这样,什么道理他能接受,什么人的心他能推想正确呢?)这是性格偏执者的大过失。(个性偏执不能兼有其他性情的人,越教越错。因此,领导及管理人员,要利用人的仁爱之心,戒除他们的贪得无厌;利用人的聪明机智,去除他们的虚伪欺诈。这样,就能使众多各种性格的人才都云集而来,你的主张也会符合众人的心愿了。)

[点评]

　　作者是崇尚中庸之道的,所以在论述不同人才时即以此为标准。而在实际生活中,人们要做到事事处处不偏不倚却很困难,往往都有所偏向,大部分人才也都如此。所以本篇划分出来的十二种各有偏颇的人才,正是普通人中常见的,很有代表意义。正确认识这些有一定特点的人,不论对人才本身或是打算选用人才的人来说,都是大有裨益的。有偏才的人,针对自己的偏颇,可以扬长避短;选用人才者,可了解、利用偏才的长处,抑制其短处,使之在适宜的岗位上发挥作用。譬如严峻正直的"凌楷之人",原则性强,但是也有固执专一的缺点,应变能力不足,可以安排他们从事坚持正义的工作，却不宜去做顺应人心、争取群众的事。而性情宽厚、喜欢交际的"弘普之人"，可以从事安抚民众的工作，却不适合去做整顿风纪的事。所以，汉高祖刘邦，用文弱多智的张良，在幕后为他出谋划策；以领军率兵多多益善的韩信，在前方克敌制胜。如果二者错位，其后果是可想而知了。人才众多，各有其类。只有充分认识各类人才的特别之处，根据他们的特点来任用，偏才便可成为有用的人才。只有物尽其用，人尽其才，效率方可提高，人心方能安定。

在现代知识社会，特别强调选用人才的重要性，往往一个人才就决定了一个单位或一个企业的兴衰。我们可以根据刘劭对十二种人才特点的详细论述，分别对十二种人才按照他们的才能给以不同的任用，让他们发挥各自的才智，做出各自的贡献，这种由十二种不同人才做出的不同成绩，就可以汇合成一种巨大的成绩，使我们的事业获得巨大的成功。

流业第三

（三材为源，习者为流。流渐失源，其业各异。）

[解题译文]

（德、法、术三种才能为各种才能的源头，能够学习和掌握这三种才能中的一部分，从而就形成了各种不同的人才类别。德、法、术三种人才朝不同方向的发展，使得人才类型的区分又渐渐与原来的不全然相同，这样就造成了他们各自所能担当的职务也不尽一样。）

[提要]

有十二种人才可以成为国家的栋梁之材，其中以一身兼具德、法、术三种才能的国家脊梁一类的国体人才为最高智慧人才。

君主的治国之道，首先是聪明；其次是持一种不偏不倚的中庸平淡的法则，具备统率众才的驾驭能力，充分发挥各种人才的聪明才智，而不偏爱于某一种人才，这样就可以垂拱天下，无为而治。

盖人流之业①十有二焉：（性既不同，染习又异，枝流条别，各有志业。）有清节家②，（行为物范。）有法家③，（立宪垂制。）

有术家④,(智虑无方。)有国体⑤,(三材纯备。)有器能⑥,(三材而微。)有臧否⑦,(分别是非。)有伎俩⑧,(错意工巧。)有智意⑨,(能炼众疑。)有文章⑩,(属辞比事。)有儒学⑪,(道艺深明。)有口辨⑫,(应对给捷。)有雄杰⑬。(胆略过人。)

[注释]

①人流之业:人,众人之意。《春秋穀梁传·隐公四年》云:"其称人以立之,何也,得众也。"流,指各种学术思想流派。《后汉书·王充传》云:"遂博通众流百家之言。"业,指所从事的职业。《汉书·萧望之传》云:"家世以田为业。"人流之业即指众多的学术思想流派的职业区分。②清节家:指具有清正的品德和模范的节操的人才。③法家:战国时的一个重要学派。主张重农抑工商。提倡耕战政策,以农制富,以战求强,厉行严刑峻法,监察官吏职守,建立官僚制度。主要代表人物有管仲、商鞅、韩非等人。这里指能制定各种法律、建立各种制度的人才。④术家:术,谋术,策略。《史记·张仪列传》云:"始尝与苏秦俱事鬼谷先生,学术。"这里指具有杰出智谋、奇妙计策的人才。⑤国体:指具有清节家的品德、法家的法治、术家的智谋三种才能,并如国家的脊梁一样的人物。⑥器能:指具备清节家的品德、法家的法治、术家的智谋三种才能不太纯正,但也可以胜任治理国家、处理政事的人物。⑦臧否(zāng pǐ 赃匹):褒贬,评论。魏征《十渐不克终疏》云:"不审察其根源,而轻为之臧否。"这里指具备清节家的品德,但气量不大,喜欢评论是非、褒贬人物的人。⑧伎俩:工巧、技能。指虽不能像法家一样制定国家法制,但在执行中却能巧妙运用的人才。⑨智意:头脑机智灵活。指虽不是术家那样的谋略大师,但遇事却善于权变、机智万分的人才。⑩文章:指文笔卓越,能留下千古不朽的著述之人才。⑪儒学:儒家的学说。儒家是春秋战国时代的一个重要学派。主要是推崇"仁义"和"礼乐",主张"仁政"和"德治",提倡"忠恕"和不偏不倚的"中庸"之道,重视伦理道德教育,对中国古代政治、思想、文化产生了深刻的影响。代表人物有孔子、孟子等。这里指具备儒家传统,能传圣人之学,但不干预政事的人才。⑫口辨:辨,通"辩"。指舌辩之士,即指能言善辩之人。《晋书·华谭传》云:"好学不倦,爽慧有口辨。"⑬雄杰:指强有力的杰出人物。

[译文]

关于各种学术思想流派的职业区分有以下十二种：（人的天性既然生来不同，后天所学习的知识与积累的经验又各自相异，这些知识与经验又如同大树的枝条一样有不同的走向和区别，使之各有各的志向与事业。）一是具有清正品德与模范节操的清节家；（为人类高尚行为的模范。）二是善于制定各种法律、建立各种制度的法家；（建立国家大法，留下各种制度。）三是具有杰出智谋、奇妙计策的术家；（智慧与思想无边无沿。）四是既具有清正品德，又具有法治才能和杰出智谋，并像国家脊梁一样的国体人才；（清节家、法家、术家三种才能具备，并达到精纯圆融的境界。）五是虽具有清正品德，又具有法治才能和智谋才能，却并不精纯，但尚可治理国家、处理政事的器能人才；（具有清节家、法家、术家三种人物的才能但并不精纯。）六是具备清正的品德，但气量不大，喜欢评论是非、褒贬人物的臧否人才；（区分与辨别大是大非。）七是虽不具备制定国家各项法制的才能，但在执行中却能巧妙运用的伎俩人才；（执行法制时能灵活运用。）八是遇事善于权变、机智万分的智意人才；（可以解决众人的疑难之事。）九是具有卓越文笔，能留下千古著述的文章人才；（撰文记事以明千古大义。）十是具备儒家传统、能传圣人之学的儒学人才；（掌握儒家中庸之道和六艺的深邃内涵。）十一是能言善辩的口辩人才；（在非常之时、重要之地思维敏捷，应对迅速。）十二是具备雄才大略的雄杰人才。（胆识和谋略超过众人。）

若夫德行高妙，容止可法①，是谓清节之家，延陵②、晏婴③是也。建法立制，强国富人，是谓法家，管仲④、商鞅⑤是也。思通道化⑥，策谋奇妙，是谓术家，范蠡⑦、张良⑧是也。兼有三材⑨，三材皆备，（德与法术，皆纯备也。）其德足以厉风俗，其法足以正天下，其术足以谋庙胜⑩，是谓国体，伊尹⑪、吕望⑫是

流业第三 47

也。兼有三材，三材皆微，（不纯备也。）其德足以率一国，其法足以正乡邑⑬，其术足以权事宜，是谓器能，子产⑭、西门豹⑮是也。兼有三材之别，各有一流，（三材为源，则习者为流也。）清节之流，不能弘恕，（以清为理，何能宽恕？）好尚讥诃⑯，分别是非，（己不宽恕，则是非生。）是谓臧否，子夏⑰之徒是也。法家之流，不能创思远图，（法制于近，思不及远。）而能受一官之任，错意施巧⑱，（务在功成，故巧意生。）是谓伎俩，张敞⑲、赵广汉⑳是也。术家之流，不能创制垂则㉑，（以术求功，故不垂则。）而能遭变用权，权智有余，公正不足，（长于权者，必短于正。）是谓智意，陈平㉒、韩安国㉓是也。凡此八业，皆以三材为本。（非德无以正法，非法无以兴术。是以八业之建，常以三材为本。）故虽波流分别，皆为轻事㉔之材也。（耳目殊管，其用同功。群材虽异，成务一致。）能属文㉕著述，是谓文章，司马迁㉖、班固㉗是也。能传圣人之业，而不能干事施政，是谓儒学，毛公㉘、贯公㉙是也。辩不入道，而应对资给㉚，是谓口辨，乐毅㉛、曹丘生㉜是也。胆力绝众，材略过人，是谓骁雄，白起㉝、韩信㉞是也。凡此十二材，皆人臣之任也，（各抗其材，不能兼备，保守一官，故为人臣之任也。）主德不预焉。

[注释]

①容止可法：仪容举止可以效法。《左传·襄公三十一年》云："故君子在位可畏，施舍可爱，进退可度，周旋可则，容止可观，作事可法，德行可象，声气可乐，动作有文，言语有章，以临其下，谓之有威仪也。"②延陵：春秋时吴国公子，名季札，为吴王寿梦第四子。季札素有贤名，寿梦欲传位给他，让不受，乃立长子诸樊。寿梦死后，诸樊又让位季札，仍不受。国人非要立季札为王，其弃室而耕，国人只好放弃。季札封于延陵（今江苏常州市），故号曰"延陵季子"。③晏婴（？—前500年）：春秋时齐国大夫。字平仲，夷维（今山东高密）人。齐灵公二十六年（公元前556年），其父晏弱死后，

继任齐卿，历仕灵公、庄公、景公三代。崔杼弑庄公，晏婴去哭王尸，有人劝崔杀之，崔说："民之望也，舍之得民。"曾奉景公命出使晋国，与晋大夫叔向议论齐政时，预言齐国终将为田氏所取代。一生以忠贞清廉著称。④管仲（？—前645年）：春秋初期著名的政治家。名夷吾，字仲，颍上（今属安徽）人。由鲍叔牙推荐给齐桓公，被任为卿，并尊为"仲父"。他在齐国进行改革，使齐国国力大振，帮助桓公以"尊王攘夷"为号召，使齐桓公成为春秋时期第一个霸主。作为法家的先驱人物，他的法治思想和改革方略，对后世的法家和革新派具有极大的影响。⑤商鞅：（约前390年—前338年）战国时政治家。卫国人。复姓公孙，名鞅，故也称卫鞅。入秦劝说秦孝公行富民强国之术，主张变法改革。秦孝公六年（公元前356年）被任命为左庶长，开始变法。孝公十二年，又进一步变法。后因军功封于商（今陕西商县东南）十五邑，号商君，故称商鞅。他两次变法，奠定了秦国逐渐强大的基础。秦孝公死后，他被贵族诬告谋反，遭车裂而死。⑥道化：指自然界和人世规律的阴阳变化。⑦范蠡（lí）：春秋末期政治家。楚国宛（今河南南阳）人，字少伯。越国大夫。越国为吴所败时，曾随越王勾践赴吴为人质两年，回国后助勾践刻苦图强，后趁吴军北上时，终于灭吴。因他看出勾践可以共患难，不可以共富贵，遂弃职出走，后改名陶朱公，以经商致富。⑧张良：（？—前186年）西汉初期大臣。字子房，相传为城父（今安徽亳县东南）人。为韩国贵族之后，秦灭韩后，与人图谋刺杀秦始皇不中。后在下邳（今江苏睢宁北）遇黄石公授《太公兵法》。在秦末农民战争中，他是刘邦的重要谋士，他提出不立六国后代，联结英布、彭越，重用韩信等谋略，又主张分进合击项羽，歼灭楚军，均为刘邦采用。因此，刘邦在灭楚后分封功臣时说："夫运筹策帷帐之中，决胜于千里之外，吾不如子房。"以功封留侯。⑨三材：指上述清节家、法家、术家的德、法、术三种才能。⑩庙胜：未战之先，在庙堂里谋划的方案战胜敌人的把握较大，称为庙胜。《孙子兵法·计篇》云："夫未战而庙算胜者，得算多也；未战而庙算不胜者，得算少也。"张预注云："古者兴师命将，必致斋于庙，授以成算，然后遣之，故谓之庙算。"⑪伊尹：商初重臣。名伊，尹是官名。一说名挚。相传伊尹出身奴隶，是商汤所娶有莘氏女的陪嫁之臣。汤发现其才用为"小臣"，后委以国政。他帮助商汤先灭葛、昆吾，后与夏桀决战于鸣条,灭夏兴商。⑫吕望:周初重臣。姜姓,字子牙,因先祖曾封之于吕,故子孙从其封姓,一名吕尚,又号太公望,故称吕望。辅佐文王修德以倾商政,"天下三分,其二归周者,太公之谋计居多"。文王死后,辅佐武王,调集诸侯,与殷纣王决战于牧野,灭商兴周,因功封于齐国。⑬乡邑:古代县以下的农村一级政区称乡,邑为城市的泛称。乡邑即乡镇之意。⑭子产(?—前522年):春秋时期政治家。即公孙侨,字子产。郑简公二十三年(公元前543年)执政,实行改革,整顿田地疆界,兴水利,改革征"赋"制度,公布"刑书"条文,不毁乡校,听取下层意见,并以此开议政之风,这些改革使郑国的国力得以加强。⑮西门豹:战国时魏国政治家。魏文侯时任为邺(今河北临漳县西南邺镇)令。曾破除当地"河伯娶妇"的恶俗,并开凿水渠十二条,发展农业生产,使水害变为水利。⑯讥诃:指责,非难。《三国志·蜀书·廖立传》注引《诸葛亮集》云:"立奉先帝无忠孝之心,守长沙则开门就敌,领巴郡则有暗昧阘茸其事,随大将军则诽谤讥诃。"⑰子夏:(前507年—?)春秋末晋国温(今河南温县西南)人,一说卫国人。卜姓,名商。为孔子得意学生。他精通《春秋》、《易经》。孔子死后,他讲学魏国,李克、吴起都是他的学生,魏文侯也尊他为师。⑱错意施巧:错,镶嵌,装饰。钟嵘《诗品》云:颜延之"诗如错彩镂金"。施,施加。《论语·卫灵公》云:"己所不欲,勿施于人。"错意施巧,指在实施自己的意图时,加以装饰,使点巧劲,从而顺利达到目的。⑲张敞:西汉大臣。河东平阳(今山西临汾西南)人,字子高。初为太仆丞,宣帝时为太中大夫,因得罪了大将军霍光,被降为函谷关都尉。后升任京兆尹。又因与杨恽善,被免职,不久又用为冀州刺史。禀性直言敢谏,所任之处均有政绩。⑳赵广汉:(?—前65年)西汉大臣。涿郡蠡吾(今河北博野西南)人,字子都。初仕时为郡吏、州从事。宣帝时升任颍川太守,曾诛杀违法的当地豪强原氏、褚氏等人。又迁升为京兆尹,平素执法不畏权贵。后被杀。㉑垂则:垂,流传后世。《后汉书·崔骃传》云:"何天衢于盛世兮,超千载而垂绩。"则,准则,榜样。《尚书·五子之歌》云:"万邦之君,有典有则。"垂则,指流传于后世的准则。㉒陈平:(?—前178年)西汉初期重臣。阳武(今河南原阳东南)人。少好黄老之术。先投项羽不得重用,又投刘邦任护军中尉,曾建议以反间计令项羽去其谋士范增,并以爵位笼络大将韩信,均为刘邦采用,世传陈平六出奇计,世不得闻,如平城解围。曾自言:"我多阴谋,是道家之所禁。"汉立,功封曲逆侯,曹参死,始为左丞相,吕后专权时,他不问世事。吕后死后,他与周勃定计,诛杀吕产、吕禄等,迎立文帝,任丞相。㉓韩安国(?—前127年):西汉大臣。成安(今河南临汝)人,字长孺。初为汉梁孝王中大夫,吴楚七国之乱时,奉梁孝王命,击退吴兵,由此著名。武帝时,升任御史大夫,后升卫尉。后在与匈奴作战中,兵败渔阳,不久病死。㉔轻事:轻,轻易。《盐铁论·刑德》云:"千仞之高,人不轻凌。"轻事,指对职责内的事情能轻而易举地去完成。㉕属文:指撰写文章。《汉书·贾谊传》云:"年十八,以能诵诗书属文称于郡中。"㉖司马迁(约前145年或前135年—?):西汉史学家、文学家。夏阳(今陕西韩城南)人。字子长。司马谈之子,初仕郎中,元封三年(公元前108年)继其父职,任太史令。曾因替李陵降匈奴一事辩解而下狱,惨遭腐刑。出狱后任中书令,发愤写完《史记》。《史记》是一部记载中华民族从远古传说时代到汉代初年的史书,是我国最早的通史,开创了纪传体史书的先河。㉗班固(公元32年—92年):东汉史学家、文学家。扶风安陵(今陕西咸阳东北)人,字孟坚。班彪之子。父死,为完成其父所未写成的《史记后传》,被人告以私改国史而下狱,弟班超上书力辩,获释。后召为兰台令史,转迁为郎,典校秘书。奉诏继续写完其父未完成之书,历经二十余年,终写成《汉书》。继司马迁之后,开创了断代史纪传体通史的体例。后因大将军窦宪一事被牵连,死于狱中。《汉书》八表及《天文志》稿本散乱,由其妹班昭及马续奉诏完成整理工作。㉘毛公:西汉古文诗学"毛诗学"的开创者。名亨。一说鲁(治所今山东曲阜一带)人;一说河间(今河北献县东南)人。据称其诗学传自子夏,曾著《毛诗故训传》,传授毛苌。故世称亨为"大毛公",苌为"小毛公"。经过秦始皇焚书坑儒后,到汉代传《诗》者有鲁、齐、韩、毛四家,鲁、齐、韩三家为今文诗学,魏晋以后逐渐衰亡。《毛诗》为古文诗学,盛行于东汉之后。东汉郑玄作《毛诗笺》后,由于《毛诗》多为古训古义,遂以流传至今。㉙贯公:西汉学者。赵(今河北邯郸西南)人,即贯长卿。古文诗学由毛亨传毛苌,据《汉书·儒林传》记载:毛苌又"授同国贯长卿,长卿授解延年,延年为阿武令,授徐敖,敖授九江陈侠,为王莽讲学大夫。由是言《毛诗》者本之徐敖"。可以看出，贯长卿是小毛公的亲传弟子，在《毛诗》的传播中起着承前启后的重要作用。㉚资给：资，取资，《孟子·离娄下》云："资之深，则取之左右逢其源。"给，口齿伶俐，《荀子·非十二子篇》云："辩说譬谕，齐给便利。"资给在这里指语言丰富，言辞伶俐。㉛乐毅：战国时燕国大将。中山国灵寿（今河北平山东北）人。乐羊之后。燕昭王任为亚卿。燕曾为齐所败，昭王一心想雪耻，乐毅遂说动赵、楚、韩、魏与燕联兵，大破齐军。诸侯国兵退，乐毅又长驱直入，五年攻下齐国七十余城。燕惠王即位，中齐国田单反间计，改任骑劫为将，乐毅出奔赵国，后又与燕惠王和好，往来于燕赵之间，赵、燕皆以他为客卿，后死于赵。㉜曹丘生：西汉辩士。楚人。与窦长君友善。季布曾劝窦不要与曹来往，曹来见季布说："楚人谚曰：'得黄金百斤，不如得季布一诺。'……仆游扬足下之名于天下。"赞扬了季布的品德。季布乃以曹为贵客。季布以前随项羽攻刘邦，为刘邦所忌。楚灭汉兴，曹丘生先为刘邦通缉，又被刘邦免罪并召为郎中。季布名声所以越来越大，是曹丘生到处宣扬的结果。㉝白起（？—前257年）：战国时秦国名将。郿（今陕西眉县）人，一名公孙起。秦昭王时从左庶长升至大良造。攻无不克，战无不胜，夺得韩、赵、魏、楚大量土地。秦昭王二十九年（公元前278年）攻下楚国国都，因功封为武安君。长平之战大破赵军，坑杀战俘四十多万人，威震列国。后因与相国范雎不和，被逼自杀。㉞韩信（？—前196年）：汉初名将。淮阴（今江苏清江西南）人。先投项羽，后归刘邦，被萧何举荐，拜为大将。楚汉战争时，刘邦采其计策，明修栈道，暗度陈仓，先夺取了关中。刘、项成皋相持时，他分兵破赵取齐，占据黄河下游之地，被封齐王。不久率军与刘邦合击项羽于垓下（今安徽灵璧南），楚灭汉兴后，改封楚王。刘邦曾说："连百万之军，战必胜，攻必取，吾不如韩信。"后韩信被人告以谋反之罪，降为淮阴侯，又被告与陈豨勾结在长安谋反，被吕后擒杀。

[译文]

如若德行高尚美好，仪容举止可以作为榜样的，就可以称为清节家，吴国季札、齐国晏婴就是这一流人物。建立法律和制度，从而强国富民的，就可以称为法家，齐国管仲、秦国商鞅就是这一流人物。精通天地阴阳变化，计策与谋略奇诡绝妙的，就可以称为术家,越国范蠡、汉代张良就是这一流人物。兼有德、法、术三种才能,三种才能又都比较完备的,(德、法、术三种才能,都比较精纯圆融。)其德行足以激励人们树立美好的风俗,其法治足以纠正天下的歪风邪气,其谋术足以在临战前制定战胜敌军的战略战术,就可以称为国体之才,商代伊尹、西周吕望就是这一流人物。兼有德、法、术三种才能,三种才能又都不很完备,(具备这些才能不是多么精纯。)其德行足以在一个诸侯国成为表率,其法治足以纠正乡镇的歪风邪气,其谋术足以根据事情的轻重缓急制定好策略,就可以称为器能之才,郑国子产、魏国西门豹就是这一流人物。兼有三才中的其他别支,并且形成了各自的流派,(三才为源头,只学到一部分才能的人就是支流。)在清节家的流派中,不具备宏大的宽恕胸怀,(以清正为一种法则,怎么能宽恕别人呢?)却好指责与分辨是非,(自己不能宽恕别人,那么是非必然滋生。)就可以称为臧否之才,子夏的弟子魏国李克、吴起就是这一流人物。在法家的流派中,不能为远大的目标而创新变革,(法律制定皆是为眼前利益,还考虑不到将来的目标。)而仅能担任一个具体的职务,还要在实施自己的意图时,加以装饰,使点巧劲,(务必成功,所以巧意萌生。)就可以称为伎俩之才,西汉张敞、赵广汉就是这一流人物。在术家的流派中,不能创立一种战略或政略理论并流传后世,(以谋术秘计而求成功,所以不能流传后世。)而能在遇到突发事变时灵活运用策略权变,权变与智谋有余,公正却有些不足,(在用权上有特长,在公正上必有所欠缺。)就可以称为智意之才,西汉陈平、韩安国就是这一流人物。凡此八个方面的分类人才,都是以德、法、术三种才能为基础。(没有德行不能匡正法制,没有法制不能运用谋术。所以上述八种人才的选拔,常常以德、法、术三种才能为基础。)虽然这些人才流派类别不同,但都是成就军国大事某一方面的人才。(耳朵与眼睛作用于外界事物的方法虽然不同,但它们认知事物的功能是相同的。众多人才的特点虽然各有区别,但其成就军国大事的功用却是一致的。）具备写作著述的才能，就可以称为文章之才，西汉司马迁、班固就是这一流人物。具备传播孔圣儒学的教学能力，而不适应参与军国大事和施行政务，就可以称为儒学之才，西汉毛公、贯公就是这一流人物。辩论时所用的方法和语言虽然不是正道，但在应对答辩中却语言丰富，言辞伶俐，就可以称为口辩之才，燕国乐毅、西汉曹丘生就是这一流人物。胆量与勇力不同于众人，才能与谋略远超越常人，就可以称为骁雄之才，秦国白起、西汉韩信就是这一流人物。凡属上述十二种人才，都可以担任大臣的职务，（各自的才能相互匹敌，不能互为兼备，分别担任一种职位，所以可以担任大臣的职务。）有道之君是不属于上述流派的。

主德者，聪明平淡，总达①众材，而不以事自任者也。（目不求视，耳不参听，各司其官，则众材达。众材既达，则人主垂拱无为而理。）是故主道立，则十二材各得其任也。（上无为，则下当任也。）清节之德，师氏②之任也。（掌以道德，教道胄子。）法家之材，司寇③之任也。（掌以刑法，禁制奸暴。）术家之材，三孤④之任也。（掌以庙谟，佐公论正。）三材纯备，三公⑤之任也。（位于三槐，坐而论道。）三材而微，冢宰⑥之任也。（天官之卿，总御百官。）臧否之材，师氏之佐⑦也。（分别是非，以佐师氏。）智意之材，冢宰之佐也。（师事制宜，以佐天官。）伎俩之材，司空⑧之任也。（错意施巧，故掌冬官。）儒学之材，安民之任也。（掌以德毅，保安其人。）文章之材，国史⑨之任也。（宪章纪述，垂之后代。）辩给之材，行人⑩之任也。（掌之应答，送迎道路。）骁雄之材，将帅之任也。（掌辖师旅，讨平不顺。）是谓主道得⑪而臣道序⑫，官不易方⑬，而太平用成⑭。（太平之所以成，由官人之不易方。若使足操物，手求行，四体何由宁，理道何由平？）若道不平淡，与一材同用好⑮，（譬大匠善规，惟规之用。）则一材处权⑯，而众材失任矣。（惟规之用，则矩不得立其方，绳不得经其直。虽目运规矩，无由成矣。）

[注释]

①总达：总，统领。《左传·僖公七年》云："若总其罪人以临之，郑有辞矣，何惧？"达，到达。《论语·子路》云："欲速则不达。"总达在这里即统率之意。②师氏：古代官名。西周金文中常见，《周礼》载师氏负责掌教国子。春秋战国时各国皆设有师或傅，作为国君的师傅。后世沿用。③司寇：古代官名。西周已设，春秋战国时沿置，负责掌管刑狱、纠察等事。后世以大司寇为刑部尚书的别称。④三孤：古代对三公的副手少师、少傅、少保的统称。《北堂书钞》卷五十引许慎《五经异义》云："天子立三公曰太师、太傅、太保……又立三少以为之副，曰少师、少傅、少保，是为三孤。"三孤之名后世仍沿用。⑤三公：古代对太师、太傅、太保的统称。周代已设。是辅佐国君管理军政的最高官员。《尚书·周官》云："立太师、太傅、太保，兹惟三公，论道经邦，燮理阴阳。"三公之名后世仍沿用。⑥冢宰：古代官名。在《周礼》中为辅佐天子之官。郑玄注云："变冢言大，进退异名也。百官总焉则谓之冢，列职于王则称大。"后世则称为宰相。⑦佐：辅助，帮助。《墨子·贵义》云："周公旦佐相天子。"佐即为副手、左右手之意。⑧司空：古代官名。西周已设。在金文中称为司工。春秋战国时沿置，掌管工程。西汉时改御史大夫为大司空，后世用为工部尚书的别称。⑨国史：古史官。负责掌管国家图书文册，编撰前朝史书，记载本朝大事。《诗序》云："国史明乎得失之迹。"孔颖达疏云："国史者，周官大史、小史、外史、御史之等皆是也。"后世历朝历代皆沿置，只是名称不同。⑩行人：古代官名。《周礼》秋官有行人，负责掌管朝觐、聘问。春秋战国时各国皆有设置。到汉代时在大鸿胪属官中仍有行人，后改为大行令。⑪得：得宜之意，指事情做对了。《汉书·叙传上》载《王命论》云："历古今之得失。"在这里指君主的治国之道正确。⑫序：次序，秩序。《史记·周本纪》云："夫天地之气，不失其序。"⑬方：方法，办法。《荀子·大略篇》云："多知而无亲，博学而无方，好多而无定者，君子不与。"⑭成：实现，完成。李斯《谏逐客书》云："使秦成帝业。"⑮好：喜爱，偏爱。《史记·郦食其传》云："沛公不好儒。"⑯处权：处，处置。权，

权谋。《三国志·魏书·武帝纪》云:"太祖少机警,有权数。"

[译文]

君主的德行,应该是聪明与不偏不倚的中庸平淡,具备统率众才的驾驭能力,而不去亲自处理日常政务。(不要求君主什么事情都必须看到,什么消息都必须听到,只要文武百官各尽其职,众多人才的智慧与能力就可以得到充分发挥。众多人才的智慧与能力既然得到充分的发挥,那君主就可以垂拱天下,无为而治。)所以,只要君主确立治国的大道方略,那么,上述十二种人才就会按照他们的才能分别得到任用。(君主实行无为而治,那臣下就会各尽职守。)具备清节家德行的一类人物,可以担任君主的师傅这样的职务。(由于掌握圣人的道德之学,可以教导君王或王族子弟。)具备法家法制才能的一类人物,可以担任司寇这样的职务。(由于执掌着刑法生死大权,可以来制裁奸邪与暴行。)具备术家谋略才能的一类人物,可以担任三孤这样的职务。(由于执掌制定国家战略的重任,可以辅佐三公制定政策。)具备德、法、术三种完善才能的一类人物,可以担任三公这样的职务。(由于位居三公这样的朝廷要职,可以在朝堂上讨论治理国家的方略。)具备德、法、术三种部分才能的一类人物,可以担任宰相这样的职务。(宰相这样的重臣,负责统领文武百官。)具备臧否褒贬才能的一类人物,可以担任君主师傅的助手这样的职务。(由于善于分辨是非,可以辅佐君主的师傅教导君王。)具备智意权变才能的一类人物,可以担任宰相的助手这样的职务。(由于在军事行动中善于因事制宜,可以辅佐宰相指挥军队。)具备伎俩手段才能的一类人物,可以担任司空这样的职务。(由于善于在执行公务时灵活运用,所以执掌工程这种体现技能的部门。)具备儒学教授才能的一类人物,可以担任安抚教化民众这样的职务。(由于掌握讲授品德与毅力的方法,可以保荐和安抚天下的儒生。)具备文章写作才能的一类人物,可以担任国史这样的职务。(由于他们擅长记载国家大事,可以使这些事迹流传于后代。)具备口辩伶俐才能的一类人物，可以担任行人这样的职务。（执掌君臣应答传旨，负责外交使臣的送迎。）具备骁雄英武才能的一类人物，可以担任将帅这样的职务。（执掌管辖军队，负责征伐平定叛乱。）这就是历代所推崇的君主治国用人的规章制度，而臣下各司其职、各显其能，秩序井然，各级官吏都不违背自己的职守责任，太平盛世就可以实现。（太平盛世之所以能实现，是由于各级官吏选得其人，不违背职守。如果使大家都干自己不适应的工作，譬如让脚拿东西，让手行走，四肢手忙脚乱，国家治理之道从哪里能达到天下太平？）如若君主的治国之道不是不偏不倚的中庸平淡，而是与某一类人才的偏爱一样，（比如一个有名气的工匠喜欢用圆规，他就唯圆规是用。）那就会形成由一种人才处置国家决策大权，而众多的人才无所事事。（唯有圆规才用的工匠，那他画方形时有矩也不用，画直线时有绳也不用。虽然他目光中可以运筹出圆形与方形，但还是没法实际完成它。）

[点评]

在人才领域，各种学术思想流派的职业人才共有十二种，即清节家、法家、术家、国体、器能、臧否、伎俩、智意、文章、儒学、口辩、雄杰。他们各自有其代表人物。在这十二种人才中，主要以德、法、术三种人才为主，其他各种人才，大多是由德、法、术三种人才派生出来的流派。其中，最高智慧的人才是一身兼具德、法、术三种才能的国家脊梁一类的国体人才，商初伊尹、周初吕望、三国时的诸葛亮就是这一流人物。他们深受后世的推崇与赞扬，有的甚至被美化成神仙一流人物，至今仍在人民之中产生巨大的影响。上述十二种人才，都可以成为国家的栋梁之材。

君主的自身德行，首先是聪明；其次是一种不偏不倚的中庸平淡的治国之道，不偏向于哪一类人才，不偏向于哪一种治国方略，不必去亲自处理日常政务，只要具备统率众才的驾驭能力，确立治国的大道方略，对十二种人才按照他们各自的才能委以合适的职务,这十二种人才就会各尽其职,君主就可以垂拱天下,无为而治。关于驾驭人才、使用人才的重要性,《史记·高祖本纪》上记载刘邦分析他之所以得天下,而项羽之所以失天下的一段著名的话颇有参考价值,刘邦说:"夫运筹策帷帐之中,决胜于千里之外,吾不如子房。镇国家,抚百姓,给馈饷,不绝粮道,吾不如萧何。连百万之军,战必胜,攻必取,吾不如韩信。此三者,皆人杰也,吾能用之,此吾所以取天下也。项羽有一范增而不能用,此其所以为我擒也。"这真是千古不易的至理名言啊!作为君主,特别不能以自己的思想与某一种人才的思想相同而偏爱这一种人才,否则,就会形成由某一种人才独揽国家决策大权的状况,而其他人才的才智得不到充分的发挥。这就易形成"偏听则暗"的局面,而不是明君圣主"兼听则明"的政治局面。

在现代知识社会中,领导者首先要注意招揽人才,只有把具备各种知识的专门人才招揽到身边,让他们充分发挥各自的才智,才可能成功发展各种事业。其次,要根据人才的知识与才能,分别授以适合他们发挥其才智的职务,并给他们创造出一种可以自由发挥其才智的环境与条件。再次,对各种人才要一视同仁,可以一类人才为核心,其他为辅佐,绝不能偏听偏信一种人才,压制其他人才,而要充分发挥各种人才的综合创造能力,这样才能在竞争日趋激烈的现代社会取得成功。

材理第四

（材既殊涂，理亦异趣。故讲群材，至理乃定。）

[解题译文]

（既然不同的人才有不同的处世之道，他们奉行的理论当然也情趣各异。所以，研究各种各样不同性情品质的人才，正确的人才理论才能确定。）

[提要]

为人处世，自觉不自觉地都要依照一定的道理，只有当人情与事理相符合，才会有明智的认识。然而，情趣各异的人才，他们分别依从的是何种道理呢？人情万般，事理繁多，不同的人才依据不同的道理，其处理事务的方式方法又如何呢？凡此种种，本篇都做了具体的分析，并划分出四种道理和四家流派，指出了这些流派中产生的"九偏之情"和七种似是而非的现象。此外，还论述了人们在争论时存在的"三失"、"六构"等情况。作者认为，只有同时具备"聪能听序"、"思能造端"等八种才能，才可以通晓天下的道理。这种人即所谓的"通材之人"。仅具有八种才能中的一种，这样的人只可称为"偏材"。

夫建事立义，莫不须理而定。（言前定则不惑，事前定则不踬。）及其论难，鲜①能定之。夫何故哉？盖理多品②而人材异也。（事有万端，人情舛驳，谁能定之？）夫理多品则难通，人材异则情诡③。情诡难通，则理失而事违也。（情诡理多，何由而得。）夫理有四部，（道义事情，各有部也。）明有四家，（明通四部，各有其家。）情有九偏④，（以情犯明，得失有九。）流有七似⑤，（似是而非，其流有七。）说有三失⑥，（辞胜理滞，所失者三。）难有六构⑦，（强良竞气，忿构有六。）通有八能。（聪思明达，能通者八。）

[注释]

①鲜：少。《诗经·大雅·荡》云："靡不有初，鲜克有终。"②品：品类，种类。《尚书·禹贡》云："厥贡惟金三品。"③诡：奇异。班固《西都赋》云："殊形诡制，每各异观。"④偏：片面，不公正，偏颇。《尚书·洪范》云："无偏无陂。"⑤似：似乎，似是而非。⑥失：失误，过失。⑦构：建立，构成。也指构成的事物。《诗经·小雅·四月》云："我日构祸，曷云能谷。"

[译文]

凡办理事情，确立事物的标准或规矩，没有不需要理论指导而能够做出恰当决定的。（讨论预先决定的事就不容易困惑，做预先决定的事就不会不顺利。）但是，涉及那些辩论是非有所责难的事，很少能够将其确定清楚的。这是什么原因呢？大概是由于评判事物的道理种类太多，而人的性格素质各不相同。（事情千头万绪，人的性情错综复杂，谁能够确定呢？）道理的种类繁多，就难以通达。人的性格素质有差别，就会出现性情奇异的情况。人们性情奇异便难以通达交流，这样就使道理发生失误而事与愿违。（性情不同，道理又多，靠什么能够不失误呢？）关于事物的道理有四种，（事情的道理有各种门类。）阐明这些道理的流派有四家，（通晓四种理论，各有各的专家。）

各家因性情与事理不同，又有了九种片面的情形，(因性情影响了明智，产生的利害得失有九种。) 不同派别中又出现七种似是而非的现象，(看起来正确，实际上不对的学说，其流派有七种。) 在解说道理时有三种失误，(言辞优美过人，道理曲滞不通，造成的失误有三种。) 在辩论反驳时产生六种不同的情绪，(争强竞胜中造成六种愤恨的情绪。) 要想通晓天下情理，又需具有八种才能。(敏于思考而明智通达，可以兼通八种才能。)

若夫①天地气化②，盈虚损益，道③之理也。(以道化人，与时消息。) 法制正④事，事之理也。(以法理人，务在宪制。) 礼教⑤宜适，义⑥之理也。(以理教之，进止得宜。) 人情枢机⑦，情之理也。(观物之情，在于言语。)

[注释]

①若夫：连词，可译为"至于"。②气化：中国古代哲学名词，指阴阳之气化生万物。③道：道家所说的万物之源。《老子·四十二章》云："道生一，一生二，二生三，三生万物。"④正：纠正，端正。《论语·尧曰》云："君子正其衣冠。"此处为治理、整理之义。⑤礼教：我国古代的礼仪教育。《礼记·经解》云："恭俭庄敬，礼教也。"⑥义：符合社会道德的思想行为。《左传·隐公元年》云："多行不义，必自毙。"⑦枢机：指事物变化的关键。《易·系辞上》云："言行，君子之枢机。"

[译文]

至于天地造化，万物的盈虚损益，是大自然自身变化的规律；(利用事物的规律教化众人根据时间的变化而消减增长。) 以法律制度治理政事的，是关于人事的道理；(用法规制度管理众人，重要的是法令制度的颁布实施。) 阐述正确适当的礼仪规范的，是关于礼义的道理；(用礼和义教育人，使人言行得体。) 阐述人类性情异同机要的，是关于性情的道理。(观察人物的性情，在于看他的言谈举止。)

四理不同，其于①才②也，须明而章③。明待质④而行，是故质于理合，合而有明，明足见理，理足成家。（道义与事，情各有家。）是故质性平淡，思心玄微，（容不躁扰，其心详密。）能通自然，道理之家也。（以道为理，故能通自然也。）质性警彻⑤，权略机捷，（容不迟钝，则其心机速。）能理烦速⑥，事理之家也。（以事为理，故审于理烦也。）质性和平，能论礼教，（容不失适，则礼教得中。）辨其得失，义礼⑦之家也。（以义为礼，故明于得失也。）质性机解⑧，推情原意，（容不妄动，则原物得意。）能适其变，情理之家也。（以情为理，故能极物之变。）

[注释]

①于：介词，在。②才：才能，也指有才能的人。《礼记·文王世子》云："取贤敛才也。"才，通"材"。③章：显著。章，通"彰"。又引申为表彰，表扬。《战国策·秦策三》云："威盖海内，功章万里之外。"④质：本质，性质。《礼记·乐记》云："中正无邪，礼之质也。"此处指人的天生素质。⑤警彻：警，敏感，敏锐。《三国志·魏书·武帝纪》云："太祖少机警。"彻，通达，透彻。《列子·汤问》云："汝心之固，固不可彻。"⑥烦速：烦，繁多，烦琐。速，快，迅速。此处指处理繁杂事务很快。⑦义礼：《龙谿精舍丛书·人物志》为"义理"。⑧机解：机，机灵。解，和解，调解。《战国策·赵策三》云："为人排患释难解纷乱而无所取也。"

[译文]

这四种道理各不相同，其原因在于人的天资才能有所不同，这需要阐明和宣扬。要阐明这些道理须依靠人的天资性情才行，所以，人的天资要与事理相符合，符合了就会有明智的认识，认识十分明智就能发现事物的道理，掌握充分的道理就可成一家之言。（在宣扬道理和处理事务方面，不同性情各有自家的流派。）因此，本性平和淡雅，思考问题深奥细微，（仪容不躁不乱，内心周详缜密。）能够通晓自然规律，这属于研究客观道理的流派；（以自然规律为标准，所以能够精通自然。）本性敏锐通达，灵活有谋，机智敏捷，（外表不迟钝，那么内心就机灵速捷。）能够处理繁杂混乱和急速要办的事，这属于研究人事规律的流派；（用如何办事为标准，所以明白怎样处理烦乱紧急的事。）本性温和平顺，能够论说礼仪教化，（仪容得体，恰到好处，就符合礼教。）分辨其得失，这属于研究礼仪标准的流派；（把礼仪教化作为标准，所以能清楚是非得失。）本性灵活，善于调解，能够推测别人的心情，了解别人的意愿，（从容而不轻举妄动，就可能追求事物的本源，获取他人的心意。）并且可以适应其变化，这是属于研究性情理论的流派。（以性情为标准，所以能够很快适应他人的性情变化。）

四家之明既异，而有九偏之情。以性犯明，各有得失。（明出于真，情动于性，情胜明则蔽，故虽得而必丧也。）刚略①之人，不能理微。（用意粗粗，意不玄微。）故其论大体，则弘博而高远；（性刚则志远。）历②纤理，则宕往③而疏越。（志远故疏越。）抗厉之人，不能回挠。（用意猛奋，志不旋屈。）论法直④，则括处⑤而公正；（性厉则理毅。）说变通，则否戾⑥而不入。（理毅则滞碍。）坚劲之人，好攻其事实。（用意端确，言不虚徐。）指机理，则颖灼⑦而彻尽；（性确则言尽。）涉大道，则径露⑧而单持⑨。（言切则义少。）辩给之人，辞烦而意锐。（用意疾急，志不在退挫。）推人事，则精识而穷理；（性锐则穷理。）即大义，则恢愕⑩而不周。（理细故遗大。）浮沉之人，不能沉思。（用意虚廓，志不渊密。）序⑪疏数⑫，则豁达而傲博⑬；（性浮则志微。）立事要，则熿炎⑭而不定。（志傲则理疏。）浅解之人，不能深难⑮。（用意浅脘，思不深熟。）听辩说，则拟⑯锷⑰而愉悦；（性浅则易悦。）审精理，则掉转而无根。（易悦故无根。）宽恕之人，不能速捷。（用意徐缓，思不速疾。）论仁义，则弘详而长雅；（性恕则理雅。）趋时务，则迟缓而不及。（徐雅故迟缓。）温柔之人,力不休⑱强。(用意温润,志不美悦。)味⑲道理,则顺适而和畅;(性和则理顺。)拟疑难,则濡懦而不尽。(理顺故依违。)好奇之人,横逸⑳而求异。(用意奇特,志不同物。)造权谲㉑,则倜傥㉒而瑰㉓壮;(性奇则尚丽。)案㉔清道㉕,则诡常㉖而恢迂㉗。(奇逸故恢诡。)此所谓性有九偏,各从其心之所可以为理。(心之所可以为理,是非相蔽,终无休已。)

[注释]

①刚略:刚直简略。②历:选择。《史记·司马相如列传》云:"于是历吉日以斋戒。"③宕(dàng荡)往:宕,通"荡"。往,去。宕往,轻浮飘荡。④法直:法,守法。《荀子·不苟篇》云:"愚则端悫而法。"直,正直。引申为行为正直。⑤括处:括,束结,结扎。《庄子·寓言》云:"向也括,而今也被发。"有自我约束、拘束之意。处,定,常。《吕氏春秋·诬徒》云:"喜怒无处。"此指常规。⑥否戾:不到,不通。戾,到,至。《诗经·大雅·旱麓》云:"鸢飞戾天。"⑦颖灼:颖,东西的尖端。《史记·平原君列传》云:"使遂蚤得处囊中,乃颖脱而出。"灼,明白透彻。⑧径露:径,直,直截了当。《汉书·枚乘传》云:"石称丈量,径而寡失。"露,显露,泄露。《后汉书·蔡邕传》云:"事遂泄露。"⑨单持:单,单薄,薄弱。《后汉书·耿恭传》云:"耿恭以单兵固守孤城。"持,支撑。《淮南子·主术训》云:"十围之木,持千钧之屋。"⑩恢愕:恢,广大,宽广。《荀子·非十二子篇》云:"恢然如天地之苞万物。"愕,通"谔",言语正直。《后汉书·陈蕃传》云:"謇愕之操。"恢愕,指处处计较。⑪序:秩序,引申为依次排列。《荀子·王制篇》云:"故序四时。"⑫疏数:疏,稀疏,疏远。数,稠密,接近。⑬傲博:傲,傲慢,轻视。《商君书·修权》云:"数加严令,而不致其刑,则民傲死。"博,广博,众多。傲博当指轻视一切,自以为是。⑭燅(lǎn览)炎:燅炎为火势蔓延的样子。《淮南子·览冥训》云:"火燅炎而不灭,水浩洋而不息。"⑮难:质问。《论衡·问孔》云:"造难孔子,何伤于义?"⑯拟:忖度,思量。《周易·系辞上》云:"拟之而后言。"⑰锷:剑的边刃。《庄子·说剑》云:"天子之剑,以燕谿石城为锋,齐岱为锷。"司马彪注:"锷,剑刃也;一云剑棱也。"⑱休:盛美。《汉书·匡衡传》云:"使群下得望盛德

休光。"⑲味：辨别味道，引申为体会事物的道理。《荀子·哀公篇》云："非口不能味也。"⑳横逸：纵横奔放。㉑权谲：机巧诡诈。此指灵活多变。㉒倜傥：卓越豪迈。司马迁《报任安书》云："唯倜傥非常之人称焉。"㉓瑰：奇异，珍奇。班固《西都赋》云："因瑰材而究奇。"㉔案：通"按"，巡行，巡视。《史记·卫将军骠骑列传》云："按榆溪旧塞。"㉕清道：古代帝王或大官出巡，须清扫警戒道路，即清道。㉖诡常：诡，违反。《吕氏春秋·淫辞》云："言行相诡，不祥莫大焉。"常，常规，平常。㉗恢迂：恢，宽广，广大。《荀子·非十二子篇》云："恢然如天地之苞万物。"迂，曲折，绕远。《孙子兵法·军争》云："先知迂直之计者胜，此军争之法也。"

[译文]

以上四家流派阐明的道理已经各不相同，又产生了九种偏颇的性情。由于性情侵扰了明智，使不同性情各有利害得失。（明智的认识源于真实，情感的变化受制于本性。当情感胜过明智时，真理就会遭受蒙蔽，所以，虽然也有所获得，但是必然要有所丧失。）性情粗犷的人，不能处理深奥细微的事。（心思粗疏，想不到玄妙深奥的事理。）因此，他们谈论事物的大体梗概时，能够做到博大而高远；（性情刚毅，志向就宏远。）选择分析细小的道理时，便轻浮飘荡而粗疏简略。（心志过于远大，所以对小事就粗略。）性情抗厉的人，处事不会迂回曲折。（思想激进勇猛，志向宁直不弯。）若论遵纪守法，行为端正，则能做到自我约束，恪守常规而且公平正直；（性情猛烈则办事坚定果断。）说到处世的灵活变通，便呆滞不随，格格不入。（办事过于刚直果断，就容易造成停滞受阻。）性情坚劲的人，喜好深入研究具体事物的真实情况。（思想端正明确，说话诚实直爽。）指点找出事物内在道理时，尖锐明确而且完全彻底；（性情实在就说话明白彻底。）涉及面上的大道理，就过于直白浅露而且固执。（语言真切，含义就简略。）性情好辩、口齿伶俐的人，言辞烦琐而情意急切。（表达思想急速，其志向在于取胜不在退败受挫。）推断一般人事，能够做到见识精辟而且说理深刻；（性情急切则说理彻底深刻。）说到事物大的原则,便处处计较而不能周全。(原则过于精细,所以把大道理遗漏了。)性情浮躁、不太沉稳的人,不能静下来深入地思考。(心思空虚不实,志向不深远缜密。)让他们做一些依次排列远近、亲疏之类的简单有序的事情,还能够明白豁达而且充满自信;(性情轻浮,志向就微弱。)当决定关键事物时,他们便像蔓延的火势一样飘忽不定而难下决断。(志向微小的人,懂的道理就少。)理解事物不能深入的人,经不住深刻的提问。(用心浮浅幼稚,思虑不深入成熟。)听到他人的辩论评说,刚理解了一点皮毛就洋洋自得;(性情浅薄的人容易洋洋自得。)要弄明白更精深的道理时,便颠三倒四没了根据。(对问题刚摸到一点边就心满意足,所以理解更深的问题就没有根据。)性情宽厚、能够体察别人心理的人,不能迅速敏捷。(思考比较徐缓,不够急速。)讲述仁爱慈义时,则理论宏大翔实,内容绵长高雅;(性情宽恕,理论就文雅。)追随时尚潮流,便行动迟缓而不能赶上。(性情柔缓文雅,所以行动也迟钝缓慢。)性情温和柔顺的人,力量气势不强盛。(思想温和细腻,不善赞美和取悦于人。)体会事物的道理时,随意恰当,和谐顺畅;(性情温和道理就顺畅。)考虑疑难问题,便懦弱无力迟迟难下结论。(平时体察道理顺畅,有疑难时就犹豫不决。)好标新立异的人,纵横奔放,追求新奇。(思想奔放独特,其志向是追求与其他事物的不同。)开创灵活多变、奇异超凡的局面时,他们卓越豪迈,奇丽雄壮;(性情奇异就崇尚壮丽。)负责巡行警戒任务,便往往违反常规而且极尽迂回曲折。(个性奇特奔放,所以行为处处与常人不同。)以上这些就是九种各有所偏的性情,他们分别依照自己内心所认为正确的标准,作为评判是非的道理。(把自己心中认可的用来作标准,是非相互遮掩,到头来是非对错辩论不休,毫无结果。)

若乃①性不精畅,则流②有七似。有漫谈陈说,似有流行者。(浮漫流雅,似若可行。)有理少多端,似若博意者。(辞繁喻博,似若弘广。）有回说合意，似若赞解者。（外佯称善，内实不知。）有处后持长，从众所安，似能听断者。（实自无知，如不言，观察众谈，赞其所安。）有避难不应，似若有余，而实不知者。（实不能知，忘佯不应，似有所知，而不答者。）有慕③通口解，似悦而不怿④者。（闻言即说，有似于解者，心中漫漫不能悟。）有因胜⑤情失，穷而称妙，（辞已穷矣，自以为妙而未尽。）跌则掎跖⑥，（理已跌矣，而强牵据。）实求两解，似理不可屈者。（辞穷理屈，心乐两解，而言犹不止，听者谓之未屈。）凡此七似，众人之所惑也。（非明镜焉能监之。）

[注释]

①若乃：连词，可译为"至于"。②流：流行，传布。《后汉书·隗嚣传》云："流闻光武即位河北。"③慕：慕，向往，思慕。《孟子·万章上》云："人少则慕父母。"此"慕"似为音近的"莫"字的借用。④悦而不怿：悦，通"说"，喜欢，愉快。怿，快乐，欢喜。悦怿往往连用。《诗·邶风·静女》云："彤管有炜，说怿女美。"悦而不怿，指已经明白却不完全理解的样子。⑤胜：尽。《孟子·梁惠王上》云："不违农时，谷不可胜也。"⑥掎(jǐ己)跖(zhí直)：指摘别人。刘知幾《自叙》云："词人属文，其体非一。譬甘辛殊味，丹素异彩，后来祖述，识昧圆通，家有诋诃，人相掎跖，故刘勰《文心》生焉。"

[译文]

至于人的性情不纯正通达，那么，就会表现出七种似是而非的情况：有的漫无边际地谈论已经过时的学说，好像这些学说眼下正在盛行；（这些学说轻浮随意，通俗文雅，似乎可以流行。）有的道理不足，却涉及许多方面，好像是思绪宽广；（言辞繁絮，比喻众多，好像思想很广阔。）有的反复解说，顺应别人的心意，好像是真的称赞和理解；（外表假装赞扬，实际内心并不知道要称赞的是什么。）有的故意躲在后面，拖延观察一段时间，以便顺从众人感到安心的观点，好像是自己真能听取各种意见，做出独立判断；（这实际上是自己不知道该说什么才拖延不语,察看了大家议论的情况后,才赞同众人能接受的意见。)有的避开对方的责难不予回答,好像是为了留有余地而实际并不知道该如何答复;(实际上不知道怎么回答,所以假装故意不予答复,好像自己知道但不想回答。)有的对事物并没有真正通晓,就随意作一知半解的解释,似懂非懂;(听到一点什么就作解说,有些像真正理解了,只是心中长期不能领悟。)有的为了占有道理而不顾常情,理屈词穷却自称绝妙,(词语已经穷尽了,自己还觉得言辞奇妙而没有用尽。)跌倒了还要指责别人,(道理已经被驳倒还在勉强寻找依据。)这实际是想求得双方和解,好像是仍然有理,不可屈服。(已经词穷理屈,心中乐于双方和解,而言语仍然论说不停,旁听的人以为他还有理。)总共有以上七种相似的情况,许多人对此迷惑不解,分辨不清。(不是明亮的镜子,怎能映照影像。)

夫辩有理胜,(理至不可动。)有辞胜。(辞巧不可屈。)理胜者,正①白黑以广论,释微妙而通之。(说事分明,有如粉黛,朗然区别,辞不溃杂。)辞胜者,破正理以求异,求异则正失矣。(以白马非白马,一朝而服千人,及其至开棼锢,直而后过也。)夫九偏之材,有同,有反,有杂。同则相解②,(譬水流于水。)反则相非③,(犹火灭于水。)杂则相恢④。(亦不必同,又不必异,所以恢达。)故善接论者,度所长而论之。(因其所能,则其言易晓。)历⑤之不动,则不说也。(意在狗,马彼俟他日。)傍无听达,则不难也。(凡相难讲,为达者听。)不善接论者,说之以杂反⑥。(彼意在狗,而说以马,彼意大同,而说以小异。)说之以杂反,则不入⑦矣。(以方入圆,理终不可。)善喻者,以一言明数事。(辞附于理,则言寡而事明。)不善喻者,百言不明一意。(辞远乎理,虽泛滥多言,己不自明,况他人乎?)百言不明一意,则不听也。(自意不明,谁听之。)是说之三失也。

[注释]

①正：考定，决定。《诗经·大雅·文王有声》云："维龟正之，武王成之。"②相解：相互融合。解，融化，分解。③非：非难，责难。《吕氏春秋·慎行》云："莫不非令尹。"此为拒绝，排斥。④恢：宽广，宽容。《荀子·非十二子篇》云："恢然如天地之苞万物。"⑤历：经过，经历。司马迁《报任安书》云："足历王庭。"⑥杂反：指论点混杂相反。⑦入：收入，接受。

[译文]

辩论时，有的在道理上取胜，（道理正确不可动摇。）有的在言辞上取胜。（言辞巧妙不能屈服。）在道理上取胜的，通过区别事物的黑白是非来推广自己的理论，解释深奥微妙的道理使人通达明白。（述说事理明明白白，就像化妆用的淡粉，描眉用的墨黛，十分明朗易于区别，言辞毫不杂乱。）靠言辞取胜的，通过突破正常事理来追求奇异，追求奇异则正常的事理就丧失了。（如同认为白马不是马的公孙龙学派，能够一时说服众人，等到其理论发展到了极限，就从正确变为错误了。）九种性情偏颇的人才，有相同之处，有相反之处，有相杂之处。相同的就会相互融合，（犹如水流入水中。）相反的就会相互排斥，（犹如火被水所灭。）相杂的就会相互宽容。（也不必一样，又不必不同，所以就相互宽容通达。）因此，善于与人辩论的人，要揣测到对方擅长的内容再进行辩述。（由于是对方擅长的，所以他的言谈就容易明白通晓。）已经和对方谈过的却不见有所反应，就不要再说了。（对方的思想在于狗，马的事等另外的机会再说。）周围没有能听懂的人，就不要提出质问了。（凡是双方相互质疑和解释，都是让通晓的人听的。）不善于连续讨论的人，总是用与对方观点混杂相反的内容来谈论。（对方想谈狗，他却去说马，对方意在大同，他却去说小异。）说的与对方混杂又相反，就不能被对方所接受。（把方的放入圆的，在道理上始终是不能重合的。）善于打比喻的人，能用一句话说明许多事理。（用言词辅助说明事理，就会少费口舌而事理明了。）不善于打比喻的人，讲上百句话也不能说明一个意思。（词语远离要讲的道理，即使滥用许多言语,自己尚不明白,何况别人呢?)讲上百句话也不能说明一个意思,就不会有人听了。(自己表达的意思不明了,谁会听他的。)这是言语述说上的三种失误。

善难①者,务释事本。(每得理而止住。)不善难者,舍本而理②末。(逐其言而接之。)舍本而理末,则辞构③矣。(不寻其本理,而以烦辞相文。)善攻强者,下④其盛锐,(对家强梁,始气必盛,故善攻强者,避其初鼓也。)扶⑤其本指⑥,以渐攻之。(三鼓气胜,衰则攻易。)不善攻强者,引其误辞,以挫其锐意。(强者意锐,辞或暂误,击误挫锐,理之难也。)挫其锐意,则气构⑦矣。(非徒群言交错,遂至动其声色。)善蹑⑧失者,指其所跌。(彼有跌失,暂指不逼。)不善蹑失者,因屈而抵⑨其性。(陵其屈跌而抵挫之。)因屈而抵其性,则怨构矣。(非徒声色而已,怨恨逆结于心。)或常所思求,久乃得之。仓卒谕⑩人,人不速知,则以为难谕。(己自久思,而不恕人。)以为难谕,则忿⑪构矣。(非徒怨恨,遂生忿争。)夫盛难之时,其误难迫。(气盛辞误,且当避之。)故善难者,征⑫之使还⑬。(气折意还,自相应接。)不善难者,凌而激之,虽欲顾藉⑭,其势无由⑮。(弃误顾藉,不听其言。)其势无由,则妄⑯构矣。(妄言非訾,纵横恣口。)凡人心有所思,则耳且⑰不能听。(思心一至,不闻雷霆。)是故并思俱说,竞相制止,欲人之听己,(止他人之言,欲使听己。)人亦以其方思之故,不了己意,则以为不解。(非不解也,当己出言,由彼方思,故人不解。)人情莫不讳不解。(谓其不解,则性讳怒。)讳不解,则怒构矣。(不顾道理是非,于其凶怒恣肆。)凡此六构,变⑱之所由兴也。

[注释]

①难:反驳,质问对方。②理:雕琢,加工玉石。引申为治理,整理,

管理。《荀子·天论篇》云："本事不理,夫是之谓人祅。"③辞构:辞,言词,词句。构,构成,造成。《韩非子·存韩》云："一战而不胜,则祸构矣。"辞构,指形成言词的堆砌。④下:攻克,攻下。《史记·项羽本纪》云："闻陈婴已下东阳。"⑤扶:沿着,顺着。《国语·晋语四》云："侏儒扶卢。"韦昭注云："扶,缘也。"⑥本指:本,本来,原来。指,意思,意图。《尚书·盘庚上》云："不匿厥指。"⑦气构:气,此处指精神状态方面不良的恼怒、郁闷之气。构,构成。⑧蹑:有意识地踩。《史记·陈丞相世家》云："汉王大怒而骂,陈平蹑汉王。"引申为踏上,登上高位。这里有战胜、征服之意。⑨抵:用角顶、触。《淮南子·说山训》云："兕牛之动以抵触。"引申为触犯,抵触,顶撞,攻击。⑩谕:告诉,使人知道。《淮南子·修务》云："故作书以谕意。"又有知道、明白之意。⑪忿:怨恨,愤怒。《战国策·秦策五》云："伯主约而不忿。"姚宏注云："忿,怨也。"⑫征:召,征召。《战国策·楚策四》云："于是使人发骑,征庄辛于赵。"此处有"争取"、"诱导"之意。⑬还:返回。《诗经·小雅·何人斯》云："尔还而入,我心易也。"此处是指使对方恢复正常,改正错误。⑭顾藉:顾,回头看。《离骚》云："瞻前而顾后兮。"藉,通"藉藉"或"籍籍",杂乱众多,《汉书·司马相如列传》云:"它它藉藉,填坑满谷。"顾藉在这里指回顾说过的杂乱众多的语言。⑮无由:同"无因",无所因依。《楚辞·远游》云:"质菲薄而无因兮。"这里指势态发展的控制不住,无所依从。有不由自主的意思。⑯妄:荒诞,荒谬。《论衡·问孔》云:"此言妄也。"⑰且:《四库全书·人物志》中,"且"字作"目"。⑱变:变异,变故。《汉书·杨恽传》云:"遭遇变故,横被口语。"

[译文]

善于辩驳的人,一定要解释出事物的根本原因。(每当辩驳占了理,就停止对细节的论说。)不善于辩驳的人,总是舍弃事物的根本而去谈论枝节细末。(随心所欲,信口开河不停地论述。)放弃对事物本质的论述而去追求枝节细末,就会形成废话连篇的言词堆砌。(不寻求事物的根本道理,而用烦琐多余的辞藻来掩饰。)善于攻克强硬敌手的人,要先消除对方旺盛的锐气,(对手实力强大,开始的士气必定强盛,所以善于攻克强硬敌手的人,要避开对方最初的进攻。) 然后理顺对方的根本观点,按循序渐进、步步为营的方式,逐步批驳对手。(在战场上,当对方擂罢三次进攻的战鼓之后,士气已经衰竭,这时发动反击就容易取胜。) 不善于攻克强硬敌手的人,往往引用对方在辩论中出现的用词不当,来挫伤其勇往直前、坚决进攻的意志。(实力强盛的人斗志都较勇猛,用语上或许有一时的失误,通过抨击其用词不当来挫败其勇猛的斗志,再想理顺彼此关系就很难了。) 因此而挫伤了对方勇猛的斗志,就会使对方心中形成难以化解的恼羞郁闷之气。(不仅是语言方面激烈的交锋,最终还会导致双方争论时声音和脸色的恶化。) 善于攻击敌手失误的人,只是指出其失误在哪里。(对方有了一时的失误,只要指出其失误,不必追究不放。) 不善于攻击敌手失误的人,往往因为对方理屈而诋毁其品性。(乘对方理屈词穷时,对其进行攻击和诋毁。) 因为对方理屈而诋毁其品性,就会使对方形成怨恨。(不仅仅是声色俱厉的争论,怨恨的情绪也在心底形成。) 有的人经常思索一些问题,很长时间之后才有所认识,匆匆忙忙地告诉别人,别人不能很快知晓,就认为难以教导。(自己从很久的思索中才有所认识,却不能宽恕别人。) 认为别人难以教导,就会使人形成怨恨委屈的情绪。(不只是一般的怨恨,最终还可能因怨屈而产生纠纷。) 在双方激烈辩驳的时候,其间出现的言词错误是很难立刻追究的。(在争论气势旺盛时出现的词误,应当暂且回避。) 所以,善于辩驳的人,应当争取对方恢复平静使其认识到自己的错误。(在情绪恢复平静时,自然就会相互认识弥补言语上的错误。) 不善于辩驳的人,往往乘对方在论述中有所失误时,对其进行猛烈的攻击,对方虽然也想理顺一下讲过的那些杂乱众多的语言,但是面临的势态他已无法控制。(想改正错误,回头清理一下自己杂乱的思绪和语言,却没人听从。) 势态发展到无法控制的地步,就会使对方形成荒诞不经的言论。(胡乱毁谤,肆意胡说八道。) 一般来讲,人们用心思考问题时,耳朵就不能同时去听了。(思考问题极其用心时,天上打雷也听不到。)所以思考和言谈同时进行,就会相互干扰。想让别人倾听自己的话,(制止他人的言谈,是想让他听自己讲话。)而别人因为正在思考问题,未能明白他的意思,就会认为别人不理解自己所讲的内容。(不是别人不理解,当自己讲话时,因为对方正在思考其他问题,所以没有理解。)人的性情,都很忌讳被人视为无知。(说他无知,他就会因忌讳而生气。)忌讳无知,就会形成愤怒。(这时人们会不顾道理是非,任意发怒泄愤。)总之,有上面这六种情况,辩论双方的纠纷就是从这里产生的。

然虽有变构,犹有所得。(造事立义,当须理定,故虽有变说小故,终于理定功立。)若说而不难,各陈所见,则莫知所由①矣。(人人竞说,若不难质,则不知何者可用也。)由此论之,谈而定理者,眇②矣。(理多端,人情异,故发言盈庭,莫肯执其咎。)必③也聪能听序④,(登高能赋,求物能名,如颜回听哭,苍舒量象。)思能造端⑤,(子展谋侵晋,乃得诸侯之盟。)明能见机⑥,(臾骈睒目动,即知秦师退。)辞能辩意,(伊籍答吴王,一拜一起未足为劳。)捷能摄⑦失,(郭淮答魏帝曰,自知必免防风之诛。)守能待攻,(墨子谓楚人,吾弟子已学之于宋。)攻能夺守,(毛遂进曰,今日从,为楚不为赵也,楚王从而谢之。)夺能易予⑧。(以子之矛,易子之盾,则物主辞穷。)兼此八者,然后乃能通于天下之理。通于天下之理,则能通人矣。不能兼有八美⑨,适⑩有一能,(所谓偏材之人。)则所达者偏,而所有异目矣。(各以所通,而立其名。)

[注释]

①由:从。《论语·雍也》云:"谁能出不由户,何莫由斯道也。"②眇:微小。《管子·水地》云:"察于微眇。"③必:假如,如果。《史记·廉颇蔺

相如列传》云："王必无人，臣愿奉璧往使。"④听序：听出声音的差别。序，次序。《史记·秦始皇本纪》云："事各有序。"⑤端：事物的开头。《荀子·君道篇》云："法者，治之端也。"此指"事端，事件"。⑥机：通"几"，事情的苗头或预兆。《三国志·蜀书·先主传》云："睹其机兆。"⑦摄：保养，保护。《老子》云："盖闻善摄生者陆行不遇兕虎，入军不被甲兵。"此处有弥补之义。⑧易予：易，改变。《荀子·乐论篇》云："移风易俗。"予，给予。《汉书·晁错传》云："予冬夏衣。"此处指辩论中对方给予的攻击。易予，即改变对方的进攻，或叫反击，拿对方的论点反驳对方。⑨八美：指前述的八种好的能力。⑩适：恰好，正巧。

[译文]

然而，尽管出现了变故纠纷，仍然还是有所收获的。（办理事情，树立道德学说，都必须按事物发展的规律来确定。所以，虽然有些小的变故纠纷，最终还是要确定真理，完成事业。）如果只是述说而没有质疑提问，各自陈述自己的意见，就会令人不知所从了。（人人争着讲述，如果不质问，就不知道哪种意见可以采用。）由此来说，只是泛泛而谈，不加争论就能确定道理的可能性很小。（事理复杂多端，人的性情各不相同，所以，发言的人众多，没有谁肯去管他们发言中的错误。）倘若听力好到能听辨出不同声音的细小差别，（攀登到高处就能咏诗作赋，做出器物就可成名。如颜回的贤能听凭孔子去哭诉；曹冲天资聪明，想出用船称象的方法，智超众人。）谋思超凡能成就事业，（子展谋划攻晋，才造成诸侯会盟。）眼光敏锐能察觉事物变化的预兆，（奂驷察看秦国使者的眼神，就预知秦军将撤退。）言词机智能明确表达心中的思想，（伊籍故意误解吴王的问话，机智的回答避免了屈辱。）处事敏捷能弥补偶尔的失误，（郭淮巧妙地回答魏文帝的指责，免遭杀身之祸。）严密的守卫能防备强敌的进攻，（墨子派弟子援宋抗楚，使楚国无法进攻。）凌厉的进攻能夺取严密的防守，（毛遂对楚王出其不意、义正词严的陈述，逼迫他放弃原来的主张。）巧妙的争夺能利用敌方削弱敌方，（如同寓言所说，让物主"以子之矛，易子之盾"，物主就理屈词穷了。)同时具有以上这八种才能,然后才可以精通天下的道理。通晓天下的道理,就能通晓天下的人才了。如果不能具备这八种优良的才能,而恰好只有其中的一种能力,(这就是偏才的人。)那么他所成就的事业就会出现偏颇,并且只能在各自所拥有的偏才上分别成名。(各自以其所通晓的才能,树立起各自的名声。)

是故聪能听序,谓之名物①之材。思能造端,谓之构架②之材。明能见机,谓之达识③之材。辞能辩意,谓之赡给④之材。捷能摄失,谓之权捷⑤之材。守能待攻,谓之持论⑥之材。攻能夺守,谓之推彻⑦之材。夺能易予,谓之贸说⑧之材。通材之人,既兼此八材,行之以道。与通人⑨言,则同解而心喻⑩。(同即相是,是以心相喻。)与众人言,则察色而顺性。(下有盛色,避其所短。)虽明包众理,不以尚人⑪。(恒怀谦下,故处物上。)聪睿资给,不以先人。(常怀退后,故在物上。)善言出己,理足则止。(通理则止,不务烦辞。)鄙误在人,过而不迫⑫。(见人过跌,辄当历避。)写⑬人之所怀⑭,扶人之所能。(扶赞人之所能,则人人自任矣。)不以事类⑮犯人之所婟⑯。(胡故反。与盲人言,不讳眇瞎之类。)不以言例⑰及己之所长。(己有武力,不与虓虎之伦。)说直说变⑱,无所畏恶。(通材平释,信而后谏,虽触龙鳞,物无害者。)采虫声之善音,(不以声丑,弃其善曲。)赞愚人之偶得。(不以人愚,废其嘉言。)夺与有宜,去就不留⑲。方其盛气,折谢不吝。(不避锐跌,不惜屈挠。)方其胜难,胜而不矜。(理自胜耳,何所矜也。)心平志谕⑳,无适无莫㉑,(付是非于道理,不贪胜以求名。)期于得道而已矣。是可与论经世㉒而理物㉓也。(旷然无怀,委之至当。是以世务自经,万物自理。)

[注释]

①名物:事物的名称、种类。《周礼·天官·庖人》云:"掌共六畜六兽六

禽，辨其名物。"此用为动词。②构架：安排，组织。构，构架，构成。③达识：认识通达，即有洞察秋毫的能力。④赡给：赡，丰足，给，敏捷。这里引申为有充足的辩论能力，即善辩。⑤权捷：权变敏捷。指应变能力强。⑥持论：坚持自己的理论。⑦推彻：推，排除。《诗经·大雅·云汉》云："旱既太甚，则不可推。"彻，拆除。《诗经·小雅·十月之交》云："彻我墙屋。"推彻，指进攻，击垮对方。⑧贸说：贸，改变。《淮南子·诠言训》云："公孙龙粲于辞而贸名，邓析巧辩而乱法。"贸说，即善于变换论述。⑨通人：学识渊博的人。⑩喻：知道，明白。《论语·里仁》云："君子喻于义，小人喻于利。"⑪尚人：高出，超过。《盐铁论·相刺》云："文学言治，尚于唐虞。"⑫迫：逼迫。《左传·哀公十五年》云："迫孔悝于厕；强盟之。"此有追究之义。⑬写：宣泄，抒发。《诗经·邶风·泉水》云："驾言出游，以写我忧。"⑭怀：内心的思想、情绪。《战国策·魏策四》云："怀怒未发。"⑮类：类似，像。《论衡·论死》云："其形不类生人之形。"⑯姻（hù户）：怜惜，隐私。有"护"之义。⑰言例：例，类，列。《三国志·魏书·王粲传》云："而不在此七例。"引申为类似，像。言例，即用言辞作比喻。⑱说直说变：说，劝说，说服。直，正直。变，诡变。⑲留：停留，滞留。此指行为迟疑与否。⑳谕：明白，清楚。《战国策·魏策四》云："寡人谕矣。"㉑无适（dí笛）无莫：适，当然，一定。《汉书·贾谊传》云："虑不动于耳目，以为是适然耳。"莫，不要。《诗经·大雅·抑》云："莫扪朕舌，言不可逝矣。"无适无莫，既没有一定要怎样做，也没有不要怎样做。此语出于《论语·里仁》："君子之于天下也，无适也，无莫也，义之与比。"皇疏引范宁曰："适莫，犹厚薄也；比，亲也。君子于人无有偏颇厚薄，唯仁义是亲也。"㉒经世：治理世事。㉓理物：理，治理，管理。物，事物，包括人。《易·系辞下》云："近取诸身，远取诸物。"

[译文]

所以，听力好到能听辨声音细小的差别，可称为名物之才；谋思超凡能成就事业的，可称为构架之才；眼光敏锐能察觉事物变化征兆的，可称为达识之才；言语机智能表达心中明确思想的，可称为赡给之才；处事敏捷能及时弥补过失的，可称为权捷之才；严密守卫能防备强敌进攻的，可称为持论之才；凌厉的进攻能夺取严密防守的，可称为推彻之才；巧妙争夺能利用敌方并反击敌方的，可称为贸说之才。称为通才的人，不仅具备上述八种才能，而且遵循事物的规律发挥这些才能。这种人如果和学识渊博的人交谈，就会赞同他的见解而且心中明白。（赞同就是彼此认识一致，所以彼此心中相互了解。）和普通人交谈，就察言观色，并顺应他们的性情。（暗中发现其有含怒未发的神色，要尽量避免触犯其短处。）即使自己明白并掌握众多的道理，也不因此表现出高人一等。（经常怀着谦虚卑下的思想，这样才能高人一筹。）头脑聪明富有天资，也不因此就表现出优越于他人。（常常怀着退后让人之心，这样才能保持在别人之前。）美好的话语出于自己口中，道理论述充分就适可而止。（讲通道理就停止，不必再烦言絮语。）庸俗与错误在他人身上，已经过去了就不要再去追究。（遇到别人过去的错误，就应当一一回避。）善于替别人抒发情怀，帮助别人发挥长处。（扶助别人发挥长处，就会使每个人自觉承担起责任。）不用相似的事例触犯别人的短处。（比如与盲人说话时，有人不忌讳独眼、瞎子这类事。）不打比喻涉及自己的长处。（自己有武力，不要例举威武咆哮的老虎这一类。）不论是劝说正直刚毅的人，还是权变诡诈的人，都心平气和不怀畏惧或厌恶之情。（通才之人总是公平地向人解说，取得别人信任后才去规劝，即使触犯了皇帝的威严，自身也不会受到伤害。）能听取苦口良言，如同采获鸟虫鸣叫声中的优雅动听的音律，（不因为叫声难听而放弃其中优雅的旋律。）称赞愚笨迟钝者的偶然发现。（不因他人智力低下而废弃对他们的夸奖。）获取和给予都恰到好处，舍去与存留都不犹豫。当其气势旺盛之时，也能躬身致谦而不觉耻辱。（不怕挫折，不惜凌受屈辱。）当其战胜困难的时候，虽然胜利却不骄傲自大。（在道理上自己已经取胜了，有什么可骄傲的呢？）心平气和，志向明确，没有什么一定要做的，也没有什么不要去做的，（用是否符合道理来判断是非，不贪恋胜利来求取功名。）只期望能够获得真理而已。这样的人，就可以与他讨论治理国家和管理民众的道理了。(这种人胸怀广阔,心无杂念,把治国理民的事交给他们最合适。因此,国家的事务自然会得到整治,所有的人自然会受到管理。)

[点评]

本篇着重论述了与人才性情及事理相关的一些问题。作者将人才所依从的道理分为"四理",即"道之理"、"事之理"、"义之理"、"情之理"。依据这些道理的人才,也被分为"四家",即"道理之家"、"事理之家"、"义理之家"、"情理之家"。刘劭人才理论中博采众家的特点,由此亦可略窥一斑。他所总结的这"四家"和"四理",与我国古代思想领域内著名的派别,都有着密不可分的关系,心性平静淡泊,随其自然的"道理之家",当属道家;权谋机智,立法行事的"事理之家",当属法家;倡导温和平顺,讲究礼仪教化的"义理之家",当属儒家;性情随意,以情为理的"情理之家",可归于当时盛行的名家。历史上,这些流派中都曾出现过许多成就大业的各类非凡的人才。

所谓"九偏之情"多是因为人才的个性过于突出所造成的。文中以辩证的观点对九种偏颇的人才作了一分为二的分析,可使人们更全面地认识不同人才,既能从中了解他人,也可以此为鉴纠正自身之不足。譬如你是一位"抗厉之人",必能遵纪守法,自我约束,对人处事公平正直。然而,需要注意的是在非原则问题上应力求自己灵活圆通一些。同样,如果你任用了喜欢追求新奇的人,可使之从事开创性的工作。若是将那种必须严守规定、按章办事的事务交给他,就要防备可能发生的自以为是、违章犯规的事情。

似是而非的情况在社会生活中是很多的,人们常常被这种假象所迷惑。本篇列举的七种不同人才的似是而非的表现,细细品味可指点我们分辨人才真伪,增强识别能力。联想一下五彩缤纷的现实世界,审视周围的各色人等,以各种面目出现的假公济私、道貌岸然、弄虚作假、华而不实之类的现象比比皆是。那些明哲保身、自我掩饰的行为，在平常人群中更是屡见不鲜。择友用人时，对诸如此类的似是而非的现象不可不慎重识之。

"三失"和"六构"问题的阐述，对我们也是颇具启迪意义的。不仅在争论辩驳的时候，即使在日常的人际交往、宾客闲谈中，都应当以理取胜而不是单纯地以词取胜。只有以理服人才能令人心服口服。以词服人者，任其巧舌如簧，口若悬河，可能会哗众取宠于一时，却难以服人心口于始终。道理不清的花言巧语还会败坏自己的声誉。当然，讲道理并非不讲究言词运用和说话技巧。善于谈论者总能找到与对方学识水平相当的话题，话题的内容也与对方的兴趣符合。而且语言风趣，言简意赅，避免词不达意啰唆絮叨。这样，与人论说中也就不存在"三失"了。至于争论问题时双方在情绪方面产生的纠纷，其主要原因在于方法不当。所以，与人辩论要能够抓住问题的实质，不要计较枝节细末。对待强硬的敌手，要避其锐气，循序渐进，争论时勿挫伤对方的自尊心。不可利用对方偶尔的失误，趁机诋毁其品质。能够宽容对方的过错，不可有轻侮对方的表现。

"八美"和"八材"的论述，反映了刘劭对人才材质的明确评价。只有"八材"之一者，属于偏才。偏才之人容易在其所擅长的方面出现偏颇。兼有"八材"的人，是所谓"通材之人"。这种人能遵循事物的规律而发挥自身具备的才智，他们是刘劭认为的理想人才。篇末讲述的"通材之人"待人接物的处世方法，可谓金玉良言，值得当今人士效法。如：与常人交谈要察言观色顺应人情；有高人一筹的理论，不要有高人一筹的过分表现；不深究别人曾有的过失；勿触人短处；勿涉嫌自夸；处逆境能委曲求全；得势时戒骄戒躁……不论何样人才，若能身体力行，想必都会获得利人利己的效果。

卷中

材能第五

（材能大小，其准不同。量力而授，所任乃济。）

[解题译文]

（各人才能的大小，所依据的准则不尽相同。衡量各自能力的大小而授以相应的职务，所担负的职责才能很好地完成。）

[提要]

哪一类人才，可以担任哪一种职务？一旦治理国家，则会采取什么样的治国方略？这种方略或政策，适宜治理什么？不适宜治理什么？

良臣以充分发挥才能、能言善谏、善于处理政务为三大标准，贤君以善于用人、虚心纳谏、赏罚公正为三大标准。前者实际上又是良臣为人处世的准则，后者则是贤君治理天下的秘诀。

或①曰：人材有能大而不能小，犹函牛之鼎②不可以烹鸡。愚③以为此非名④也。（夫人材犹器，大小异，或者以大鼎不能烹鸡，喻大材不能治小，失其名也。）夫能之为言，已定之称。（先有定质，而后能名生焉。）岂有能大而不能小乎。凡所谓能大而不能小，其语出于性有宽急。（宽者弘裕，急者急切。）性有宽急，故宜有大小。（宽弘宜治大，急切宜治小。）宽弘之人，宜为⑤郡国⑥，使下⑦得施其功，而总成其事。（急切则烦碎，事不成。）急小⑧之人，宜理百里⑨，使事办于己。（弘裕则网漏，庶事荒矣。）然则郡之与县，异体之大小者也。（明能治大郡，则能治小郡；能治大县，亦能治小县。）以实理宽急论辨之，则当言大小异宜，不当言能大不能小也。（若能大而不能小，仲尼岂不为季氏臣。）若夫鸡之与牛，亦异体之小大也，（鼎能烹牛，亦能烹鸡；铫能烹鸡，亦能烹犊。）故鼎亦宜有大小。若以烹犊⑩，则岂不能烹鸡乎？（但有宜与不宜，岂有能与不能？）故能治大郡，则也能治小郡矣。推此论之，人材各有所宜，非独大小之谓也。（文者理百官，武者治军旅。）

[注释]

①或：有的人。司马迁《报任安书》云："人固有一死，死有重于泰山，或轻于鸿毛。"②函牛之鼎：函，包含；鼎，古代烹煮肉食所铸造的青铜礼器，多为圆形三足两耳，也有长方形四足两耳的，如著名的殷墟司母戊大鼎，重875千克。《淮南子·诠言训》云："夫函牛之鼎沸，而蝇蚋弗敢入。"高诱注云："函牛，受一牛之鼎也。"③愚：古人的一种自称谦辞。诸葛亮《出师表》云："愚以为宫中之事，事无大小悉以咨之，然后施行。"④非名：非，不对的。《荀子·王制篇》云："是非不乱，则国家治。"名，名称。《庄子·逍遥游》云："北冥有鱼，其名曰鲲。"这里指不符合人才这种称号。⑤为：治理。《国语·周语上》云："是故为川者决之使导，为民者宣之使言。"⑥郡国：西汉初期，地方高级行政区划是同时设郡与王国，郡直属中央，王国由帝王分封的诸王管理。后来，王国权力逐渐削弱。上、中级官员由中央任免。南北朝时沿袭汉制，但王国之最高长官为国相或内史，郡之长官为太守，已无实质区别。至隋代始废王国。⑦下：下属。《北史·齐文宣帝纪》云："推诚接下。"⑧急小：急，性格急躁；小，气度狭小。与前"宽弘"相对应。⑨百里：百里之

地,指一县。《三国志·蜀书·庞统传》云:"吴将鲁肃遗先主书曰:'庞士元非百里才也,使处治中、别驾之任,始当展其骥足耳。'"⑩犊:小牛。

[译文]

有人说:人才能担任高级职务,却不能担任低级职务,就像可以烹煮牛的青铜巨鼎不可以用来烹煮鸡一样。我认为这并不符合人才这种称号。(人才好比一种器物,虽有大小之分,或者以为青铜巨鼎不能用来烹煮鸡,好比大才不能处理小事,这就失去了人才这种称号的本意了。)关于"才能"一词已经形成为一种专门的术语,也有了比较固定的内涵。(先有比较固定的内涵,尔后才产生了"才能"这样的名词。)怎么会有其人可以担任高级职务,而不可以担任低级职务的情况发生呢?凡是所谓人才可以担任高级职务,而不可以担任低级职务的观点,必定出自于对性情有宽宏与急切之分的认识。(心宽的人宽宏稳健,心急的人急切浮躁。)由于人的性情有的宽宏,有的急切,因而,人才应有适宜治理大的行政区域与适宜治理小的行政区域的区别。(性情宽宏之人宜于治理大的行政区域,性情急切之人宜于治理小的行政区域。)性情宽宏大度的人,比较适宜于去治理郡国那么大的政区,使下属人员得以充分发挥各自的功能,而由自己管理全局,完成政事。(性情急切的人则必然是连烦琐的小事也亲自过问,郡国的大事必然干得不好。)性情急切气度狭小的人,比较适宜于去治理一个县那么大的政区,使事无巨细都在自己亲自办理下完成。(性情宽宏大度的人常常是过问大事,漏掉小事,如果让这种人去治理小地方,平民百姓的小事就荒废了。)然而,郡国与县的相异之处,就在于区域的大小不同而已。(高明的人既然可以治理大郡,则也可以治理小郡;既然可以治理大县,也可以治理小县。)以实际情况搞清楚性情宽宏之人与性情急切之人的区别,并且讨论和辨明这一性情区别与治理郡县的关系,那就应该说有的人适宜于治理大的行政区域,有的人适宜于治理小的行政区域;而不应该说能治理大地方的人,却不能治理小地方。(如果说一个人具有大才,能够担任大的职务而不能担任小的职务,那么,做过鲁国大司寇的孔子,以前为什么还要去做鲁国季氏的家臣呢?)鸡与牛比较,不过是个小与大的问题,(青铜巨鼎既然可以烹煮大的牛,自然也可以烹煮小的鸡;铫这种小烹煮器既然可以烹煮鸡,自然也可以烹煮小牛犊了。)所以,用于烹煮的青铜鼎一类炊器,也有适宜烹煮大的或适宜烹煮小的区别。如果它可以烹煮小牛犊,那么,哪还有不可以烹煮鸡的道理呢?(只有适宜于烹煮鸡与不适宜于烹煮鸡的区分,哪里有可以烹煮鸡与不可以烹煮鸡的道理。)所以,既然可以治理大郡,则也同样可以治理小郡。由这个道理进而推论,人才各有其优势,并非只有大小这一种说法就能概括尽的。(精通文韬的人,可以治理朝政;精通武略的人,可以治理军队。)

夫人材不同,能各有异。有自任①之能,(修己洁身,总御百官。)有立法使人从之能,(法悬人惧,无敢犯也。)有消息②辨护③之能,(智意辨护,周旋得节。)有德教师人之能,(道术深明,动为物教。)有行事④使人⑤谴让⑥之能,(云为得理,义和于时。)有司察⑦纠摘⑧之能,(督察是非,无不区别。)有权奇⑨之能,(务以奇计,成事立功。)有威猛之能。(猛毅昭著,振威敌国。)

[注释]

①自任:修身自好之意。贾谊《新书·道术》云:"仁义修立谓之任,反任为欺。"②消息:消,消减;息,增长。《周易·丰卦·象辞下》云:"日中则昃,月盈则食,天地盈虚,与时消息。"这里指人事万物的生灭、盛衰的规律与信息。③辨护:监治之意。《墨子·号令》云:"养吏一人,辨护诸门。"孙诒让注云:"辨护,犹言监治也。"④行事:行,做。引申为执行。《韩非子·外储说左上》云:"赏罚不信,则政令不行。"行事在这里有执行政令之意。⑤使人:使,派遣、命令。《战国策·赵策四》云:"秦使王翦攻赵,赵使李牧、司马尚御之。"使人在这里有用人之意。⑥谴让:谴,责备。《战

国策·东周策》云："太卜谴之曰。"引申为贬谪。让，转让职位与权力。《论语·泰伯》云："三以天下让，民无得而称焉。"引申为推贤举能。⑦司察：监察、督察之意。《后汉书·陈元传》云："劳心下士，屈节待贤，诚不宜使有司察公辅之名。"李贤注云："司察，犹督察也。"⑧纠摘：纠，检举。《梁书·丘迟传》云："为有司所纠。"摘，选取。嵇康《难自然好学论》云："执书摘句，俯仰咨嗟。"纠摘，意为检举揭发之意。⑨权奇：权变奇谲之意。《汉书·礼乐志第二》云："太一况，天马下。……志俶傥，精权奇。"王先谦补注云："权奇者，奇谲非常之意。"

[译文]

人才的种类各自不同，才能的大小也互有差异。有以仁义修身的才能，（修炼自己，以仁义洁身，然后自然可以统御百官。）有建立各种法律与制度并使人遵守的才能，（各项法律制度颁布天下使人人有所惧怕，执法又一丝不苟令人不敢犯法。）有顺应人事万物盛衰的自然规律而进行治理调节的才能，（以才智与谋略进行监督和治理，在人事万物盛衰的规律变化中实施相应的调节。）有施行道德教育并成为众人师范和表率的才能，（道德思想学说深邃简明，一举一动自然成为众人的师表。）有执行政令、选派和督责官员、推贤举能的才能，（这样做是为了树立公理，使天下大义与时事相和。）有监察、检举和匡正时弊的才能，（督察各种各样的是非，没有不加以区别对待的。）有权变奇谲、足智多谋的才能，（务必要以奇特的计谋，成就大事，建立丰功伟绩。）有强悍勇猛、威震八方的才能。（勇猛坚毅天下昭著，能强烈地震撼威慑敌国将士。）

夫能出于材，材不同量。材能既殊，任政亦异。是故自任之能，清节之材也。故在朝也，则冢宰之任，为国则矫直①之政。（其身正，故掌天官而总百揆。）立法之能，治家②之材也。故在朝也，则司寇之任，为国则公正之政。（法无私，故掌秋官而诘奸暴。）计策之能，术家之材也。故在朝也，则三孤之任，为国则变化③之政。(计虑明,故辅三槐而助论道。) 人事④之能,智意之材也。故在朝也,则冢宰之佐,为国则谐合之政。(智意审,故佐天官而谐内外。) 行事之能,遣让之材也。故在朝也,则司寇之任⑤,为国则督责之政。(辨众事,故佐秋官而督傲慢。) 权奇之能,伎俩之材也。故在朝也,则司空之任,为国则艺事⑥之政。(伎能巧,故任冬官而成艺事。) 司察之能,臧否之材也。故在朝也,则师氏之佐,为国则刻削⑦之政。(是非章,故佐师氏而察善否。) 威猛之能,豪杰⑧之材也。故在朝也,则将帅之任,为国则严厉之政。(体果毅,故总六师而振威武。)

[注释]

①矫直:把弯曲的矫正为直。《荀子·性恶篇》云:"故枸木必将待檃栝烝矫然后直,钝金必将待砻厉然后利,今人之性恶,必将待师法然后正,得礼义然后治。"②治家:"治"字疑为"法"字之误。从上下文"清节之材"、"术家之材"来看,中间应为"法家之材";从前章《流业第三》所言"法家之材,司寇之任也"来看,本章具备"司寇之任"的,也应是"法家之材",而非"治家之材"。③变化:指根据外界条件的变化,推行灵活机动的政策。④人事:指各种人情和万事之理。《史记·太史公自序》云:"夫《春秋》,上明三王之道,下辨人事之纪。"⑤任:上文法家之材,已是"司寇之任",故这里应是"司寇之佐"。《四库全书·人物志》与《墨海金壶·人物志》皆作"佐"。⑥艺事:指技能艺巧之事。⑦刻削:削减夺取之意。《史记·孝景本纪赞》云:"至孝景不复忧异姓,而晁错刻削诸侯。"⑧豪杰:指才智出众的人。《淮南子·泰族训》云:"故智过万人者谓之英,千人者谓之俊,百人者谓之豪,十人者谓之杰。明于天道,察于地理,通于人情,大足以容众,德足以怀远,信足以一异,知足以知变者,人之英也;德足以教化,行足以隐义,仁足以得众,明足以照下者,人之俊也;行足以为仪表,知足以决嫌疑,廉足以分财,信可使守约,作事可法,出言可道者,人之豪也;守职而不废,处义而不比,见难不苟免,见利不苟得者,人之杰也。英俊豪杰,各以小大之材处其位,得其宜。"

[译文]

　　人的能力出自于人的才智,而人的才智的大小是不一样的。人的才智与能力既然各自不同,其担任的职务和治国的方略也就有所不同。所以,具备修身自律的能力,则是清节之才。在朝廷中担任职务,可以成为宰相的人选,其治理国家必会实行正直清明的治国方略。(其身清正廉洁,所以应担任百官的领袖而总理百事。)具备制定法制的能力,则是法家之才。在朝廷中担任职务,可以成为司寇的人选,其治理国家必会实行秉法无私的治国方略。(执法没有私念,所以能掌管刑狱法制而查办奸邪强暴之人。)具备运筹帷幄的能力,则是术家之才。在朝廷中担任职务,可以成为少师、少傅、少保的人选,其治理国家必会实行机动灵活的治国方略。(计策谋略英明,所以能辅佐三公治国而助其树立正气与大道。)具备通达情理的能力,则是智意之才。在朝廷中担任职务,可以成为宰相左右手的人选,其治理国家必会实行和谐融洽的治国方略。(机智灵活周密,所以能辅佐宰相而协调朝中上下内外关系。)具备办事干练的能力,则是谴让之才。在朝廷中担任职务,可以成为司寇左右手的人选,其治理国家必会实行明令督责的治国方略。(监察辨明众事,所以能辅佐司寇而督责虚骄简慢之人。)具备机变奇思的能力,则是伎俩之才。在朝廷中担任职务,可以成为司空的人选,其治理国家必会实行推崇技艺的治国方略。(推崇技能艺巧,所以能担任司空职务而掌管工程制作方面的事。)具备监察司法的能力,则是臧否之才。在朝廷中担任职务,可以成为太师左右手的人选,其治理国家必会实行苛刻严厉的治国方略。(大是大非分明,所以能辅佐太师监察善恶之人。)具备威武勇猛的能力,则是豪杰之才。在朝廷中担任职务,可以成为将帅的人选,其治理国家必会实行严明激励的治国方略。(处事果敢坚毅,所以能统帅大军而振奋军队的威名。)

材能第五　89

凡偏材之人，皆一味之美。（譬饴以甘为名，酒以苦为实。）故长于办一官，（弓工揉材，而有余力。）而短于为一国。（兼掌陶冶，器不成矣。）何者？夫一官之任，以一味协五味。（盐人调盐，醋人调醋，则五味成矣。譬梓里治材，土官治墙，则厦屋成。）一国之政，以无味和五味。（水以无味，故五味得其和。犹君体平淡，则百官施其用。）又国有俗化①，民有剧易②，（五方不同，风俗各异，土有刚柔，民有剧易。）而人材不同，故政有得失。（以简治易则得，治烦则失。）是以王化③之政，宜于统大，（易简而天下之理得矣。）以之治小，则迂④。（网疏而吞舟之奸漏。）辨护之政，宜于治烦，（事皆辨护，烦乱乃理。）以之治易，则无易。（甚于督促，民不便也。）策术之政，宜于治难⑤，（权略无方，解释患难。）以之治平⑥，则无奇。（术数烦众，民不安矣。）矫抗⑦之政，宜于治侈⑧，（矫枉过正，以厉侈靡。）以之治弊⑨，则残⑩。（俗弊治严，则民残矣。）谐和之政，宜于治新，（国新礼杀，苟合而已。）以之治旧，则虚⑪。（苟合之教，非礼实也。）公刻之政，宜于纠奸⑫，（刻削不深，奸乱不止。）以之治边，则失众。（众民惮法，易逃判矣。）威猛之政，宜于讨乱，（乱民桀逆，非威不服。）以之治善，则暴。（政猛民残，滥良善矣。）伎俩之政，宜于治富，（以国强民，以使⑬。）以之治贫，则劳而下困⑭。（易货改铸，民失业矣。）故量能授官，不可不审⑮也！凡此之能，皆偏材之人也。故或能言而不能行，或能行而不能言。（智胜则能言，材胜则能行。）至于国体之人，能言能行，故为众材之隽⑯也。

[注释]

①俗化：俗，民俗、风俗。《荀子·乐论篇》云："移风易俗，天下皆宁。"化，教化。《说文·匕部》云："教行于上，则化成于下。"俗化在这里是指风俗与文明的意思。②剧易：剧，复杂，繁难。易，容易，简单。《三国志·吴书·吕蒙传》云：吕蒙"少时，孤谓不辞剧易，果然有胆而已"。剧易

在此处指民众中有桀骜不驯的,也有温和善良的。③王化:指君王以德政教化万民。《后汉书·张酺传》云:"吾为三公,既不能宣扬王化,令吏人从制,岂可不务节约乎?"④迂:不合时宜,不切实际。《盐铁论·利议》云:"以其首摄多端,迂时而不要也。"⑤难:灾难,患难。《韩非子·五蠹》云:"坚甲厉兵以备难。"⑥平:太平,安定。《荀子·天论篇》云:"上明而政平。"⑦矫抗:矫,纠正之意。《三国志·吴书·管宁传》云:"足以矫俗。"抗,违抗,不顺从之意。《荀子·臣道篇》云:"有能抗君之命。"矫抗在这里指有矫枉过正的意思。⑧侈:放纵,放肆。《孟子·梁惠王上》云:"苟无恒心,放辟邪侈,无不为已。"⑨弊:弊病,害处。《史记·平准书》太史公曰:"汤、武承弊易变,使民不倦。"⑩残:残忍。曹操《让县自明本志令》云:"故在济南,始除残去秽。"⑪虚:虚假,不真实。《三国志·魏书·荀彧传》:"推诚心,不为虚美。"⑫奸:邪恶,狡诈。《商君书·农战》云:"不可巧取,则奸不生。奸不生,则主不惑。"⑬以使:《四库全书·人物志》"以使"后有"富饶"二字,《龙谿精舍丛书·人物志》、《四部丛刊·人物志》(正德本)此处皆有空缺,疑脱落"富饶"二字。⑭劳而下困:劳,劳累,疲劳。《汉书·赵充国传》云:"以逸击劳,取胜之道也。"下,下属。《三国志·蜀书·诸葛亮传》云:"群下劝先主称尊号。"困,疲乏,困倦。《盐铁论·击之》云:"犹耕者倦休而困止也。"⑮审:慎重。《吕氏春秋·音律》云:"审民所终。"高诱注云:"审,慎;终,卒。"⑯隽(jùn俊):通"俊"。英俊,才智出众。《汉书·礼乐志》云:"至武帝即位,进用英隽。"

[译文]

凡属偏材一类的人,都只有一种味道的美妙之处。(譬如饴糖有甜的美名,烈酒有苦的味道。)因此,适宜担任某一方面职务的官员,办理所属的事务是其所擅长的,(善于做弓的工匠揉弯弓材,还有剩余的气力。)但是,如若要他们担任治理一个国家的重任,他们的能力就不够了。(就如同一个工匠如要他们既会烧制陶器,又会冶铸铁器,那他们的陶器和铁器肯定都做不好。)这是什么原因呢?某一位官员的作用,就像一种调料协同其他调料可以调和成五味一样,他必须协调下属官民各司其职,融洽相处。(制盐之人负责调和盐,酿醋之人负责调和醋,五味自然可成矣。譬如木匠整治梁柱,泥工垒好土墙,房屋就可以造成了。)而管理一个国家的政务,就像以一种平淡的味道调和兼容甘、苦、咸、酸、辣等五种味道,方能做成美味佳肴一样,他必须以圣人的不偏不倚的中庸之道协调国内外的各种关系和利益,这样才能保持天下安定,繁荣富强。(水以它没有任何味道的性质,所以能使甘、苦、咸、酸、辣五种味道得以融和。这就像君主的本质如果是不偏不倚的中庸平淡,那么,百官就可以充分发表意见,施展才能。)况且,一个国家中文明与粗俗共存,老百姓中也有桀骜不驯与温和善良的区别,(东、西、南、北、中五方不同,各地的风俗又各自不同,土地有胶硬与松软的区别,民众也有桀骜不驯与温和善良的差异。)而担任官职的各种人才又不相同,所以,他们执行政务的结果必然有得有失。(以简单的方法处理容易的事情就能够成功,而以简单的方法处理烦琐的事情便不得当了。)所以,以德教化育的政策,比较适应于统理大局,(用比较简单明白的方法却可以得到天下至理。)如若以这种政策解决具体微小的问题,那就有些不切实际了。(如同渔网网眼太大,甚至可能漏掉吞舟的大鱼。)监督治理的政策,比较适应于处理烦乱的事情,(凡事都要监督治理,烦乱的事情就可理顺了。)如若以这种政策治理平常的事情,那就没有什么平常的事情了。(监察督促如果太过分了,民众就会感到非常不便。)权术谋略的政策,比较适应于处理灾难的突发,(权术与谋略层出不穷,方能解决与减轻灾难。)如若以这种政策治理太平时的事情,那就没有什么出奇之处了。(策略与计谋劳民伤财,民众就不会安宁了。)整饬风俗的政策,比较适宜于用来治理放纵和侈靡的风气,(矫枉过正,以严厉的手段对付放纵与奢侈。)如若在天下困乏疲敝之时推行这种政策,那就会动摇国本,毁灭国家。(民生凋敝而施政严厉,那么老百姓就会受到伤残和毁灭。)和谐融洽的政策,比较适宜于政权兴替、除旧布新时期的施政,(国家初创,礼法制度少,以和谐融洽的方式应付一下而已。)如若以这种政策治理国家的衰败和积弊，那就显得空虚无实了。(权宜之计，并不是国家法纪和道德规范的实在内容。) 公正苛刻的政策，比较适应于纠正奸邪狡诈，(剥夺奸邪狡诈如不苛刻，奸恶与作乱就不会停止。) 如若以这种政策治理边区，那民众就会逃亡了。(民众畏惧法令的苛刻，就容易叛逃离去。) 勇猛威慑的政策，比较适应于征讨叛乱，(叛乱的民众桀骜不驯，没有勇猛和威慑的打击就不会顺从。) 如若以这种政策治理善良的民众，那就是残暴不仁了。(政策对老百姓严厉残酷，那就是不分良善，伤及无辜了。) 推崇技艺的政策，比较适宜于在国家富裕的时候推行。(国家推行强民政策，以使老百姓富裕丰足。) 如若在国家贫困时推行这种政策，那就要劳而无功，使民众疲惫不堪了。(像王莽那样屡次改变币制，铸造新币，其结果造成物价飞涨，人民流离失所。) 所以，按照个人的才能授官任职，不可以不万分慎重啊！凡属上述各种才能，都是偏才一流的人物。有的人非常能说却不会做，有的人能做却不会说。(智慧出众的人比较会说，能力较强的人善于行动。) 至于德、法、术三种才能同时具备，如同国家脊梁一般的人物，既能说又会做，所以成为众多人才之中的杰出人物。

人君[①]之能，异于此。(平淡无为，以任众能。) 故臣以自任为能，(竭力致功，以取爵位。) 君以用人为能。(任贤使能，国家自理。) 臣以能言为能，(各言其能，而受其官。) 君以能听为能。(听言观行，而授其官。) 臣以能行为能，(必行其所言。) 君以能赏罚为能。(必当其功过也。) 所能不同，(君无为而臣有事。) 故能君[②]众材也。(若君以有为，代大匠斫，则众能失巧，功不成矣。)

[注释]

①人君：君王。《管子·权修》云："地之生财有时，民之用力有倦，而人君之欲无穷。以有时与有倦养无穷之君，而度量不生于其间。" ②君：统辖，统治。《左传·襄公十三年》云："赫赫楚国，而君临之。"

[译文]

至于众臣之上的君主的才能，是与以上这些才能不一样的。（君主在思想上要有不偏不倚的中庸平淡之心，在治国上要实行无为而治的方针，要让有才能的人各任其职，充分施展他们的才能。）所以，臣下以能否充分发挥才能作为自身评价的标准，（竭尽心力做出成绩，以取得朝廷爵位作为报偿。）君主以能否善于使用人才作为自身评价的标准。（任用贤臣使用才能之士，国家大事就可以处理得有条不紊、顺理成章了。）臣下以能言善谏作为胜任工作的标准，（各自就自己所了解和熟悉的领域建言献策，并接受相应的官职。）君主以善于听取不同的意见作为胜任工作的标准。（听取臣下的意见，观察臣下的行为，根据臣下的才能任命他们担当相应的职务。）臣下以善于处理政务作为胜任工作的标准。（用实际行动来完成他们的建议和施政目标。）君主以赏罚公正作为胜任工作的标准。（奖赏要与臣下的功劳相当，处罚也要与臣下的过失相当。）君主与臣下的职责和才能的标准不尽一样，（君主无为而治，而臣下勤于政事。）所以，明君才可以驾驭众多的人才。（如若君主亲自处理各项政务，代替众臣做具体的工作，那众多人才就会无所事事，国家的许多大事也就无法去办理了。）

[点评]

关于对人才的使用上，有人认为凡是能担任高级职务的人才，就不能去担任低级职务。刘劭认为这不符合"人才"这种称号。他认为，由于人的性情有宽宏与急切之分，所以，人才只有适宜治理大的行政区域或适宜治理小的行政区域的区别，性情宽宏大度的人，比较适宜于治理大的政区，性情急切、气量狭小的人，比较适宜于治理小的政区。这确实是比较符合实际状况的分析。

由于人才各自不同，才能又有不少差异。刘劭对人才的才能作了详细的划分。他认为人的能力出自于人的才智，而人的才智大小是不一样的。人的才智与能力既然各自不同，其担任的职务和治国方略也就必然有所区别。所以,他对各种人才可以担任哪一种职务,执政后采取哪一种治国方略都做了精妙绝伦的分析:他认为清节之才可以成为宰相的人选,一旦执政必然采取正直清明的治国方略;法家之才可以成为司寇的人选,一旦执政必然采取秉法无私的治国方略;术家之才可以成为三孤的人选,一旦执政必然采取机动灵活的治国方略;智意之才可以成为宰相左右手的人选,一旦执政必然采取和谐融洽的治国方略;谴让之才可以成为司寇左右手的人选,一旦执政必然采取明令督责的治国方略;伎俩之才可以成为司空的人选,一旦执政必然采取推崇技艺的治国方略;臧否之才可以成为太师左右手的人选,一旦执政必然采取苛刻严厉的治国方略;豪杰之才可以成为将帅的人选,一旦执政必然采取严明激励的治国方略。至于以上各种人才的治国方略与政策,适宜治理什么,不适宜治理什么,作者都做了详尽的论述。这种哪一类人才可以担任哪一种职务,一旦治理国家则会采取哪一种治国方略的详细分析,以及这些治国方略或政策的得失论述,实在是非常精辟的见解。对后世的知人用人有巨大的借鉴意义。

至于君主的才能,是与臣下的才能不同的。刘劭认为:良臣以充分发挥才能、能言善谏、善于处理政务为三大标准,而贤君则以善于用人、虚心纳谏、赏罚公正为三大标准,所以,贤君才能驾驭众多的人才。前者实际上又是良臣为人处世的准则,后者则是贤君治理天下的秘诀。言语虽然简明,意义却非常深远,能坚持做到这几条,对于良臣与贤君都是难上加难啊!

在现代知识社会,我们完全可以借鉴刘劭的人才使用理论,按照不同人才的不同才能,再按照不同职位对人才的不同需要,分别任用不同的人才,担任不同的职务,以便这些人才根据需要,采取不同的管理方法,以利于各项事业的顺利发展。同时,对各级领导干部很有启发意义的是,如果不能掌握善于用人、虚心听取不同的意见、赏罚公正三大管理才能,就无法取得事业的成功。

利害第六

(建法陈术,以利国家。及其弊也,害归于己。)

[解题译文]

(建立法律制度,提出谋略秘术,都是为了国家的利益。到了这些法制与谋略产生弊病的时候,其结果伤害的就是自己了。)

[提要]

清节家、法家、术家、智意、臧否、伎俩六类职业的起源是什么?各种流派职业的特点又是什么?在其未得志时众人对他们的态度如何?在其得志以后朝廷对他们的任用又是怎样?各种流派职业的功用与缺陷是什么?各种职业流派人物的结局及世人对他们的评价又是怎样?

盖人业之流,各有利害。(流渐失源,故利害生。)夫节清①之业,著②于仪容,发于德行。(心清意正,则德容外著。)未用而章,其道顺③而有化④。(德辉昭著,故不试而效。效理于人,故物无不化。)故其未达⑤也,为众人之所进⑥;(理顺则众人乐进之。)既达也,为上下之所敬。(德和理顺,谁能慢之?)其功足以激浊扬清⑦,师范僚友。其为业也,无弊而常显。(非徒不弊,存而有显。)故为世之所贵。(德信有常,人不能贱。)

[注释]

①节清:从前后文对照,疑为"清节"二字。《四部丛刊·人物志》(正德本)、《四库全书·人物志》均为"节清";《墨海金壶·人物志》、《龙谿精舍丛书·人物志》均为"清节"。②著:显露。《商君书·错法》云:"如此,则臣忠、君明、治著而兵强矣。"③顺:有以善和人之意。《荀子·修身篇》云:"以善先人者谓之教,以善和人者谓之顺,以不善先人者谓之谄,以不善和人者谓之谀。"④化:教化,用教育感化人心,改变旧俗。王充《论衡·佚文》云:"无益于国,无补于化。"⑤达:得志,显贵。《孟子·尽心上》云:"穷则独善其身,达则兼善天下。"⑥进:推荐,举荐。《国语·晋语九》云:"献能而进贤,择材而荐之。"⑦激浊扬清:有除恶扬善之意。《尸子·君治》云:"水有四德……扬清激浊,荡去滓秽,义也。"

[译文]

各种人才的职业类型,都有自己的长处和短处。(学术的流变和发展,会逐渐失去其初始阶段的本义,所以,各种利弊也相伴而生。)清节家的德行,显露在仪态举止上,其一举一动都来自于自身的品行。(内心清纯思想正派的人,其高洁的品德会显露于外。)在得到举荐任用之前他们的德行就已经彰明显著,他们的道德思想顺应人心,具有教育和感化的功能。(品德的光辉照耀四方,不用检验就会有效果。这种德行作用于人心,没有人不受其影响的。)所以,在他们还没有得志的时候,就被许多人所推荐;(他们的思想顺应人心,大家都乐意支持和推荐他们。)当他们得志之后,就会被上司和下属之人所敬重。(以德行和思想亲和人心,谁又能慢待他们呢?)这种德行和思想的功用足以除恶扬善,成为同僚和朋友的榜样。这种清节之人来干事业,不仅没有什么弊病,还常常功绩显赫。(不只是没有弊病,还常常是功成名就、长久显达。)因此,这种人才在事业上一直为世人所推重。

（保持着德行与信义的操守，任何人也不敢看低他们。）

法家之业，本于制度，待乎成功而效。（法以禁奸，奸止乃效。）其道前苦而后治，严而为众。（初布威严，是以劳苦。终以道化，是以民治。）故其未达也，为众人之所忌^①；（奸党乐乱，忌法者众。）已试也，为上下之所惮^②。（宪防肃然，内外振悚。）其功足以立法成治。（民不为非，治道乃成。）其弊也，为群枉^③之所雠^④。（法行宠贵，终受其害。）其为业也，有敝^⑤而不常用，（明君乃能用之强，明不继世，故法不常用。）故功大而不终^⑥。（是以商君车裂，吴起支解。）

[注释]

①忌：憎恨。《管子·大匡》云："诸侯加忌于君。"②惮：怕，畏惧。《论语·学而》云："过则勿惮改。"③枉：弯曲，不正。引申为不正直的人，不合正道的人。《论语·颜渊》云："举直错诸枉，能使枉者直。"④雠（chóu 仇）：仇恨。屈原《九章·惜诵》云："又众兆之所雠。"⑤敝：放弃。《礼记·郊特牲》云："冠而敝之可也。"陆德明释文云："敝，弃也。"⑥终：结束，终了。《孙子兵法·势篇》云："终而复始，日月是也。"

[译文]

法家的功业，本原于国家的法律制度，待等到成功以后，才可以见到它的成效。（法律是用来禁止奸邪行为的，奸邪行为都消除了才可见到其效果。）这种法制的实施过程一开始比较艰苦难办，而以后就可以顺理成章，达到法治的效果，在这期间要严厉地治理，但这是为了民众的长远利益。（初期宣布时要呈现出威严，在执行过程中比较劳苦。最终的结果是遵守法令规章成为人们的自觉习惯，在全社会形成了一个人民安居乐业的法治环境。）所以，在他们还没有得志的时候，就被许多人所憎恨；（不法之人喜欢作乱，畏惧法律的人很多。）当他们得志之后，就会受到上司和下属之人的猜疑、恐惧和敬畏。（法令制度严峻庄重，上上下下的官员部属震惊惶恐。）这种人完全可以成就建章立制的事业和功名;(民众不为非作歹,天下可以大治。)这种人的不利之处在于,他们往往会成为那些不合正道的奸邪之人的攻击目标。(法制律令打击伤害到权贵阶层的利益,这些人总有一天会进行陷害和报复。)这种法家之人来干事业,因带有弊害而常常得不到社会的推重和任用。(明君圣主才能起用这种人才,依靠法治使国家强大,明君圣主不会代代都有,所以,法家之人的才能常常得不到施展。)所以,这种人才虽然能建树巨大的功业却往往不得善终。(所以商鞅因推行变法而被车裂,吴起也因推行法治而被肢解。)

术家之业,出于聪思①,待于谋得②而章。(断于未行,人无信者,功成事效而后乃彰也。)其道先微而后著,精而且玄。(计谋微妙,其始至精,终始合符,是以道著。)其未达也,为众人之所不识;(谋在功前,众何由识?)其用也,为明主之所珍。(暗主昧然,岂能贵之?)其功足以运筹通变③。(变以求通,故能成其功。)其退④也,藏于隐微。(计出微密,是以不露。)其为业也,奇而希⑤用,(主计神奇,用之者希也。)故或沉微而不章。(世希能用,道何由章?)

[注释]

①思:《四库全书·人物志》此字为"明"字。②得:表示完成。聂夷中《咏田家》诗云:"医得眼前疮,剜却心头肉。"③通变:通,精通,通晓。《汉书·辛庆忌传》云:"通于兵事。"变,变化。《易·系辞下》云:"穷则变,变则通,通则久。"通变意即精通变化之术。④退:退隐。贾谊《新书·道术》云:"功遂自却谓之退,反退为伐。"⑤希:少。通"稀"。《史记·货殖列传》云:"地广人希。"

[译文]

术家的功业,出之于聪明与深思熟虑,等到谋略成功以后,才可以扬名天下。(谋略筹划于行动之前,一般人中没有相信他们的人,其成功体现在事情有了效果之后，这时候他们才可以出名了。）他们的谋略开始时没有人注意，而以后为世人瞩目是因为他们的谋略精奇而且玄妙。（计策谋略玄微奥妙，一开始的时候就很精明，事情的发展自始至终符合他的预见和事前谋划，所以他们的计谋能力就显示出来了。）所以，在他们还没有得志的时候，大家不会了解他们；（计谋筹划于行动和成功之前，众人怎么能了解他呢？）当他们得志之后，就会被贤明的君主珍爱重用。（昏庸的君主愚昧无知，怎么可能重视他们呢？）这种人的功用在于筹划谋略、精通奇变。（以奇变来求畅通无阻，所以能得到成功。）他们功成身退的时候，往往能够为自己找到一种世人难以觉察的自我保全方式。（这种谋划出自内心的深思熟虑，深藏而不露，所以外人难以觉察。）这种术家之人的业绩，神奇却又少用。（计谋非常神奇，能使用的人非常稀少。）所以，这种人才有时候会埋没于民间而得不到表现。（世上的人很少能够理解和举用他们，他们的谋略妙计怎么能得以显露呢？）

智意之业，本于原度①，其道顺而不忤②。（将顺时宜，何忤之有！）故其未达也，为众人之所容矣；（庶事不逆，善者来亲。）已达也，为宠爱之所嘉。（与众同和，内外美之。）其功足以赞明计虑。（媚顺于时，言计是信也。）其敝③也，知进而不退。（不见忌害，是以慕进也。）或离正以自全。（用心多媚，故违于正。）其为业也，谞④而难持。（韬情谞智，非雅正之伦也。）故或先利而后害。（知进忘退，取悔之道！）

[注释]

①原度：原，根本。《礼记·孔子闲居》云："必达于礼乐之原。"度，揣度，推测。《史记·陈涉世家》云："会天大雨，道不通，度已失期。"②忤（wǔ午）：违逆，抵触。《韩非子·难言第三》云："且至言忤于耳而倒于心，非圣贤莫能听。"③敝：破旧，坏。《左传·昭公二十六年》云："孟氏，鲁之

敝室也。"杜预注云："敝，坏也。"又通"弊"，弊病，害处。《后汉书·杜林传》云："至于法不能禁，令不能止，上下相遁，为敝弥深。"④谞（xǔ 许）：才智。陆机《辨亡论》云："谋无遗谞，举不失策。"

[译文]

智意家的功业，来源于对事物发生、发展及结局的推原测度，他们的这种推测顺应事物演变的规律而不与之抵触。（对未来的预测都合时宜，怎么能违反事物演变的规律呢！）所以，在他们还没有得志的时候，已经被众人所接受；（平常的事情也不违反时宜，善良的人都愿意与他们来往。）当他们得志以后，就被宠爱他们的人所赞赏。（与众人同亲同和，宫廷内外之人都赞美他们。）这种人的功用在于可以帮助贤明的君主制定策略。（言行温和顺应时宜，君主对他们言听计从。）这种人的毛病在于，大都只知道入朝做官被君主所用，而不知适时退隐，（因为没有遇到人忌害他们，所以一心只想着荣华富贵。）或者脱离正道，以保自身安全。（心计大都是为了媚上，所以常常脱离了正道。）这种智意之人来干事业，往往具有才智却未必能把握住自己。（用以隐藏个人私欲的聪明才智，并不属于高雅清正的范畴。）所以，这种人才有时候是先靠这种聪明才智获得功名利禄，以后又因这种聪明才智招致灾祸。（只知道追求功名利禄，却忘记了急流勇退，这是自取灾祸的道路啊！）

臧否之业，本乎是非，其道廉①而且砭②。（清而混杂，砭去纤芥。）故其未达也，为众人之所识；（清洁不污，在幽而明。）已达也，为众人之所称。（业常明白，出则受誉。）其功足以变③察是非。（理清道洁，是非不乱。）其敝也，为诋诃④之所怨。（诋诃之徒，不乐闻过。）其为业也，峭⑤而不裕⑥。（峭察于物，何能宽裕？）故或先得而后离众。（清亮为时所称，理峭为众所惮。）

[注释]

①廉：廉洁，正直。《汉书·东方朔传》云："割之不多，又何廉也。"②砭（biān边）：以石针刺穴治病。《史记·仓公传》云："法不当砭灸。"③变：通"辨"，辨正之意。《礼记·礼运》云："故国有患，君死社稷谓之义，大夫死宗庙谓之变。"陈注云："变，读为辨，犹正也。"④诋（dǐ底）诃（hē喝）：诋，诬蔑，毁谤。诃，通"呵"，大声呵斥。刘知幾《自叙》云："家有诋诃，人相掎摭。"⑤峭：陡直。引申为严厉，苛刻。司马光《司马府君墓志》云："虽练习律令，而不为峭刻，断狱必求厌人心。"⑥裕：宽宏。贾谊《新书·道术》云："包众容物谓之裕。"

[译文]

臧否家的功业，来自于辨别是非，这种臧否之道的原理是自身廉洁正直进而规劝他人、匡正风气。（清正和混浊聚集在一起，甚至可以纠正细微的恶行。）所以，在他们还没有得志的时候，就已经被众人所推识；（清正廉洁而不为世俗所污染，在幽僻的地方也能放射出自身品德的光辉。）当他们得志之后，就会被世人所称道。（他们对臧否之事敬业明白，一旦做事就会受到舆论的支持。）这种人的功用足以辨明查清是非。（大道之理非常清楚，自身的行为又清正廉洁，所以是非就不会混乱。）这种人的不利之处在于，他们必然会被他们谴责过的人所诬蔑和怨恨。（诬蔑与诽谤之徒，不喜欢别人谴责自己的过失。）这种臧否之人来干事业，严厉苛刻而不宽宏大量。（严厉苛刻地观察和对待事物，怎么能宽宏大量呢?）所以，这种人才可能在开始比较得人心，后来就慢慢地成了孤家寡人。（清正廉洁为一时所称道，态度严厉苛刻为众人所畏惧。）

伎俩之业，本于事能①，其道辨②而且速。（伎计如神，是以速辨。）其未达也，为众人之所异；（伎能出众，故虽微而显。）已达也，为官司③之所任。（遂事成功，政之所务。）其功足以理烦纠邪。（释烦理邪，亦须伎俩。）其敝也，民劳而下困。（上不端而下困。)其为业也,细而不泰④,故为治之末⑤也。(道不平弘,其能太乎?)

[注释]

①能:有技能,有才能。《论语·泰伯》云:"以能问于不能,以多问于寡。"②辨:通"办"(辦),治理,办理。《荀子·议兵篇》云:"城郭不辨。"王先谦集解引郝懿行曰:"古无辨字,荀书多以辨为辦。"③官司:官吏,官府。《左传·定公四年》云:"官司彝器。"④泰:宽裕,大方。《荀子·议兵篇》云:"无欲将而恶废,无急胜而忘败,无威内而轻外,无见其利而不顾其害,凡虑事欲孰,而用财欲泰,夫是之谓五权。"王先谦集解云:"泰,谓不吝赏也。"⑤末:末尾。《三国志·魏书·武帝纪》云:"光和末,黄巾起。"在这里指治术的末流。

[译文]

伎俩家的功业,来源于做事的才能与技艺,其原理是善于处理政务且功效很快。(有些技能功效神速,所以办事效率很高。)所以,在他们还没有得志的时候,就已经被众人所惊异;(技艺和能力出类拔萃,所以虽然卑微但又很显眼。)当他们得志以后,就会被官府所重用。(能顺利地把事情干成功,因此很多政务都参与办理。)这种人的功用足以处理烦乱、纠正奸邪。(解决烦乱、治理奸邪,同样需要技巧。)这种人的毛病在于,容易使民众疲劳而下属厌困。(上级不稳重,喜好甚多,下属必然疲困不堪。)这种伎俩之人来干事业,虽然精明仔细,但却算不得大学问,所以,这种人才列为治国之术的末流一类。(不致力于治国大谋略、大道理的研习,怎么能鸿博呢?)

[点评]

既然人才有不同的职业流派,也必有不同的利害关系。刘劭从这种利害关系出发,对清节家、法家、术家、智意家、臧否家、伎俩家六类人才进行了详细的分析。对各种职业的起源、各个流派的特点,在其未得志时众人对他们的态度、得志以后朝廷对他们的任用都做了精妙的分析,随后又论述了各种职业的功用与不足,最后是对各种职业得失的总评价。

在论述各种职业流派的功用与不足上,他认为清节家的功用足以除恶扬善,成为同僚和朋友的榜样。用于事业上不仅没有什么弊病,还常常功绩显赫。法家的功用足以使法制形成,但这种人的不利之处在于他们常常会成为那些不合正道的奸邪之人的攻击目标。术家的功用足以筹划谋略、精通奇变,当其功成身退之时,必能以高明的方法自我保全。智意家的功用足以帮助贤明的君主制定策略,不利之处是,大都只知道进趋,而不知道适时退隐,或者脱离正道,以保自身安全。臧否家的功用足以辨明是非,不利之处是,必然会被其谴责过的人所诬蔑和怨恨。伎俩家的功用足以处理烦乱、纠正奸邪,不足之处是容易使民众疲劳而属下厌困。了解和掌握各种人才的功用与不足,这对于正确使用各种人才,充分发挥他们的积极性,调动他们的才智与能量,具有较大的作用。

由于上述各职业流派的功用与不足,他们的结局及世人对他们的评价也就不尽一样。清节家常常为世人所敬重。法家虽然能建树巨大的功绩却常常得不到善终。术家的谋略虽然神奇却很少为当时人所识用,所以,有不少术家沉没于民间而没有显露出来。智意家有时是先靠这种聪明才智获得功名利禄,以后又因这种聪明才智招致灾祸。臧否家由于严厉苛刻而不宽宏大量,所以,有可能开始比较得人心,后来就成了孤家寡人了。伎俩家虽然精明仔细,他们的功业不能算作大学问,只能属于末学,所以,他们被列为治国之术的末流。这样的分析与评价不但对使用人才的人有借鉴意义,对人才本身的发展来说也具有积极的指导意义。它可以指导人才避开短处,发扬长处。该进则进,应退即退,不要在事业正由鼎盛走向衰退时仍不肯让贤或归隐,更不要在外界情况已发生变化时还在邪恶之人或忌才之人的环伺下任人宰割。

在现代知识社会,识别人才,了解人才,合理地使用人才具有重要的意义。如果没有各类人才的参与，一项事业要想获得成功，那是不可思议的。在知识与科技日益成为当今社会的主宰与先导力量的时代环境下，人才的争夺，实际上就是事业成败的先决条件。因此，各级领导要把使用人才放到一个非常重要的地位，了解人才，识别人才，自然成为各级领导的重要事务，只有这样，才能在现代激烈的竞争中立于不败之地。

接识第七

（推己接物，俱识同体。兼能之士，乃达群材。）

[解题译文]

（以自己的观点和喜好待人接物，只能结识到和自己同一个流派的人才。兼具各个流派才智的人，才能荐举各个流派的人才。）

[提要]

怎样探索和了解人才的性情与本性？为什么很多人都自以为自己具有知人之明？各种流派观察人才的方法有什么优劣？

一流之人，能识一流之善；二流之人，能识二流之美；尽有诸流，则才能兼达众材。兼才之人是国家的脊梁。

如何认识一个人是兼才还是偏才呢？偏才常犯的过失又是什么呢？

夫人初①甚难知，（貌厚情深，难得知也。）而士②无众寡皆自以为知人。故以己观人，则以为可知也。（己尚清节，则凡清节者皆己之所知。）观人之察人，则以为不识也。夫何哉？（由己之所尚，在于清节，人之所好，在于利欲，曲直不同于他，便谓人不识物也。）是故能识同体③之善，（性长思谋，则善策略之士。）而或失异量④之美。（遵法者虽美，乃思谋之所不取。）何以论其然？

[注释]

①人初：指人的性命之本源。《庄子·缮性》云："文灭质，博溺心，然后民始惑乱，无以反其性情而复其初。"②士：读书人。《三国志·魏书·邓艾传》云："文为世范，行为士则。"③体：本体，实体。范缜《神灭论》云："名殊而体一也。"④量：气量，抱负。《三国志·蜀书·诸葛亮传》云："刘备以亮有殊量，乃三顾亮于草庐之中。"

[译文]

人的性情的本源是非常难以探索的，（许多人的面貌看上去比较厚道，而内心却隐藏得很深，难以了解到他们真实的内心情感。）然而，一些读书人不论自身知识多少都自以为具备知人之明。因为，他们认为以自己的标准去观察他人，就可以知人了。（自己属于清节之人，那么凡是清节之人都是自己所了解的。）可一旦认真仔细地看别人是怎样观察其他人之后，反而又以为自己不能知人了。这是什么原因呢？（这是由于自己所崇尚的，是品德清正，可是人们所爱好的，却是利益和欲望，是非曲直不同于他人，便以为别人不认识事物的本质。）所以，有的人能够认识与自己同一种类型之人的优点，（本性上擅长于奇思与谋略，当然认为擅长计策与谋略的人是最好的。）然而，或许失去认识与自己不同类型之人的长处。（能够遵守国家法制的人虽然具有美好的品德，乃为擅长奇思与谋略的人所不认可的。）如何来证明这个道理呢？

夫清节之人，以正直为度，故其历①众材也，能识性行之常②，（度在正直，故悦有恒之人。）而或疑法术之诡。（谓守正足以致治，何以法术为也？）法制之人，以分数③为度，故能识较方直之量④，（度在法分，故悦方直之人。）而不贵变化之术。（谓法分足以济业，何以术谋为也？）术谋之人，以思谟⑤为度，故能成策略之奇，（度在思谋，故贵策略之人。）而不识遵法之良。（谓思谟足以化民，何以法制为也？）器能之人，以辨护为度，故能识方略之规⑥，（度在辨护，故悦方计之人。）而不知制度之原⑦。（谓方计足以立功，何以制度为也？）智意之人，以原意⑧为度，故能识韬谞⑨之权，（度在原意，故悦韬谞之人。）而不贵法教之常。（谓原意足以为正，何以法理为也？）伎俩之人，以邀功为度，故能识进趣⑩之功，（度在邀功，故悦功能之人。）而不通道德之化。（谓伎能足以成事，何以道德为也？）臧否之人，以伺察⑪为度，故能识诃砭⑫之明，（度在伺察，故悦谴诃之人。）而不畅倜傥之异。（谓谴诃乃成教，何以宽弘为也？）言语之人，以辨析⑬为度，故能识捷给⑭之惠，（度在剖析，故悦敏给之人。）而不知含章⑮之美。（谓辨论事乃理，何以含章为也？）

[注释]

①历：经过，经历，阅历。《战国策·秦策》云："横历天下。"阅历又可引申为观察、省视之意。②常：常规、准则。《管子·幼官》云："明法审数，立常备能，则治。"③分数：分，分开。《史记·秦始皇本纪》云："分天下以为三十六郡。"数，数目，数量。《汉书·律历志上》云："数者，一十百千万也。"分数，在这里指法律的条文。④量：一般指计算容积，有时也指计算长短与轻重。如枚乘《上书谏吴王》云："石称丈量。"⑤谟：谋略，计谋。《周书·文帝纪》云："窃观宇文夏州，英姿不世，雄谟冠时。"⑥规：法度，准则。《三国志·魏书·臧洪传》云："以趣舍异规，不得相见。"⑦原：本原，根本。《汉书·公孙弘传》云："智者，术之原也。"⑧原意：原心，本意。《汉书·薛宣传》云："《春秋》之义，原心定罪。"颜师古注云："原，谓其寻本也。"⑨韬谞（xū须）：韬，遮掩，隐藏。萧统《靖节先生集序》云：

"圣人韬光，贤人遁世。"谞，机谋。《淮南子·本经训》云："设诈谞，怀机械巧故之心，而性失矣。"⑩进趣：趣，趋向，奔赴。《史记·孙膑传》云："兵法，百里而趣利者蹶上将。"进趣，即进趋之意。⑪伺察：探察，观察。《后汉书·千乘贞王伉传》云："王甫伺察，以为有奸，密告司隶校尉段颎。"⑫诃砭：诃，大声呵斥。《文选·与杨德祖书》云："好诋诃文章掎摭利病。"砭，以石针刺穴治病。《史记·仓公传》云："法不当砭灸。"诃砭，呵斥救治。⑬辨析：辨，辨别，明察。《左传·成公十八年》云："周子有兄而无慧，不能辨菽麦。"析，分析。陶潜《移居》诗云："奇文共欣赏，疑义相与析。"⑭捷给：指言词敏捷，善于应对。《汉书·张释之传》云："夫绛侯、东阳侯称为长者，此两人言事，曾不能出口，岂效此啬夫喋喋利口捷给哉?"⑮含章：包孕美质。《易·坤卦·象辞上》云："含章可贞。"王弼注："含美而可正者也。"

[译文]

清节之人，必然以清正方直为衡量他人的尺度，所以他在观察众多的人才时，一般能够看清人们的禀性与行为发展的规律，（衡量人的尺度是清正方直，所以欣赏禀性与行为有准则的人。）然而常常疑惑方略与策术的欺诈。（认为坚守清正方直已足以达到天下大治，为什么还要使用方略与策术呢?）法制之人，必然以法律条文为衡量他人的尺度，所以能够赏识比较人们法度正直品德的多寡，（衡量人的尺度是法律条文，所以欣赏在思想与行为上循规蹈矩的人。）然而并不看重富于变化的谋略之术。（认为法律条文已足以达到保证各行各业的安定发展，为什么还要使用策术与谋略呢?）术谋之人，必然以奇思与谋略为衡量他人的尺度，所以能够认识与促成策术与谋略的奇妙，（衡量人的尺度是奇思与谋略，所以珍视策术谋略之人。）然而并未认识到遵守法纪的好处。（认为奇思与谋略已足以教化民众，为什么还要订立法律制度呢?）器能之人，必然以监督治理为衡量他人的尺度，所以能够认识与执行方针与策略的法规，（衡量人的尺度是监督治理，所以欣赏在法制上善于运用方针与计策的人。）然而却不了解法律制度的根本作用。(认为在法制上运用方针与计策已足以达到目的,为什么还要建立烦琐复杂的法律制度呢?) 智意之人,必然以探求符合君主的本意为衡量他人的尺度,所以能够深得隐藏机谋的权术,(衡量人的尺度在于探求君主的本意,所以欣赏善于隐藏机谋的人。) 然而并不重视法制教化这一常规。(认为君主的本意已足以成为至高无上的圣旨,为什么还要遵守法治的原理呢?) 伎俩之人,必然以技能求取功名为衡量他人的尺度,所以能够了解进取向上的功用,(衡量人的尺度是以技能求取功名,所以欣赏身具技能的人。) 然而却不精通道德品质的教化。(认为具备技能已足以完成大事,为什么还要推崇高尚的道德品质呢?) 臧否之人,必然以观察别人的善恶得失为衡量他人的尺度,所以能够理解呵斥救治的好处,(衡量人的尺度是观察,所以欣赏好事谴责的人。) 然而从不畅怀享受洒脱不拘的妙处。(认为谴责即是教化,为什么还要具备宽宏的气量呢?) 言语之人,必然以辨别分析为衡量他人的尺度,所以能够认识言语敏捷的好处,(衡量人的尺度是辨明分析,所以欣赏善于应对的人。) 然而却不知腹藏经纶的妙处。(认为争论万事乃是正理,为什么还要腹藏经纶而不吐露呢?)

是以互相非驳①,莫肯相是。(人皆自以为是,谁肯道人之是。) 取同体也,则接论②而相得。(性能苟同,则虽胡越,接响而情通。) 取异体也,虽历久而不知。(性能苟异,则虽比肩,历年而逾疏矣。) 凡此之类,皆谓一流之材也。(故同体则亲,异体则疏。) 若二至已③上,亦随其所兼,以及异数④。(法家兼术,故能以术辅法。) 故一流之人,能识一流之善;(以法治者,所以举不过法。) 二流之人,能识二流之美;(体法术者,法术兼行。) 尽有诸流,则亦能兼达众材。(体通八流,则八材当位,物无不理。) 故兼材之人与国体同。(谓八材之人始进陈言,冢宰之官,察其所以。)

[注释]

①非驳：非，非议。《汉书·刘向传》载汉元帝诏云："俗人乃造端作基，非议诋欺，或引幽隐，非所宜明，意疑以类，欲以陷之，朕亦不取也。"驳，驳难。《旧唐书·王世充传》云："或有驳难之者，世充利口饰非，辞议锋起。"非驳即非议驳斥之意。②论：《四库全书·人物志》此字为"诒"字。③已：通"以"。《三国志·吴书·吴主传》云："自丞相雍已下皆谏。"④异数：不同的等级，不同的差别。《左传·庄公十八年》云："名位不同，礼亦异数。"

[译文]

所以，人们互相非议与驳难，都不肯相互承认别的流派的长处。（人大都是自以为是的，谁肯赞扬别人的长处？）如果遇到与自己属于同一类型的人才，一接触交谈就相互成为知己。（性情与才能相同，那虽然如同北胡南越一样关系疏远，一旦接触晤谈就情义相通。）如果遇到与自己不属于同一类型的人才，虽然在一起经历很长时间，却仍然互不相知。（性情与才能不同，那虽然常常比肩相语，经历数年而越来越疏远。）凡是以上所说的同类人才，都是所谓只通一种流派的人才。（所以同一种类型的人才则相互亲近，不属于同一种类型的人才则相互疏远。）如若是两种以上流派的才能都具备，也就随着他所兼备的多种才能，以达到其名位的较高等级。（法家如若兼具策术谋略，就能以策术辅助法制。）所以，同一种流派的人，能认识和发掘同一种流派的长处；（以法制治世的人，所能举荐的人超不出法家的圈子。）兼具两种流派才能的人，能认识和发掘两个流派的长处；（具备法治与策术两种才能的人，法治与策术可以兼行并施。）各种流派的才能尽都具备的人，就能认识和发掘各种流派的长处。（一身兼通八种流派，那就如同八种人才在位，万事万物没有治理不好的。）所以，兼具多种才能的人与国家脊梁一样的国体之人相同。（具有八种才能的人所提出的建议，宰相这样职位的重臣，应该认真仔细地审查其可行性。）

欲观其一隅①,则终朝②足以识之。将究其详,则三日而后足。何谓三日而后足?夫国体之人兼有三材,故谈不三日不足以尽之。一以论道德,二以论法制,三以论策术,然后乃能竭其所长,而举之不疑。(在上者兼明八材,然后乃能尽其所进,用而无疑矣。)

[注释]

①隅:角落。《诗经·邶风·静女》云:"俟我于城隅。"②终朝:早上。《诗经·小雅·采绿》云:"终朝采绿。"毛传云:"自旦及食时为终朝。"

[译文]

如若想要考察其中某一部分,那只要一个早上就足以搞清楚了。如若想要研究其详细的情况,那就要有三天的时间才可以满足。为何说要有三天的时间才可以满足呢?这是因为国体之人一身兼具德、法、术三种才能,所以,交谈不到三天就不足以把德、法、术三个方面谈清楚。第一天用以讨论道德的深奥,第二天用以讨论法治的宽严,第三天用以讨论策术的奇妙,然后才能全面了解到他的长处,从而在推荐他时没有任何疑虑。(权位在上的人如若能兼通八种才能,然后才能尽心尽力做好推荐工作,在使用这些人才时就没有什么疑虑。)

然则何以知其兼偏,而与之言乎?(察言之时,何以识其偏材,何以识其兼材也?)其为人也,务以流数杼①人之所长而为之名目②,如是兼也。(每因事类,杼尽人之所能,为之名目,言不容口。)如陈③以④美,欲人称之,(己之有善,因事自说,又欲令人言常称己。)不欲知人之所有⑤,如是者偏也。(人之有善,耳不乐闻,人称之,口不和也。)不欲知人,则言无不疑。(闻法则疑其刻削,闻术则疑其诡诈。)是故以深说浅,益深益异。(浅者意近,故闻深理而心逾衔。是以商君说帝王之道不入,则以强兵之义示之。）异则相返⑥，反则相非。（闻深则心衔，焉得而相是，是以李兑塞⑦而不听苏秦之说。）是故多陈处直⑧，则以为见美；（以其多方疑似见美也。）静听不言，则以为虚空；（待时来语，疑其无实。）抗⑨为高谈，则为不逊；（辞护理高，疑其凌己。）逊让不尽，则以为浅陋；（卑言寡气，疑其浅薄。）言称一善，则以为不博；（未敢多陈，疑其陋狭。）历发⑩众奇，则以为多端；（偏举事类，则欲以释之，复以为多端。）先意而言，则以为分美；（言合其意，疑分己美。）因失难之，则以为不喻；（欲补其失，反不喻也。）说以对反，则以为较⑪己；（欲反其事而明言，乃疑其较也。）博以异杂，则以为无要。（控尽所怀，谓之无要。）论以同体，然后乃悦。（弟兄恣肆，为陈管蔡之事，则欣畅而和悦。）于是乎有亲爱之情，称举之誉⑫。（苟言之同，非徒亲爱而已，乃至誉而举之。）此偏材之常失。（意常姻护，欲人同己，己不必得，何由暂得？）

[注释]

①杼：通"抒"，取出。《管子·禁藏》云："杼井易水，所以去兹毒也。"②名目：指该有所长，为人称道。《三国志·魏书·王粲传论》云："同声相应，才士并出，惟粲等六人，最见名目。"③陈：陈述，诉说。《楚辞·九章·惜往日》云："愿陈情以白行兮，得罪过之不意。"④以：《四库全书·人物志》此字为"己"字。⑤不欲知人之所有：《四库全书·人物志》此句为："不欲人之有。"⑥返：通"反"。苏舜钦《诣匦疏》云："是何灾变之作，返过之邪？"⑦塞：《四库全书·人物志》"塞"后有"耳"字。《四部丛刊·人物志》无"耳"字，但有一空，疑缺失。⑧处直：处，处置，处分，决断。《汉书·谷永传》云："臣愚不能处也。"直，正直。《商君书·修权》云："君好法，则端直之士在前。"处直，意即处理问题比较正直。⑨抗：相互匹敌，相当。《南史·谢瞻传》云："瞻文章之美，与从叔琨、族弟灵远相抗。"⑩历发：历，逐个，逐一。《汉书·艺文志》云："历记成败存亡祸福古今之道。"发，发掘，打开。《韩非子·难一》云："使桓公发仓囷而赐贫穷。"

历发在这里是逐个发掘之意。⑪较：通"校"。考校，考核。《新唐书·百官志一》云："岁较其属功过。"⑫誉：通"豫"。欢乐，欢娱。《吕氏春秋·孝行览》云："人主孝，则名章荣，下服听，天下誉。"高诱注云："誉，乐也。"

[译文]

  然而怎么才可以了解一个人是兼才或是偏才，从而与他交谈呢？(听他谈论之时，怎么能知道对方是一个偏才，又怎么能知道对方是一个兼才呢?) 如果他的为人，务必以对方属于某一流派而挖掘出对方的长处，并给予称赞与评价，如果是这样的话，那一定是兼才。(经常因为某一类事情，挖掘出人们的长处与能力，并给予称赞与评价，并不吝啬言语。) 如果只是陈述自己的长处，而光想让人赞美，(自己所具有的长处，一遇到合适的事情与时机就常常自己说出，只想让人常常称赞自己。) 却不愿了解别人的长处，如果是这样的话，那一定是偏才。(别人具有的长处，自己并不想听到，其他人称赞时，自己也不去附和。) 不想了解别人的长处，那一定对别人讲的话大为怀疑。(听法家之人谈论法制就怀疑他侵害别人，听策术之人谈论谋略就怀疑他心术诡诈。) 因此，以深奥的理论说服思想浅薄之人，则谈论得越深，双方的分歧越大。(浅薄之人思想十分狭窄，所以，越是听到深奥的理论而心中越是迷惑。所以，商鞅在晋见秦孝公时，以帝王之道打动不了秦孝公，则以富国强兵的道理说动了秦孝公。) 分歧越大就必然会相互反对，相互反对就必然发展到互相非难。(听到深奥的理论就必然心中迷惑，怎么能相互认为对方正确，所以，战国时赵国相国李兑用东西塞住耳朵，而不听苏秦的高深理论。) 所以，过多地陈述自己处理问题的正直，就以为是想夸耀长处；(以其多次陈述，才疑为是想夸耀长处。) 静听别人谈论而不出言参与，就以为是腹中空虚一无所知；(因等待时机才参与谈论，所以才被人疑为是腹中没有实在的知识。) 与自己相互匹敌的高谈阔论，就认为是不谦虚；(言词处处维护，道理听似颇高，才怀疑对方想凌驾自己之上。) 谦虚礼让不止，就以为是见识浅陋；(言词低下气概甚少，就怀疑他浅薄无知。) 言谈中只称赞某一流派的长处，就以为是见识不渊博；(没有过多地陈述，就怀疑他识见浅陋、知识狭窄。)逐个地发掘众人的特长，就以为是头绪繁多；(出乎众人意料地举出一些事例，就想给予完满解释，来回重复地谈论就以为头绪繁多。) 领先谈论出自己考虑成熟的言语，就以为是想与自己分享赞美；(别人的言论符合自己的心意，就怀疑他想分享赞美。) 因为对方疏漏就提出质问，就以为是不明白其意；(原想补出对方的疏漏，反被以为是不明其意。) 对自己的理论提出相反的观点，就以为是考校自己；(想从事情相反的角度，提出新颖的观点，就疑为想考校自己。) 博采各家流派不同的观点，就以为是言无要领。(掏尽胸中所知道的各家观点，反被认为是言无要领。) 只有在与同一个流派的人谈论问题时，才可以兴奋愉快。(周公弟兄两人本来心里不和，为讨论管蔡叛乱之事，就又欢畅而和悦起来。) 于是，就产生了亲切关爱的心情与称赞举荐的欢乐。(如果言谈相通，不仅有亲切关爱的心情，还要称赞而举荐他。) 以上这些都是偏材常有的过失。(心中常存在爱惜关护，想使别人与自己一样，自己认为很难遇到，怎么会预料这么快就得到了呢?)

[点评]

人的内心情感与本性确实是非常难以了解的，因为很多人看上去都是外貌厚道，内心却隐藏得比较深沉，这是由于许多人都不愿意让别人了解到自己的真实内心与本性。可是，一些自以为是的读书人不论自己所具知识的多寡都自以为自己有知人之明，这就不符合实际情况了。他们往往以自身的标准去衡量别人，就以为了解人容易。他属于哪一个流派，那凡属于同一流派的人都是他所了解的人。可一旦仔细认真地观察别人是如何了解其他人之后，反而又以为自己又不能尽知他人了。这是由于自己与别人了解人的出发点不尽一样，对人的理解也大不一样。所以，有的人只能认识与自己同一种类型之人的优点，却会失去发现与自己不同类型之人的长处。这种观点对于认识和了解人才大有裨益，这是有大量的例子可以证明的。

刘劭列举了清节之人、法制之人、术谋之人、器能之人、智意之人、伎俩之人、臧否之人、言语之人这八种人才用以观察别人的方法的优劣之处，由于他们所使用的尺度各自不同，往往看清了人们性情的一部分，而弄不清人们性情中的另一部分。这对于上述流派观察人的方法的评价实在是精微细致，妙不可言，颇有参考价值。

由于各个流派所使用的尺度不同，人们往往不肯承认别人的长处，而相互非议与驳难。一旦遇到同一类型的人，就相见恨晚。如若遇到不同类型的人，则话不投机。这种人只通一种流派的才智，如若能兼通两个流派的才智，就可以提高他名位的等级。所以说，同一种流派的人，能认识和发掘同一种流派的长处；兼具两个流派才能的人，能认识和发掘两个流派的长处；各种流派的才能都具备的人，那就能认识和发掘各种流派的长处。因此，具备多种才能的人与国家脊梁一样的国体之人相同。这实际上区分出了三种人才，一种是只具备一种流派才能的一流之人，即一才之人；第二种是具备两种以上流派才能的二流之人，即多才之人；第三种是具备八种流派的八流之人，即兼才之人。这种兼才之人与国家脊梁一样的国体之人相同，是最高等级的人才。

与其他类型的人才交谈，一个早上的时间就可以充分了解其才能；与国体之人交谈，非三天的时间不能满足。因为国体之人兼具德、法、术三个方面的才能，没有三天的时间就无法把德、法、术三个方面谈清楚。第一天用以讨论道德的深奥，第二天用以讨论法治的宽严，第三天用以讨论策术的奇妙。刘劭实际上在这里指出，对国体这样的全才要慎重、详细地了解，这样才能根据他的长处，在举荐他时没有疑虑。因为这样的国体人物，由于才能全面，以后必委以重任，他身负国家兴亡的重托，不可不慎重地考察清楚，以免为假象所惑，用人不当，而负国家重望。

那么，在交谈中怎样了解一个人是兼才还是偏才呢？刘劭举出两点可以区别。如果他在交谈中务必以对方属于某种流派而挖掘出对方的长处，并给予称赞与评价，这样的人必然是兼才；如果只是陈述自己的长处，而光想让人赞美，却不愿了解别人的长处，这样的人必然是偏才。这是因为偏才之人对别人所讲的话常常怀疑，所以不愿了解别人的长处。有时，以深奥的理论说服思想浅薄之人，则谈论得越深双方的分歧越大，分歧越大就必然会相互反对，以至于发展到相互非难。在交谈中，经常发生一些误解，刘劭举出了不少事例，认为这些大都属于偏才常有的过失。刘劭对界定兼才与偏才的界线所提出的正确方法、对偏才常犯的过失所列出的事例对后世都有一定的参考意义，可以指导人们全面了解兼才与偏才，引导人们对人才有一种全面正确的认识，从而正确使用人才。

在现代社会，由于社会道德、舆论与各种关系的压力，人们对自己的性情压抑很深，轻易不流露内心的真实情感，本性也常被一些冠冕堂皇的话所掩盖，刘劭的这些理论与方法正好可以借鉴使用，可以帮助我们正确探索和了解各种人才的优点与弱点，充分发扬人才的优点与长处，竭力避开人才的弱点与短处，处处注意挖掘才能全面的兼才之人，这样的人才必定是推动我们的事业走向成功的决定性力量。

英雄第八

（自非平淡，能各有名。英为文昌，雄为武称。）

[解题译文]

（自己并非平平淡淡，才能智谋各自有名。英才以文韬而昌盛，雄才以武略而著称。）

[提要]

天下英雄，何者为英才，何者为雄才？为什么英才只可以为相，雄才只可以为将？而一人兼有英雄双才，为什么则可以驾驭天下呢？在一个人的身上是英才的成分多一些好呢，还是雄才的成分多一些好呢？为什么英而不雄，则群雄不服？雄而不英，则智者不归？为什么说英才与雄才的成分的多少，是立于不败之地的决定性因素？

夫草之精秀者为英，兽之特①群者为雄。（物尚有之，况于人乎！）故人之文武茂异，取名于此。（文以英为名，武以雄为号。）是故聪明秀出谓之英，胆力过人谓之雄，此其大体之别名也。若校②其分数，则互则须③，（英得雄分，然后成章。雄得英分，然后成刚。)各以二分,取彼一分,然后乃成。(胆者雄之分,智者英之分。英有聪明,须胆而后成。雄有胆力,须知而后立。)

[注释]

①特:特此,特别。《三国志·吴书·吴主传》云:"特下燕国。"②校(jiào 教):查对,计点。《汉书·食货志上》云:"京师之钱累百巨万,贯朽而不可校。"③则互则须:《四库全书·人物志》此几字为"则乐相须",据《康熙字典·牙部》云:"互,俗作乐。"《四部丛刊·人物志》(明正德本)为"则牙则须",其中,"牙"为"乐"(互)的讹误。

[译文]

野草之中精秀茂盛者称为英,野兽之中突出超群者称为雄。(万物尚且有英与雄,难道人中就没有吗!)因此,人之中文才茂盛武略特异者,皆从万物中取名。(文才之人以英为名,武略之人以雄为号。)所以,聪明杰出的人可以称为英才,胆力超凡的人可以称为雄才,这是对他们大体上称呼的一种别名。如若点查他们各占的分数,则是互相融合互相需要,(英才之人如果得到雄才之人的成分,然后可以气概万分,出笔成章。雄才之人如果得到英才之人的成分,然后可以明礼知义,意志刚强。)各以自己的素质作为二分,再取对方的素质作为一分,然后可以融合重组而成。(胆量是雄才的素质之一,智慧是英才的素质之一。英才虽有聪明,然而必须具有胆量才能取得成功。雄才虽有胆力,然而必须具备智慧才能立足天下。)

何以论其然?夫聪明者英之分①也,不得雄之胆,则说②不行。(智而无胆,不能正言。)胆力者,雄之分也,不得英之智,则事不立。(勇而无谋,不能立事。)是故英以其聪谋始,以其明见机③,(智以谋事之始,明以见事之机。)待④雄之胆行之。(不决则不能行。)雄以其力服众,以其勇排难,(非力众不服,非勇难不排。)待英之智成之。(智以制宜,巧乃可成。)然后乃能各济⑤其所长也。(譬金待水而成利功,物得水然后成养功。)

[注释]

①分:成分,指事物所构成的部分或要素。②说:主张,学说。《史记·樗里子甘茂列传》云:"学百家之说。"③见机:辨风色,看情况,事前洞察事物细微的动向。与"见几"同。疑从"见几"演变而来。《易·系辞下》云:"几者动之微,吉之先见者也。君子见几而作,不俟终日。"孔颖达疏云:"言君子既见事之几微,则须动作而应之,不得待终其日,言赴几之速也。"④待:依靠。《商君书·农战》云:"国待农战而安。"⑤济:帮助,接济。《后汉书·何颙传》云:"为求援救,以济其患。"

[译文]

为何要这么说呢?聪明是属于英才的素质与成分,如若不具备雄才的胆量,那么再好的主张与谋略也无法实施。(有智慧的人没有胆量,就不能实现自己的计谋。)胆力是属于雄才的素质与成分,如若不具备英才的智慧,那么再好的事情与行动也无法成功。(勇敢而没有谋略,不能把大事做成。)所以,英才之人以他的聪明从策划谋略开始,并以他的高明见机行事,(智慧从策划行动开始,以他的高明洞见行动的时机。)但必须依靠雄才的胆略才可以行动。(没有勇气决定那就不能采取行动。)雄才之人以他的勇力令众人服从,以他的勇敢排除危难,(如若没有勇力,众人就不会服从;如若没有勇敢,危难就不会排除。)但必须依靠英才的智慧才可以成功。(智慧之人可以根据变化策划出新的行动方案,再加上巧妙的执行才可以成功。)然后才能有益于充分发挥各自的特长。(这就像金属之物必须依靠水才能磨得锋利,万物必须依靠水的滋润才能生长茂盛。)

若聪能谋始,而明不见机,乃可以坐论,而不可以处事。(智能坐论,而明不见机,何事务之能处?)聪能谋始,明能见机,而勇不能行,可以循常,而不可以虑变。(明能循常,勇不能行,何应变之能为?)若力能过人,而勇不能行,可以为力人①,未可以为先登②。(力虽绝群,胆雄不决,何先锋之能为?) 力能过人,勇能行之,而智不能断事,可以为先登,未足以为将帅。(力能先登,临事无谋,何将帅之能为?)

[注释]

①力人:即大力士。气力特别大的人。《左传·宣公十五年》云:"秋七月,秦桓公伐晋,次于辅氏。壬午,晋侯治兵于稷以略狄土,立黎侯而还。及雒,魏颗败秦师于辅氏。获杜回,秦之力人也。"②先登:指古时作战勇冠三军先于众人而登上敌城。《左传·定公九年》云:"秋,齐侯伐晋夷仪。敝无存之父将室之,辞,以与其弟,曰:'此役也不死,反必娶于高、国。'先登,求自门出,死于霤下。"后世常指先锋。

[译文]

如若某一种英才的聪明能从策划谋略开始,但不具备见机行事的高明,这样的英才只可以坐在一旁讨论谋略计划,却不可以参与处理军国大事。(某一种英才的才智只能坐在一旁讨论谋略计划,但不具备见机行事的高明,军国大事怎么能交给他处理呢?) 如若某一种英才的聪明能从策划谋略开始,又具备见机行事的高明,但不具备采取行动的勇气,这样的英才只可以担任一般的常设职务,却不可以担任应变的重任。(某一种英才的明智可以担任一般的常设职务,却不具备采取行动的勇气,如何具有应变的能力与作为呢?) 如若某一种雄才的力量超过常人,但不具备采取行动的勇气,这样的雄才只可以做猛将,却不可以担任先锋。(某一种雄才的力量虽然超群绝伦,胆量与雄心却不足以决断事宜,如何具有先锋的能力与作为呢?) 如若某一种雄才的力量超过常人,又具备采取行动的勇气,但才智却不能决断事宜,这样的雄才只可以担任先锋,却不可以担任将帅。(某一种雄才的力量超群绝伦,能够担任先锋,一旦遇到突变却没有谋略,怎么能具有将帅的能力与作为呢?)

必聪能谋始,明能见机,胆能决之,然后可以为英,张良是也。气力过人,勇能行之,智足断事,乃可以为雄,韩信是也。体分不同,以多为目,故英雄异名。(张良英智多,韩信雄胆胜。)然皆偏至之材,人臣之任也。故英可以为相,(制胜于近。)雄可以为将。(扬威于远。)若一人之身兼有英雄,则能长世,高祖①、项羽②是也。

[注释]

①高祖(前256年—前195年):即汉高祖刘邦,西汉王朝的开国皇帝。字季,沛县(今属江苏)人。初任泗水亭长。秦二世元年(前209年),陈胜、吴广起义后,他也起兵响应,号称沛公。后投项梁,与其侄项羽结为兄弟。后项羽攻河北章邯所率秦军主力,他攻关中,乘虚先入咸阳,推翻秦朝统治。与三秦父老约法三章,尽除秦朝严刑苛法。项羽入关后,大封诸侯王,刘邦被封为汉王。项羽火烧咸阳东归后,刘邦先定三秦,东进与项羽相持于成皋、荥阳间数年,后来,刘邦派韩信攻山西、河北、山东,然后采取分进合击、十面埋伏之计,大破项羽于垓下(今安徽灵璧南),建立西汉王朝。②项羽(前232年—前202年):秦末起义军领袖。名籍,字羽。下相(今江苏宿迁西南)人。其先世累为楚国贵族。秦二世元年(前209年),与叔父项梁在吴(今江苏苏州)起义,奉楚怀王为帝。项梁战死之后,秦将章邯率秦军主力围赵,楚怀王任宋义为上将军,任项羽为次将,令二人率军救赵。大军行到安阳(今属河南),宋义胆怯不进。项羽杀宋义,与秦军在巨鹿决战,歼灭秦军主力。后西入关中,自立为西楚霸王,大封诸侯王,并封刘邦为汉王。在楚汉战争中败于刘邦,自杀于乌江(今安徽和县东北)。

[译文]

聪明必须能从策划谋略开始,英明卓识又能见机行事,胆量又具备临事决断的能力,具备了这些素质以后,才可以成为英才,汉初张良就是这样的英才。气力超过常人,勇气又能遇难而行,才智又足以决断事宜,具备了这些素质以后,才可以成为雄才,汉初韩信就是这样的雄才。依据英才与雄才所具有的素质与分量的不同,以他们所具备的多少定其称号,所以,英才与雄才就有不同的名称了。(张良在英才方面的才智较多,韩信在雄才方面的胆量较大。) 然而,这些都是只具备某一方面才智能力的偏才,都只具备做臣子的能力。所以,英才可以担任宰相的重任。(负责在天子所管辖的范围内取得成功。) 雄才可以担任将帅的重任,(负责在远离京都的地方树立国家的威名。) 如若一个人的身上同时兼有英才与雄才的素质与成分,那就可以驾驭世上的英才和雄才,汉高祖刘邦、西楚霸王项羽就是这样的英雄之才。

然英之分以多于雄,而英不可以少①也。(英以致智,智能役雄,何可少也?) 英分少,则智者②去之。故项羽气力盖世,明能合变,(胆烈无前,济江焚粮。) 而不能听采奇异,有一范增③不用,是以陈平之徒皆亡④归。高祖英分多,故群雄服之,英材归之,两得其用。(雄既服矣,英又归之。) 故能吞秦破楚,宅⑤有天下。然则英雄多少,能自胜⑥之数⑦也。(胜在于身,则能胜物。) 徒⑧英而不雄,则雄材不服也;(内无主于中,外物何由入?) 徒雄而不英,则智者不归往也。(无名以接之,智者何由往?) 故雄能得雄,不能得英;(兕虎自成群也。) 英能得英,不能得雄。(鸾凤自相亲也。) 故一人之身,兼有英雄,乃能役⑨英与雄。能役英与雄,故能成大业也。(武以服之,文以绥之,则业隆当年,福流后世。)

[注释]

①少:轻视。《史记·苏秦列传》云:"求说周显王。显王左右素习知苏秦,皆少之。弗信。" ②智者:智,聪明,智慧,智谋。贾谊《治安策》云:"凡人之智,能见已然,不能见将然。"智者,在这里指有智谋的人。③范增(前277年—前204年):西楚霸王项羽谋士。居鄛(今安徽桐城南)人。秦末农民战争时,劝项梁立楚王族后裔为楚怀王,以此号令各路义军。秦军大将章邯围巨鹿,楚怀王派宋义为上将军,项羽为次将,以他为末将,率军救赵。

项羽杀死胆小的宋义后,范增即成为项羽的主要谋士,时已七十余岁,被尊为亚父。他早已看出与项羽争天下者必是刘邦,屡次劝项羽早杀刘邦,项羽怀妇人之仁,就是不听。后来,项羽中陈平反间计,对范增起疑,他愤而离去,途中病死。④亡:逃跑。《汉书·韩信传》云:萧何"闻信亡,不及以闻,自追之"。⑤宅:居住,居有。《尚书·禹贡》云:"桑土既蚕,是降丘宅土。"孔传云:"大水去,民下丘居平土。"⑥自胜:自己战胜自己的弱点,即自立不败之意。《吕氏春秋·先己》云:"故欲胜人者,必先自胜;欲论人者,必先自论;欲知人者,必先自知。"⑦数:气数,定数。刘峻《辩命论》云:"将荣悴有定数,天命有志极。"⑧徒:只,只有。《孟子·离娄上》云:"徒善不足以为政。"⑨役:驱使,役使。陶渊明《归去来兮辞》云:"既自以心为形役,奚惆怅而独悲。"

[译文]

然而,在一个人身上,英才的素质与成分应该多于雄才的素质与成分,而英才是不可以轻视的。(英才可以贡献出才智,才智则能驱使雄才,怎么能轻视呢?)英才的素质与成分太少,那么有智谋的人就会离他而去。所以,项羽虽然气力盖世无双,明智也能应付突变,(胆量猛烈一往无前,面对强大秦军主力,敢于破釜沉舟,渡江决一死战。)却不能兼听采纳奇计妙策,只有一位足智多谋的军师范增还不言听计从,所以陈平等人都离开他归向刘邦。汉高祖刘邦的英才素质与成分较多,所以群雄都信服他,天下英才都归附他,这些英才与雄才在他手下都按其能力得到合理的任用。(雄才既已信服,英才又来归附。)所以,能够吞并三秦,攻破西楚,居有天下。因此,英才与雄才的素质和成分的多少,是能否立于不败之地的决定性因素啊!(战胜敌人的基础在于自身,如果具备这个基础就能战胜外敌。)只有英才的素质与成分而不具备雄才的素质与成分,那天下雄才就不会信服;(内心中若没有雄心胆略,天下雄才怎么能甘心归顺呢?)只有雄才的素质与成分而不具备英才的素质与成分,那世上有智谋之人就不会归附。(没有明智来接纳人才,智谋之人怎么能自愿来归附呢?)

所以，雄才只能得到雄才的信服，却不能得到英才的归附；(兕虎这样凶猛的野兽自能成群。) 英才只能得到英才的归附，却不能得到雄才的信服。(鸾凤这样祥和的珍禽自然相亲。) 所以，一个人的身上，如果英才的素质成分与雄才的素质成分兼而有之，就能驱使天下的英才与雄才。如果能驱使天下的英才与雄才，也就能够成就大业。(雄才之人以武威令他人信服，英才之人以文德安抚众人，他们的事业兴隆在当代，福泽流芳于后世。)

[点评]

三国时代，是英雄辈出的时代。曹操未显达时，曾请当时名士许劭评论自己，许劭说："君清平之奸贼，乱世之英雄。"曹操听后大笑而去。这种远见卓识，已为后来东汉末年时，曹操"挟天子以令诸侯"的作为所证明。曹操当丞相后，曾与刘备青梅煮酒纵论天下英雄，对当时袁术、袁绍、刘表、孙策、刘璋、张绣、张鲁、韩遂等诸侯，皆认为并非英雄，他认为英雄要"胸怀大志，腹有良谋，有包藏宇宙之机，吞吐天地之志"，所以他对刘备说："今天下英雄，惟使君与操耳！"这种远见卓识，已为后来诸侯尽灭、三国鼎立所证明。后来，水镜先生司马徽向刘备推荐诸葛亮、庞统时说："卧龙、凤雏，两人得一，可安天下。"这种远见卓识，也为后来诸葛亮的事迹所证明。所以，三国时代，既然是人才辈出的时代，也造就了谈论人才、研究人才的环境。因此，也就有了王粲的《汉末英雄传》，他一共写出刘表、诸葛亮、周瑜等46位英雄人物的趣事。

刘劭的这篇英雄论，正是在这种环境中所作。他首先给英雄分类，认为："聪明秀出谓之英，胆力过人谓之雄。"二者是相济相成的。为什么要这么说呢？他认为聪明是属于英才的素质与成分，如若不具备雄才的胆量，那么再好的主张与谋略也无法实施。胆力是属于雄才的素质与成分，如若不具备英才的智慧，那么再好的事情与行动也不能成功。他又进一步指出：英才以他的聪明从策划谋略开始，并以他的高明见机行事，但必然依靠雄才的胆略才可以行动；而雄才以他的勇力令众人服从，以他的勇敢排除危雄，但必须依靠英才的智慧才可以成功。他认为这样的相互融合才能有益于发挥各自的特长。这种理论与研究方法是从英才与雄才的活动中总结概括出来的，富于实践意义，对后世也特别具有指导意义。

他把聪明之人分为两种，一种有聪无明，可以坐论谋略；一种有聪有明无勇，可以循常做事。胆力之人也分为两种，一种有力无勇，可以做猛将；一种有力有勇无智，可以为先锋。而英才是有聪有明有胆，如汉初张良之流；雄才是有力有勇有智，如汉初韩信之流。但不论什么样的英才与雄才都是偏才，只可以做臣子。英才可以为相，雄才可以为将，只有一人兼有英才与雄才的素质成分，才能驾驭世上的英才与雄才，刘邦、项羽就是这一流人物。这种论述层次分明，令人信服，也使人耳目一新，大有相见恨晚之叹！

在一个人身上，英才与雄才的素质成分谁多谁少才为合适？刘劭认为英才的素质成分应该多于雄才的素质成分。如若英才的素质成分太少，智谋人才就会离开。如项羽英分少而雄分多，陈平等人就离开了他，所以才失去了天下。刘邦英分多而雄分少，天下英雄皆归向于他，所以才夺取了天下。因此，英才与雄才的素质与成分的多少，是能否立于不败之地的决定性因素啊！只有英才成分而缺少雄才成分，天下群雄就不会信服；只有雄才成分而缺少英才成分，世上谋士就不会归附。所以，一个人的身上，如若英才与雄才的成分兼而有之，就能驱使天下英雄。如能驱使天下英雄，才能成就大业。这种英才雄才成分各自多少的论述，详细精妙，前所未有，的确是关于英雄理论的千古绝唱。

在现代知识经济社会，特别需要这种夺取市场天下的英雄型人才，在激烈的市场经济竞争中，如果有识无胆，再好的策略与计划也无法实施；如果有胆无识，再好的事情与行动也不能成功。英才与雄才的相互融合才能有益于发挥双方的特长。因此，特别需要挖掘这种一身兼有英才与雄才成分的英雄人才。这样的领导人才，可以指挥众多的英才与雄才，引导我们在市场经济的浪潮中，扬帆前进。

八观第九

（群材异品，志各异归。观其通否，所格者八。）

[解题译文]

（众多的人才性情品质种类各异，理想志向也不尽相同，观察他们的前途事业是通达顺畅，还是阻塞不利，所依据的标准有八个方面。）

[提要]

大千世界，人才济济，若要任用，必先选拔。选才之法，不一而足。刘劭提出"八观"之法，作为观察鉴别各种人才的基本标准。

何为"八观"之法？一是观其夺救，以明间杂；二是观其感变，以审常度；三是观其志质，以知其名；四是观其所由，以辨依似；五是观其爱敬，以知通塞；六是观其情机，以辨恕惑；七是观其所短，以知所长；八是观其聪明，以知所达。如此八种观察人才的方法，应用于实践，对所选人才的性情、品格、才质等，便一目了然，胸有成竹了。

八观者：一曰观其夺救①，以明间杂；（或慈欲济恤而吝夺某人，或救济广厚而乞醯为惠。）二曰观其感变②，以审常度；（观其愠怍，则常度可审。）三曰观其志质③，以知其名；（征质相应，睹色知名。）四曰观其所由④，以辨依似⑤；（依讦似直，仓卒难明。察其所安，昭然可辨。）五曰观其爱敬，以知通塞；（纯爱则物亲而情通，纯敬则理疏而情塞。）六曰观其情机⑥，以辨恕惑⑦；（得其所欲则恕，违其所欲则惑。）七曰观其所短，以知所长⑧；（讦刺虽短，而长于为直。）八曰观其聪明，以知所达⑨。（虽体众材，而材不聪明，事事蔽塞，其何能达？）

[注释]

①夺救：夺，决定取舍；又有改变和丧失等含义。救，救济、帮助他人。②感变：感受外界变化的反应。③志质：志，标记，标志。质，本质，实体，此处指素质。④由：经历。《论语·为政》云："视其所以，观其所由。"⑤依似：依，靠着，傍着。《孙子兵法·行军》云："依水草而背众树。"有亲近、接近之意。依似即近似。⑥情机：机，通"几"，细微的素质。《列子·天瑞》云："万物皆出于机，皆入于机。"张湛注："机者，群有之始。"《庄子·至乐》疏云："机者，发动，所谓造化也。"情机，指人类情感的基本素质，或基本情绪。⑦恕惑：恕，孔子认为应该终生奉行的一种道德，即以自己的心推想别人的心，处处体谅他人。惑，迷惑。恕惑，这里作为相反的两个意思使用，指清明和糊涂。⑧所长：《四库全书·人物志》为"其长"。⑨达：通达，得志。此指成就的事业。

[译文]

观察不同人才的八条标准是：一是观察他在救济穷困，援助别人时候的表现，以了解他品质上的错综复杂；（有的人表现出慈善的愿望，要救济贫困，却因吝啬丧失了仁义；有的人广泛大量地周济，却向人讨要水醋作为回报。）二是观察他感受外界变化的反应，以弄清楚他平常处世的基本态度；（观察他的面部表情，便可知其日常的态度。）三是观察他有代表性的特殊素质，以知道他的社会名声；（人的行为特征和本质是相互对应的，察看一下他是哪个品类的人就可知道他的名声。）四是观察他行为的来龙去脉，以辨别与其近似的类型；（接近于揭发他人的隐私，又像是善良直言，如果观察他的所作所为，就可以明明白白地分辨了。）五是观察他在爱和敬方面的态度，以了解到他与别人的情感交流是畅通还是阻塞；（纯粹的爱，就会使人类亲近友好而且情感交流畅通无阻；纯粹的敬，就会疏远情理而且造成相互之间感情交流的闭塞。）六是观察他的基本情绪，以分辨他是清明还是糊涂；（满足他的欲望便能清明，违背了他的欲望就会迷惑。）七是观察他的短处，以知道他的长处；（讦刺尽管短，却比让它一直长要好。）八是观察他的聪明程度，以知晓他能成就怎样的事业。（尽管拥有许多才能，但是用才不聪明，造成事事阻塞不顺利，他怎么能够成就事业呢？）

何谓观其夺救，以明间杂？夫质有至①有违②，（刚质无欲，所以为至。贪情或胜，所以为违。）若至胜违，则恶情夺③正，若然而不然。（以欲胜刚，以此似刚而不刚。）故仁出于慈，有慈而不仁者，仁必有恤④。有仁而不恤者，厉⑤必有刚。有厉而不刚者，若夫见可怜则流涕。（慈心发于中。）将分与则吝啬，是慈而不仁者。（为仁者必济恤。）睹危急则恻隐⑥，（仁情动于内。）将赴救则畏患，是仁而不恤者。（为恤者必赴危。）处⑦虚义⑧则色厉，（精厉见于貌。）顾利欲则内荏⑨，是厉而不刚者。（为刚者必无欲。）然则慈而不仁者，则吝夺之也。（爱财伤于慈。）仁而不恤者，则惧夺之也。（悝怯损于仁。）厉而不刚者，则欲夺之也。（利欲害于刚。）故曰：慈不能胜吝，无必⑩其能仁也。（爱则不施，何于仁之为能？）仁不能胜惧，无必其能恤也。（畏懦不果，何恤之能行？）厉不能胜欲，无必其能刚也。（情存利欲，何刚之能成？）是故不仁之质胜，则伎力⑪为害器。（仁质既弱而有伎力，此害己之器也。）贪悖⑫之性胜，则强猛为祸梯。（廉质既负而性强猛,此祸己之梯也。)亦有善情救恶,不至为害;(恶物宜翦而除,纯善之人怜而救之,此稠厚之人,非大害也。)爱惠分笃,虽傲狎⑬不离;(平生结交情厚分深,虽原壤夷俟而不相弃,无大过也。)助善著明⑭,虽疾恶无害也;(如杀无道以就有道,疾恶虽甚,无大非也。)救济过厚,虽取人,不贪也。(取人之物以有救济,虽讥在乞醯,非大贪也。)是故观其夺救,而明间杂之情,可得知也。(或畏吝夺慈仁,或救过济其分,而平淡之主顺而恕。)

[注释]

①至:善。《管子·法法》云:"夫至用民者。"②违:邪恶。《左传·桓公二年》云:"昭德塞违。"③夺:夺取,引申为耽误、使丧失。《荀子·富国篇》云:"军兴力役,无夺农时。"这里有改变、影响之意。④恤:体恤,怜悯,救济。《史记·项羽本纪》云:"今不恤士卒而徇其私。"⑤厉:严肃,严厉。《论语·子张》云:"望之俨然,即之也温,听其言也厉。"⑥恻隐:对不幸的人同情。⑦处:停留。《孙子兵法·军争》云:"卷甲而趋,日夜不处。"⑧虚义:义,合宜的道德、行为或道理。虚义,虚假不实的仁义道德。⑨内荏(rěn忍):荏,软弱,怯懦。内心怯懦即"内荏"。⑩无必:未必,不一定。《商君书·更法》云:"治世不一道,便国不必法古。"⑪伎力:技艺和能力。伎,也作"技"。⑫贪悖:贪婪而荒谬。⑬傲狎:傲慢轻侮。⑭著明:著,显露,昭著。《商君书·错法》云:"治著而兵强矣。"明,明白,明显。《荀子·正名篇》云:"是非之形不明。"

[译文]

什么叫观其夺救,以明间杂呢?人的品质有善良也有邪恶,(品质刚正,不谋私利,这就是善良。性情贪得无厌,这就是邪恶。)如果一个人善良的品质比邪恶的品质多了,就会出现不良品行影响或改变正直善良品行的情况,形成一个人似乎善良却又不像善良的现象。(让私欲超过了刚正,因此近似刚正而不是刚正。)所以,仁爱来自于慈善,但是出现了虽然慈善却不仁义的人。仁义必定包含有救助,但是却有虽然仁义却不救助的人。严厉必定包含着刚正,但是出现了虽然严厉却不刚正的人。至于说看见令人可怜的情形，就痛哭流涕，（慈悲之情发自内心。）可是，到了将要把自己的财物分给别人一些时，却又舍不得了，这就是有慈善而无仁义的人。（作为一个仁爱的人，一定能救济别人。）看到危急情况就产生恻隐之心，（仁爱之情发自内心。）等到就要去救助时却又害怕带来灾祸，这就是只有仁义却不救助的人。（作为一个能体恤救助他人的人，一定敢于去救助危难者。）当停留在虚假不实的道义上的时候便声色俱厉，（外貌表现十分严厉。）可是考虑到个人的私利，却又内心怯懦，这就是虽然严厉而不刚正的人。（作为刚正不阿的人，必定没有个人私欲。）如此看来，慈善却无仁义的人，是由于吝啬影响了他。（因贪恋财物损害了慈善的品质。）仁爱却不能救助他人的人，是由于恐惧影响了他。（因为恐惧胆怯，损害了仁爱的品质。）严厉却不刚正的人，是个人私欲影响了他。（因为利欲熏心，损害了刚正的品质。）所以说：慈善不能战胜吝啬，就未必能有仁爱；（有爱人之心却不实施，能有什么仁爱的表现？）仁爱不能战胜恐惧，就未必能有救助；（畏惧怯懦不去行动，能完成什么临危救助的事？）严厉不能战胜私欲，就未必能有刚正。（性情中含有私欲，能培养出什么刚正品质？）因此，不仁的品质占了优势，就会使技艺才能成为有害的东西。（既然仁爱的品质处在弱势，而又具有技艺能力，这就成为损害自己的东西。）贪婪荒谬的性情占了优势，就使强悍勇猛变为招引灾祸的阶梯。（既然廉正的品质遭到失败，而性情又强悍猛烈，这就成了祸害自己的阶梯。）也有因性情慈善而去救助邪恶的，但不至于造成大的危害。（邪恶的东西应该剪除，单纯善良的人出于怜悯而救助它，这种过分善良厚道的人，不会有大的危害。）由于彼此恩爱的情分深厚，即使对方有傲慢不恭的言行，也不会因此分离。（平生交往情分深厚，纵然是对原壤那样母亲去世不知哭丧、却坐地而歌的人也不忍抛弃，这样做没有大的过错。）扶助善良，功德昭著，即使有过分憎恨邪恶的行为也不会产生什么损害。（比如，击杀无道来维护正义，对邪恶的愤恨虽然重了一些，却也没有大的不是。）救济他人过于丰厚，即使向别人要些回报，并不算贪婪。（因为对别人有丰厚的救济而向人索取一些东西，虽然人们讥笑他只是索取了一些不值钱的醋，这种行为还不算大贪。）因此，观察一个人在救济穷困、援助别人时的表现，就可以辨明他错综复杂的性情，一切都可以知晓了。（有的因畏惧、吝啬而影响了慈善、仁爱，有的因救济过别人而要求相应的好处，对于这些，平淡处世的人总是保持顺其自然和宽厚容忍的态度。）

何谓观其感变，以审常度？夫人厚貌深情，将欲求之，必观其辞旨①，察其应赞②。（视发言之旨趣，观应和之当否。）夫观其辞旨，犹听音之善丑。（音唱而善丑别。）察其应赞，犹视智之能否③也。（声和而能否别。）故观辞察应，足以互相别识。（彼唱此和，是非相举。）然则论显扬正，白④也。（辞显唱正，是曰明白。）不善言应，玄⑤也。（默而识之，是曰玄也。）经纬玄⑥白，通也。（明辨是非，可谓通理。）移易无正，杂也。（理不一据，言意浑杂。）先识未然，圣也。追思玄事，睿⑦也。见事过人，明也。以明为晦，智也。（心虽明之，常若不足。）微忽⑧必识，妙也。（理虽至微，而能察之。）美妙不昧，疏也。（心致昭然，是曰疏朗。）测之益深，实也。（心有实智，探之愈精，犹泉滋中出，测之益深也。）假合炫耀，虚也。（道听涂说，久而无实，犹池水无源，泄而虚竭。）自见其美，不足也。（智不赡足，恐人不知以自伐。）不伐其能，有余也。（不畏不知。）故曰：凡事不度⑨，必有其故。（色貌失实，必有忧喜之故。）忧患之色，乏而且荒⑩。（忧患在心，故形色慌。）疾疢⑪之色，乱而垢⑫杂。（黄黑色杂，理多尘垢。）喜色愉然以怿⑬，愠⑭色厉然以扬。妒惑之色，冒昧无常。（粗白粗赤，愤愤在面。）及其动作，盖并言辞。（色既发扬，言亦从之。）是故其言甚怿，而精色⑮不从者，中有违也。

（心恨而言强和，色貌终不相从。）其言有违，而精色可信者，辞不敏也。（言不自尽，故辞虽违，而色貌可信。）言未发而怒色先见者，意愤溢也。（愤怒填胸者，未言而色貌已作。）言将发而怒气送之者，强所不然也。（欲强行不然之事，故怒气助言。）凡此之类，征见于外，不可奄违⑯。（心欢而怒容，意恨而和貌。）虽欲违之，精色不从。（心动貌从。）感愕⑰以⑱明，虽变可知。（情虽在内，感愕发外，千形万貌，粗可知矣。）是故观其感变而常度之情可知。（观人辞色而知其心，物有常度，然后审矣。）

[注释]

①旨：意思，意图。《周易·系辞下》云："其旨远，其辞大。"②应赞：应，答应，回答。《列子·汤问》云："河曲智叟亡以应。"引申为"应和"。赞，称赞，赞同。③智之能否：智，《四库全书·人物志》为"知"，可通。能否：有能力与无能力。④白：明白，清楚。⑤玄：深奥。《老子》云："玄之又玄，众妙之门。"引申为深沉静默。⑥玄：黑中带红，也谓黑色。《三国志·魏书·武帝纪》云："玄牡二驷。"⑦睿（ruì锐）：通达，考虑问题深远。⑧忽：古代长度单位，尺的百万分之一。《九章算术·音义》云："十忽为秒，十秒为毫。"引申为细小。⑨不度：度，制度，法度。《左传·昭公三年》云："公室无度。"不度，不合常规。⑩荒：通"恍"，恍惚。《老子》云："恍兮惚兮，其中有物。"《文选·张衡〈思玄赋〉》云："追荒忽于地底兮。"⑪疢疾（chèn趁）：疾病。《三国志·魏书·王肃传》云："方向盛寒，疢疾或作。"⑫诟：耻辱。《左传·宣公十五年》云："国君含垢。""垢"通"诟"。⑬怿（yì义）：喜悦。《史记·廉颇蔺相如列传》云："于是，秦王不怿。"⑭愠（yùn运）：怨恨，心中生气。《后汉书·冯衍传》："愠去疾之遭惑。"⑮精色：精神和神色。⑯奄违：掩盖或覆盖相反或不同的东西。奄，覆盖，包。《庄子·大宗师》云："奄有天下。"⑰感愕：感，感觉，感受。《庄子·刻意》云："感而后应，迫而后动。"愕，惊讶，受惊动。感愕，指人们内心感受外界事物后的神情。⑱以：通"已"。《史记·陈涉世家》云："固以怪之矣。"

[译文]

什么叫观其感变,以审常度?人们往往把外貌表现得厚重难测,感情隐藏得很深,如果想了解他们,必须观察其言谈的意图,认识其应和与赞同的内容。(看其发言内容的意向情趣,观察其应酬是否妥当。)观察其言论的意图,犹如听辨音乐的优雅和粗劣。(音乐之声演唱出来,才能区别优美和低劣。)认识其应和赞同的内容,就像审视智力上有能力还是无能力一样。(声音和谐,应和协调正确,智慧上能与不能就可区别了。)所以,观察言论的意图,认识应和赞同的内容,就完全可以识别彼此不同的人才。(那边唱响,这里应和,是非对错可以相互照应地显现出来。)既然如此,那么评论鲜明,宣扬正道,这就叫是非明白。(言辞清楚,倡导正义,这就叫明白。)不善言谈应答,而心中明白,这就叫处世深奥。(表面静默无语,而心中已经认识明白,这就叫深奥。)面对错综复杂的事物,能够做到泾渭分明、黑白清楚,这就叫事理精通。(明确辨别是非,可称作通达事理。)随意转变更改论据,没有正确的道理作指导,这就叫言语杂乱。(说理混乱,没有统一的理论根据,表达辞意浑杂零乱。)能够预先认识尚未发生的事,这就叫智能贤圣。能够追求、思索深奥玄妙的道理,这就叫通达明智。认识事情总能胜过别人,这就叫才智英明。能够把自己的聪明藏而不露,这就叫聪明机智。(心中想得虽然高明,时常感到好像还不够。)即使对微小精细的道理,也一定要取得真知灼见,这就叫观察精妙。(事理尽管极其微小,却也能发现它。)对美好奇妙的事物不隐藏遮挡,这就叫开阔疏朗。(心态爽朗坦荡,这就叫疏朗。)检测他的知识,越测越感到深厚,这就叫蕴含富实。(对怀有真才实学的人,探测得越精细,就像泉水从泉眼中涌出,就会感到越深。)伪造凑合,自我炫耀,这就叫浮夸虚假。(传播道听途说的事,时间过去很久却无真凭实据,如同池水失去了源泉,泄露之后就枯竭了。)自己主动把自己的优点长处展现给别人,这就叫知识不足。(知识本来就不丰富，又怕别人不知道，所以便自我夸耀。）不自我吹嘘、夸耀自己具有的才能，这就叫留有余地。（既有才华，不怕别人不知道。）所以说：无论任何事情，只要脱离了常规，一定有其特殊的原因。（人的表情外貌不正常，必定有忧伤、欣喜之类的原因。）忧患的表情是疲乏恍惚；（心中忧患，所以表情举动就恍惚。）患病的表情是慌乱不安，而且掺杂着羞耻；（病人脸色黄黑间杂，肌肤的纹理中又有许多污垢。）欣喜的表情是欢愉而快乐；怨恨的表情是外表严肃而且怒意显现；妒忌疑惑的表情是唐突冒昧，变化无常。（面色一会儿白一会儿红，愤愤不平的心情表现在脸上。）这些都与相关的动作和言语一起出现。（表情已经表现出来，言行也随之而出。）因此，他嘴上说是很喜悦，而神色却难以随从，其中很可能另有不同的想法。（心中满怀愤恨，而言语却要勉强应和，表情行为最终还是难以和内心相随。）口头上说的有违背不符的地方，而神色表情可以信赖的，这是由于言辞表达不够敏捷。（自己不能用言语把意思表达详尽，所以，说的虽然有违背不符，而神色外貌可以信赖。）话还没有说而恼怒的神情先就表现出来的，这是胸中的愤怒情绪按捺不住了。（满怀愤怒的人，没有开口说话而神色外貌已经表现出来。）将要开口说话时，怒气伴随而出的，这是由于被迫去做自己不愿做的事。（想强行去干不愿干的事，所以就用怒气协助语言。）以上这类情况，都属于有一定迹象表现在外，无法掩盖和违背。（心里欢乐却要满脸怒容，胸中愤恨却要和颜悦色。）即使有时想掩藏和违背，人的神色表情也难以顺从。（内心感受到的在外貌上会有相应的反映。）人们感受外界事物后的神情已经明显地表现出来，即使有所变化，也是可以知晓的。（感情虽然存在于内心，受触动后的神情却表现在外表，这样，各种各样不同的情态外貌，大致就可以了解了。）所以，观察一个人感受外界变化的情况，他平常为人处世的情态就可以知道了。（观察他人的言语表情就可了解他的内心，人都有平常的处世态度，掌握了这些就能够弄明白了。）

何谓观其至①质,以知其名?凡偏材之性,二至②以上,则至质相发③,而令名④生矣。(二至,质气之谓也。质直气清,则善名生矣。)是故骨直气清,则休名⑤生焉。(骨气相应,名是以美。)气清力劲,则烈名⑥生焉。(气既清矣,力劲则烈。)劲智精理,则能名生焉。(智既劲矣,精理则能称。)智直⑦强悫⑧,则任名⑨生焉。(真而又美,是以见任。)集于端质,则令德⑩济焉。(质征端和,善德乃成。)加之学,则文理灼⑪焉。(圭玉有质,莹则成文。)是故观其所至之多少,而异名之所生可知也。(寻其质气,览其清浊,虽有多少之异,异状之名,断可知之。)

[注释]

①至:最,极。《荀子·正论篇》云:"罪至重而刑至轻。"前文"至"为"志",标志。在此都有明显、突出的意思。②二至:指两种突出的气质或素质。③发:表现,显露。《左传·昭公元年》云:"发为五色。"杜预注:"发,见(现)也。"④令名:令,善,美好。《诗经·大雅·卷阿》云:"令闻令望。"令名即美名。⑤休名:美好或良善的名声。休,美善,吉庆。《左传·宣公三年》云:"德之休明。"⑥烈名:显赫的名声。烈,光明,显赫。《国语·晋语九》云:"君有烈名。"⑦直:《四库全书·人物志》为"理"字。⑧悫:诚实,谨慎。《史记·文帝本纪》云:"法正则民悫。"⑨任名:任,信任。可信的名声。《史记·屈原传》云:"王甚任之。"⑩令德:美好的品德。⑪灼:显明,显著。《三国志·吴书·吴主传》云:"事已彰灼,无所复疑。"

[译文]

什么叫作观其至质,以知其名呢?凡是属于特殊人才,其性情中一般都有两种以上的突出气质,如果这些突出的气质相互表现出来,那么美好善良的名声就产生了。("二至"说的是气质。人的素质正直无邪,精神高洁清爽,就能产生善良的名声。)因此,品质正直,气节清廉,就能产生良好的名声。(内在的品质和外现的气节相呼应,所以名声就美好。）气节清廉，能力强劲，就能产生显赫的名声。（骨气既然清正，能力的发挥就十分强烈。）智力强劲，精通事理，就能产生贤能的名声。（智力既然强劲，又精通事理，就有了贤能的称颂。）才智直爽，倔强诚实，就能产生可信任的名声。（真诚而又善良，所以被信任。）人的突出气质如果聚集在正直的禀性中，就能成全美好善良的品德。（本性与表现都端正一致，善良的德行才能形成。）加上努力学习，那么人的文化素养就能明显地表现出来。（圭玉先要有朴实的石体，经过磨制就成了华美的玉。）所以，观察一个人所具备的突出素质有多少，其不同名声的产生也就可以知晓了。（找到他具有的素质神态，观察他的言行是清洁还是污浊，即使与人有或多或少的差异，不同素质人的名声，是一定能够知道的。）

何谓观其所由，以辨依似？夫纯讦①性违，不能公正。（质气俱讦，何正之有？）依讦似直，以讦②讦善。（以直之讦，计及良善。）纯宕③似流④，不能通道⑤。（质气俱宕，何道能通？）依宕似通，行傲过节。（似通之宕，容傲无节。）故曰：直者亦讦，讦者亦讦，其讦则同，其所以为讦则异。（直人之讦，讦恶惮非；纯讦为讦，讦善刺是。）通者亦宕，宕者亦宕，其宕则同，其所以为宕则异。（通人之宕，简而达道；纯宕傲僻以自恣。）然则何以别之？直而能温者，德也。（温和为直，所以为德。）直而好讦者，偏也。（性直过讦，所以为偏。）讦而不直者，依也。（纯讦似直，所以为依。）道而能节者，通也。（以道自节，所以为通。）通而时过者，偏也。（性通时过，所以为偏。）宕而不节者，依也。（纯宕似通，所以为依。）偏之与依，志同质违，所谓似是而非也。（质同通直，或偏或依。）是故轻诺，似烈⑥而寡信。（不量己力，轻许死人，临难畏怯，不能殉命。）多易⑦，似能而无效。（不顾材能，曰谓能办，受事猖獗，作无效验。）进锐⑧，似精而去速。(精躁之人,不能久任。)诃⑨者,似察而事烦。(谴诃之人,每多烦乱。)许施⑩,似惠⑪而无成。(当时似给,终无所成。)面从,似忠而退违。(阿顺目前,却则自是。)此似是而非者也。(紫色乱朱,圣人恶之。)亦有似非而是者。(事同于非,其功实则是。)大权,似奸而有功。(伊去太甲,以成其功。)大智,似愚而内明。(终日不违,内实分别。)博爱,似虚而实厚。(泛爱无私,似虚而实。)正言⑫,似讦而情忠。(譬帝桀纣,至诚忠爱。)夫察似明非,御情之反⑬。(欲察似类审,则是非御,取人情反复明之。)有似理讼,其实难别也。(故圣人参讯广访,与众共之。)非天下之至精,其孰能得其实。(若其实可得,何忧乎骧兜,何迁乎有苗。是以昧旦晨兴,扬明仄陋,语之三槐,询之九棘。)故听言信貌,或失其真。(言讷貌恶,仲尼失之子羽。)诡情御反,或失其贤。(疑非人情,公孙失之卜式。)贤否之察,实在所依。(虽其难知,即当寻其所依而察之。)是故观其所依,而似类之质可知也。(虽其不尽得其实,然察其所依似,身其体气,粗可几矣。)

[注释]

①纯讦:专门揭发他人隐私的行为。②讦:揭发人的过错。《北史·王建传》云:"其讦直如此。"③宕(dàng荡):通"荡",放荡。④流:水的流动。⑤道:事物发展的规律或道理。也指思想、学说。《荀子·子道篇》云:"从道不从君。"⑥烈:热烈,火势旺盛。《诗·商颂·长发》云:"如火烈烈。"⑦易:轻视。《史记·高祖本纪》云:"高祖为亭长,素易诸吏。"⑧锐:急切,坚决。《孟子·尽心上》云:"其进锐者,其退速。"⑨诃:同"呵",怒责,大声呵斥。《史记·李将军列传》云:"灞陵尉醉,呵止广。"⑩许(xū须)施:《龙豀精舍丛书·人物志》为"许施"。当为"诩施"。诩,广大。《说文》云:"诡讻也。"即夸大不实。⑪惠:《龙豀精舍丛书·人物志》为"慧"。⑫正言:直言。⑬御情之反:御,驾驭,控制。反,翻转。《荀子·非

相篇》云:"如反手尔。"此指翻转变化。

[译文]

什么叫观其所由,以辨依似呢?专门从事揭发别人隐私的人,性情邪恶,不可能公平正直。(从本质到表现都喜好见不得人的东西,能有什么正直的品性呢?)看起来像揭人隐私又似公正直言,这是用揭人隐私的方式攻击善良。(借用正直,揭人短处,算计善良。)完全放荡不羁与放任自流的水相似,不可能通达事物变化的正确之道。(从自身素质到外在表现都放荡,能通晓什么正确的道理?)接近于放荡不羁却又与通达事理相似的行为,其表现是做事傲慢,清高得有些过度。(类似通达的放荡,其特征是外貌过度傲慢。)所以说,正直无私的人也会揭人隐私,专门好揭人隐私的人也揭人隐私,他们在揭露隐私这一点上是相同的,但是,为什么要揭人隐私却是不同的。(正直的人揭人隐私的做法,是揭发邪恶,憎恨错误;单纯为了揭人隐私的人,其做法是故意揭示善良者的短处,以便斥责正确的事物。)通晓事理的人放荡不羁,完全放荡的人也放荡不羁,他们在放荡不羁这一点上是相同的,但是在为什么放荡不羁上却是不同的。(通达事理者的放荡不羁,行为简单无邪而能通晓道理;完全放荡的人狂傲不正,以至自我放纵。)那么,怎么来区别这些情况呢?人品正直而且能够温和处世,这是属于有道德;(温和属于正直的行为,所以称为有道德。)性情耿直却好揭人隐私的,这是属于行为偏颇;(性情直爽,过分揭发别人隐私,所以叫行为偏颇。)揭人隐私却又品行不正的,这是属于表面近似于耿直;(专门揭人隐私与耿直类似,所以说它表面与耿直相似。)遵循客观规律而且能够自我节制,这是属于通达事理。(按道理办事又懂得节制,所以称为通达事理。)通达事理却时常有过分行为的,这是属于性情偏颇。(本性通达却往往行为过分,所以称为性情偏颇。)放荡而不知自我控制的,这是属于外观上近似于通达。(完全放荡不羁的行为有些来自通达而不愿受约束的人,所以称它为与通达不羁近似。)

以上偏颇与近似的情况相比，它们的外部特征相同而本质全然不同，这就是人们所说的似是而非。(即使本质上与通达、耿直相同，仍然会有的偏颇，有的近似。) 因此，随便向人许诺，表面看起来好像十分热情，而实际上缺少信用。(不估量自己的实际能力，轻易地许下诺言，甘愿为别人去死，当面临危难时又畏惧退缩，不能替人做出牺牲。) 经常目空一切，看似很有本事而实际工作中毫无成效。(不顾自己的能力大小，自以为能够办理，接受任务时狂傲自大，工作结果却毫无效验。) 前进急切，看似十分精锐，而撤离得也很快。(性情急躁的人，不能承担持久的任务。) 好呵斥别人的人，看似善于观察，而办事却十分烦琐忙乱。(好谴责的人，经常增添烦乱。) 虚夸施舍的人，看似仁爱而最终也难以实现。(当时好像要施予，最后什么也未办成。) 表面顺从，看似忠诚老实，而背后却另搞一套。(在人面前阿谀奉承，背后却自以为是。) 这些都属于似是而非的情况。(因紫色容易与朱色相混，圣人厌恶这种颜色。) 也有似非而是的。(事情看似不对，实际却是正确的。) 最会灵活应变的人，看似狡诈而实际上往往拥有功劳。(如商代的伊尹，罢免太甲的王位让他去反省过失，振兴商王朝，这就促成了他的功勋。) 智慧博大精深的人，看似愚笨迟钝，实际上内心聪明敏锐。(整天专心致志，顺从不二，实际上内心对任何事情都能辨别。) 普遍施爱的人，看似虚伪不实而实际上朴实厚道。(广泛地付出仁爱怜悯之心不图私利，貌似虚伪实际诚实。) 勇于仗义执言的人，看似揭发了他人的过错或隐私，而实际上情义忠诚。(譬如夏桀商纣时期，至诚忠爱的关龙逢、比干等人。) 观察清楚相似的情况，辨明本质不同的事物，掌握人情的反复变化，(想认清相似的现象，分门别类地弄明白，就是为了把握事物的是非，并将人情的变化搞清楚。) 就像审理诉讼案件一样，实在让人难以区别判断，(所以，即使是圣人也要考察请教，广泛访问，和众人一样。) 不是天下最精明的人，谁能真正掌握其中的实质呢？(如果其中的真谛能够知道，尧舜为什么担忧驩兜？为什么要迁徙有苗？因此，就需要有闻鸡起舞的勤奋精神，唯才是举，多向贤能有才的人请教。）所以，如果仅仅听从一个人的言语，盲目相信一个人的外貌，或许就会失去对这个人本质的了解。（由于子羽不善言辞，面貌丑陋，孔子对他的认识也有过失误。）对于什么是欺诈不实的性情把握错了，有时就会失去贤能的人。（如西汉的公孙弘怀疑卜式的真情，阻碍其良好建议的上达，也失去了发现卜式的机会。）对一个人是否有道德才能的观察，最根本的在于先弄清与他相近似的情况。（既然了解一个人较困难，那就应当探求与他所接近的那些类型，进行仔细观察。）所以，观察与人们品行所接近的那些种类的人，那么，他们的实质是相似或同类就可以知道了。（即使这样也不能完全掌握真实情况，但是，细心观察与他接近或类似的类型，那么他的实质和外部表现，大致也能接近了解了。）

何谓观其爱敬，以知通塞？盖人道①之极，莫过爱敬。（爱生于父子，敬立于君臣。）是故《孝经》②以爱为至德，（起父子之亲，故为至德。）以敬为要道。（终君臣之义，故为道之要。）《易》③以感④为德，（气通生物，人得之以利养。）以谦为道。（尊卑殊别，道之次序。）《老子》⑤以无为德，（施化无方，德之则也。）以虚为道。（寂寞无为，道之伦也。）《礼》⑥以敬为本。（礼由阴作，肃然清净。）《乐》⑦以爱为主。（乐由阳来，欢然亲爱。）然则人情之质，有爱敬之诚，（方在哺乳，爱敬生矣。）则与道德同体，动⑧获人心，而道无不通也。（体道修德，故物顺理通。）然爱不可少于敬。少于敬，则廉节者归之，（廉人好敬，是以归之。）而众人不与⑨。（众人乐爱，爱少，是以不与。）爱多于敬，则虽廉节者不悦，而爱接者死之。（廉人寡，常人众，众人乐爱致其死，则事成业济。是故爱之为道，不可少矣。）何则？敬之为道也，严而相离，其势难久。（动必肃容，过之不久，逆旅之人，不及温和而归也。)爱之为道也,情亲意厚,深而感物。(煦渝笃密,感物深感,是以翳桑之人,倒戈报德。)**是故观其爱敬之诚,而通塞之理可得而知也。**(笃于慈爱,则温和而上下之情通;务在礼敬,则严肃而外内之情塞。然必爱敬相须,不可一时而无。然行其二义者,常当务令爱多敬少,然后肃穆之风可得希矣。)

[注释]

①人道:为人之道。古代多指社会公认的道德规范。《礼记·丧服小记》云:"亲亲、尊尊、长长,男女之有别,人道之大者也。"②《孝经》:论述封建孝道,宣扬宗法思想的儒家经典之一,作者不详。今存郑玄注本共十八章。孔安国注本分二十二章,已佚。③《易》:《易经》或《周易》,儒家经典之一。内容包括《经》和《传》两部分。《经》由卦、爻两种符号和卦辞、爻辞两种文字组成,共六十四卦和三百八十四爻。《传》也称《十翼》,是儒家学者对《经》的各种解释,共十篇,包括《彖》、《象》、《系辞》、《文言》、《序卦》、《说卦》、《杂卦》。相传《经》为周文王所作,《传》为孔子所作。《易》保存了许多朴素辩证法思想。④感:感受,感应。《庄子·刻意》云:"感而后应,迫而后动。"⑤《老子》:道家的主要经典,也叫《道德经》。春秋时老聃著,全书共八十一章,书中的思想内容和涉及的某些问题,表明该书的最后定稿可能在战国初期,基本上阐述了老聃本人的哲学思想。⑥《礼》:指《仪礼》、《周礼》、《礼记》,也称《三礼》,是儒家主要经典。书中记载了当时的礼制、国家机构的设置、官员配备的情况等,东汉郑玄为之作注。这是一部研究古代礼仪、人事、行政管理制度的重要典籍。⑦《乐》:《乐经》,儒家六经之一,传说毁于秦始皇焚书坑儒时。内容论述了音乐的起源、发展及作用等,原为二十三篇,遗失后尚有十一篇,编入《礼记》中。⑧动:常常。《汉书·食货志》云:"又动欲慕古。"⑨与:亲附,结交。《荀子·王霸篇》:"不欺其与。"

[译文]

什么叫观其爱敬,以知通塞呢?人类最高的道德规范,不过就是爱和敬了。(爱最先产生于父母和子女之中,敬存在于君主与臣仆之间。)所以,《孝经》把亲爱作为最高尚的道德,(由它产生了父母与子女之间的亲情,因此,称它为最美好的道德。)把恭敬作为最重要的道理。(它自始至终保存了君主与臣仆间应有的礼仪,所以把它作为最重要的道理。)《易经》把天人感应视为有德,(天地阴阳之气相通就产生万物,人获得此气,有利于养生。)把谦逊视为有道。(尊贵和卑贱要有明显的区别,这是社会道德中应遵守的次序。)《老子》把"无为"作为有德,(施行教化没有一成不变的方法,这是培养品德的一个准则。)把"虚无"作为有道。(默默无声,无为而治,这是道家的伦理。)《礼》把恭敬作为根本。(许多礼制是由祭祀先人鬼神而产生的,严肃而且清净。)《乐经》把爱作为主导。(音乐是从现实世界创作出来的,欢乐有情,使人相亲相爱。)既然如此,人类原有的性情中就蕴藏着真诚的爱和敬,(婴儿正在哺乳的时候,亲爱和恭敬的情感已经产生了。)如果这种情感与道德融为一体,就常常能够赢得人心,而且能使自己奉行的思想学说畅通无阻。(依靠正确的学说,修养良好的品德,所以与众人相处就和谐,办理事情就通达顺利。)可是,亲爱之心不能比恭敬之情少,如果比恭敬之情少,那么正直廉洁有节操的人虽然归依而来,(廉洁的人喜欢保持恭敬,所以来归依。)而大多数普通人却不愿与他结交了。(多数人都喜欢亲情爱意,亲情爱意不够,所以就不愿来结交。)如果相处之中亲情爱意比恭敬有礼多,那么,尽管廉正而有气节的人不高兴,而承接亲情爱意的人却甘愿以死来报答。(廉正的人少,普通人多,多数人都喜欢受到亲近慈爱的对待,以至于宁愿为此做出牺牲。能够达到这一步,就一定能够心想事成,建立功业。所以,爱作为社会的道德规范是不可缺少的。)这是为什么呢?把恭敬作为社会上为人处世的道德标准,就会造成人们严肃拘谨并且相互敬而远之的情况,这种相处的势头难以持久。(一举一动都必须保持恭敬严肃的态度,过不了多久,身处逆境不得志的人,得不到亲近温和的对待就会离去。)把爱作为人们为人处世的道德标准,使彼此情亲意厚,并深深地感动众人。（受亲情爱意的抚育培养很多，可使众人深受感动，所以，就有春秋时代晋国的灵辄，反戈一击来回报赵盾恩德的事情发生。）因此，观察一个人慈爱与恭敬之情的真实状况，他为人处世方面通达与闭塞的道理就可以知道了。（慈爱的情感深厚，就会热情随和而且从上到下人情通达。事事都要保持恭敬有礼，就严肃拘谨而且从里到外的感情都闭塞不畅。这样看来，慈爱与恭敬之情一定要相互依存，不可一时一刻没有。然而运用这两种情感时，一定要经常让慈爱多于恭敬，这样，人们之间过分庄重严肃的风气就会减少了。）

何谓观其情机，以辨恕惑？夫人之情有六机①：杼②其所欲则喜；（为有力者誉乌获，其心莫不忻焉。）不杼其所能则怨；（为辨给者称三缄，其心莫不忿然。）以自伐历③之则恶；（抗己所能以历众人，众人所恶。）以谦损下之则悦；（卑损下人，人皆喜悦。）犯其所乏则媚；（人皆悦己所长，恶己所短。故称其所短，则媚戾恣肆。）以恶犯媚则妒。（自伐其能，人所恶也；称人之短，人所媚也。今伐其所能，犯人所媚，则妒害生也。）此人性之六机也。夫人情莫不欲遂其志。（志之所欲，欲遂已成。）故烈士④乐奋力之功，（遭难而力士奋。）善士乐督政⑤之训，（政修而善士用。）能士乐治乱之事，（治乱而求贤能。）术士乐计策之谋，（广算而求其策。）辨士乐陵讯⑥之辞，（宾赞而求辨给。）贪者乐货财之积，（货财积，则贪者容其求。）幸者⑦乐权势之尤⑧。（权势之尤，则幸者窃其柄。）苟赞其志，则莫不欣然。是所谓"杼其所欲则喜"也。（所欲之心杼尽，复何怨乎？）若不杼其所能，则不获其志。不获其志则戚⑨。（忧己才之不展。）是故功力不建，则烈士奋⑩。（奋，愤不能尽其材也。）德行不训⑪，则正人哀。（哀，哀不得行其化。）政乱不治，则能者叹。（叹，叹不得用其能。）敌能未弭⑫，则术人思⑬。（思，思不得运其奇。）货财不积，则贪者忧。(忧,忧无所收其利。)权势不尤,则幸者悲。(悲不得弄其权。)是所谓"不杼其能则怨"也。(所怨不杼,其能悦也?)人情莫不欲处前,故恶人之自伐。(皆欲居物先,故恶人之自伐也。)自伐,皆欲胜之类也。是故自伐其善,则莫不恶也。(恶其有胜己之心。)是所谓"自伐历之则恶"也。(是以达者终不自伐)。人情皆欲求胜,故悦人之谦。谦所以下之,下有推与之意。是故人无贤愚,接之以谦,则无不色怿。(不问能否,皆欲胜人。)是所谓"以谦下之则悦"也。(是以君子终日谦谦。)人情皆欲掩其所短,见其所去。(称其所长则悦,称其所短则愠。)是故人驳其所短,似若物冒[14]之。(情之愤闷,有若覆冒。)是所谓"驳其所乏则媢"也。(覆冒纯塞,其心媢戾。)人情陵[15]上者也。(见人胜己,皆欲陵之。)陵犯[16]其所恶,虽见憎,未害[17]也。(虽恶我自伐,未甚疾害也。)若以长驳短,是所谓"以恶犯媢,则妒恶生"矣。(以己之长,驳[18]人之短,而取其害,是以达者不为之也。)凡此六机,其归皆欲处上。(物之自大,人人皆尔。)是以君子接物,犯而不校[19]。(知物情好胜,虽或以小犯己,终不校拒也。)不校,则无不敬下[20],所以避其害也。(务行谦敬,谁害之哉?)小人则不然,既不见机,(不达妒害之机。)而欲人之顺己,(谓欲人无违己。)以佯[21]爱敬为见异,(孔光逡巡,董贤欣喜。)以偶邀会为轻[22],(谓非本心,怨其轻己。)苟犯其机,则深以为怨。(小人易悦而难事。)是故观其情机,而贤鄙之志可得而知也。(贤明志在退下,鄙劣志在陵上。是以平淡之主,御之以正,训贪者之所忧,戒幸者之所悲。然后物不自伐,下不陵上,贤否当位,治道有序。)

[注释]

①六机:机,关键,要点。王符《潜夫论·本政》:"国家存亡之本,治乱之机。"此处的六机,当指人类的六种关键的或最基本的情绪。②杼(shū

舒）：通"抒"，抒发。③历：越过。《孟子·离娄下》云："礼，朝廷不历位而相与言。"④烈士：有建功立业之志的人。曹操《龟虽寿》诗云："烈士暮年，壮心不已。"⑤督政：督，中，中间。《庄子·养生主》云："缘督以为经。"《释文》云："李（颐）云：缘，顺也；督，中也；经，常也。"政，通"正"，正直，不偏不斜。《韩非子·难三》云："故群臣公政而无私。"⑥陵讯：陵，严峻，严密。《荀子·致士篇》云："凡节奏欲陵，而生民欲宽。"讯，问，询问。⑦幸者：幸，宠爱。幸者，指受到君主或权臣宠爱的人。《韩非子·奸劫弑臣》云："此幸臣之所以得欺主成私者也。"⑧尤：优异，突出。《庄子·徐无鬼》："夫子，物之尤也。"⑨戚：忧愁，悲伤。《诗经·小雅·小明》云："心之忧矣，自诒伊戚。"⑩奋：激愤。《史记·高祖本纪》云："独项羽怨秦破项梁军，奋，愿与沛公西入关。"⑪不训：不规范。训，规范，法则。《诗经·大雅·烝民》云："古训是式，威仪是力。"⑫故能未殚：《四库全书·人物志》为"敌未能殚"。殚，消除。《三国志·吴书·吴主传》云："内难未殚。"⑬思：悲。《文选》晋张茂先《励志诗》云："吉士思秋，实感物化。"注云："思，悲也。"⑭冒：顶着，冒着，又作冒犯，触犯。《汉书·霍去病传》云："直冒汉围西北驰去。"⑮陵：越过，超越。《后汉书·冯衍传》云："不求苟得，常有陵云之志。"⑯犯：触犯。《韩非子·五蠹》云："儒以文乱法，侠以武犯禁。"这里有造成、引发或触动之意。⑰害：忌妒。《史记·屈原列传》云："上官大夫与之同列，争宠而心害其能。"⑱驳：《四库全书·人物志》为"较"。⑲校：计较。《论语·泰伯》云："有若无，实若虚，犯而不校。"⑳敬下：敬，恭敬，尊敬。《三国志·蜀书·诸葛亮传》云："又睹亮奇雅，甚敬之。"下，屈己尊人，谦让。《三国志·吴志·孙和传》云："好学下士。"㉑佯：假装。《孙子兵法·军争》云："佯北勿从。"㉒轻：轻视，看不起。《老子》云："祸莫大于轻敌。"

[译文]

什么是观其情机，以辨恕惑呢？人类在性情方面有六种最基本的情感（或情绪），即：抒发了他内心想要表达的东西就会产生欣喜情绪；（赞誉力量强大的人是大力士，他们心中没有不高兴的。）不让人发挥自己所具有的专业或技术等方面的特长，就要产生怨恨情绪；（推举口齿伶俐、爱好言谈的人从事少言寡语的工作，他们心中没有不生气的。）靠自我吹嘘的方法超越别人，人们就会对他产生厌恶情绪；（专拿自己所擅长的来超过大家，这就被大家所厌恶。）以谦虚退让的态度对待人们，并高看别人降低自己，人们就会产生愉快的情绪；（态度谦卑，甘居人下，人们都会喜悦。）触犯人们的短处，人们就会产生恋惜护短的情绪；（人们都喜欢自己的长处，厌恶自己的短处。所以，说出来他的短处，他就会护短甚至恼羞成怒。）用人们所厌恶的那种自夸自大的态度去触犯别人的短处，别人就会产生忌妒的情绪。（自我夸大自己的才能，这是人们所讨厌的；说出别人的短处，这是人们所忌讳而不愿公开的。如今夸大自己的才能，触犯别人的短处，别人心中忌妒的情感就会出现。）以上这些就是人类性情中的六种重要的或基本的情绪。人在情感上没有不想实现自己心愿的。（心意所想达到的，就想顺利地完成。）所以，胸怀壮志的人士喜欢奋发努力的事业，（面对困难，有能力的人会奋发图强。）善良人士喜欢不偏不斜、公平正直的教导，（政策法令制定得好，善良的人士才会听从、使用。）有能力的人士喜欢整治混乱的事情，（治理乱世就要找品德好、能力强的人。）好用策略的人士喜欢计策的谋划，（充分筹谋，寻求合适的计策。）善于辩论的人士喜欢严密不乱的问辞，（有助于辩论，并使辩驳口齿伶俐。）贪婪的人喜欢货物钱财的积累，（积累了财物，便能满足贪婪者的需求。）受到宠幸的人，喜欢权势地位的优越。（权力地位优越，受宠幸的人就会窃取当权者的权力。）如果能帮助人们实现他们的心愿，就没有谁不高兴。这就是所谓"抒发其心中所想的，就会产生喜悦情绪"。（心里所想的都抒发出来，还有什么怨恨呢？）假如不能发挥其所擅长的，就不能实现其志愿；不能实现其志愿，就会产生忧伤的情绪。（忧伤自己的才能不可施展。）所以，不能建树功业，满怀壮志的人士就会情绪激愤。（情绪激愤是因为不能完全发挥自己的才能。）社会上道德品行不规范，正人君子就会感到悲哀。（悲哀不能实施自己所奉行的教化。)政事混乱得不到治理，贤能的人就会遗憾叹息。(叹息他的才能不被任用。)敌对势力未能消除，善于计谋的人就会感到伤悲。(悲伤不能运用他的奇谋异策消灭敌人。)不能积累钱财，贪婪的人就会感到忧愁。(担忧没有地方获取利润。)权力地位不优越，受到宠幸的人就会感到伤心。(伤心自己不能利用、玩弄权力。)这就是所谓"不发挥其专长就会产生怨恨情绪"。(所怨恨的是不能发挥其专长，能高兴吗?)人之常情没有不想名列前茅的，所以就讨厌别人的自我夸耀。(都想比别人在前，所以，厌恶他人的自我夸耀。)自我夸耀都是想胜过别人的一种行为。因此，自己夸耀自己的长处，人们没有不厌恶的。(讨厌他有超过自己的心思。)这就是所谓"用自我夸耀的方法去超过别人，就会引起厌恶的情绪"。(所以，通达事理的人，始终都不自我夸耀。)人之常情都想自己获取胜利，所以，喜欢别人的谦让。谦让就是要退避他人之下，退避他人之下就有推举帮助他人的意思。因此，人不论贤能的还是愚笨的，用谦让的态度对待他，那就没有不喜形于色的。(不管贤能或是不贤能，都想胜过别人。)这就是所谓的"用谦让的态度甘居别人之下，别人就会产生喜悦的情绪"。(所以，有道德修养的人每天都是谦逊礼让的样子。)人之常情都想掩饰自己的短处，显示自己的长处。(称赞他的长处就高兴，说出他的短处就生气。)因此，人们批驳他的短处，就像用什么东西顶撞了他。(气愤烦闷的情绪，好像受到反复冒犯一样。)这就是所谓的"驳斥其短处就会产生恋惜护短的情绪"。(受到冒犯则思想不通，因短处被揭而不讲情理。)人之常情都想超过在自己之上的人。(看到别人胜过自己，都想超越他。)想超过别人，就会引发别人的厌恶之情，但是，这也只表现出憎恨厌恶，还没有达到妒忌的程度。(虽然讨厌我的自夸，还没有十分妒忌。)如果用自己的长处去批驳别人的短处，这就是所谓的"用人们厌恶的自我夸耀态度去触犯别人的短处，别人就会产生厌恶和妒忌的情绪"。(用自己的长处去比别人的短处，从而受到别人的妒忌，通情达理的人不会这样做。）总共上述六种基本情绪，归根结底都是想处在别人之上。（人有自高自大的本性，人人都是这样。）所以，有道德修养的人在待人接物中，被人冒犯了也不计较。（他懂得人的性情都是好胜的，虽然有人以轻视的态度侵犯了自己，但始终不因此去计较。）不计较别人的冒犯，就会事事处处恭敬而谦让，所以，能够避免别人的忌妒。（务必做到待人谦逊恭敬，谁会忌妒他呢？）没有道德修养的人却不是这样，他们既不知道人的六种基本情绪，（不明白人的忌妒情感。）却想让人顺从自己，（所谓想要别人不违背自己。）把假装亲爱、敬重的人看成表现非凡的人去重用，（如西汉的孔光，心怀顾虑而避退，却屡任高官；董贤以貌美亲近皇上而受宠弄权。）把别人偶尔邀请自己去聚会视为对自己的轻侮，（认为别人不是出于真心，怨恨别人轻视自己。）如果触犯了他的情绪，就会产生很深的怨恨。（没有道德修养的人容易喜悦却难以服侍。）因此，观察一个人情感变化的种类，他的心志贤良还是卑鄙就可以知道了。（贤达明智的人志趣在于谦让退下，庸俗卑劣的人心志在于超越人上。所以，平淡处世的根本，在于用正义指导它，以贪婪者的忧愁为教训，把宠幸者的悲伤作警戒。这样，人们就不会自我夸耀，地位卑下的人不会侵犯职位高的人，贤能与不贤能的人都各在其位，世道的治理才井然有序。）

何谓观其所短，以知所长？夫偏材之人，皆有所短。（智不能周也。）故直之失也，讦。（刺讦伤于义，故其父攘羊，其子证之。）刚之失也，厉。（刚切伤于理，故谏君不从，承之以剑。）和之失也，懦。（懦弱不及道，故宫之奇为人挠，不能强谏。）介①之失也，拘。（拘愚不达事，尾生守信，死于桥下。）夫直者不讦，无以成其直。既悦其直，不可非其讦。（用人之直，恕其讦也。）讦也者，直之征也。（非讦不能为直。）刚者不厉，无以济②其刚。既悦其刚，不可非其厉。（用人之刚，恕其厉也。）厉也者，刚之征也。(非厉不能为刚。)和者不懦,无以保其和。既悦其和,不可非其懦。(用人之和,恕其懦也。)懦也者,和之征也。(非懦不能为和。)介者不拘,无以守其介。既悦其介,不可非其拘。(用人之介,恕其拘也。)拘也者,介之征也。(非拘不能为介。)然有短者,未必能长也。(纯讦之人,未能正直。)有长者,必以短为征。(纯和之人,征必懦弱。)是故观其征之所短,而其材之所长可知也。(欲用其刚,必采之于厉。)

[注释]

①介:耿直。《孟子·尽心上》云:"柳下惠不以三公易其介。" ②济:成功,完成。《尚书·君陈》云:"必有忍,其乃有济。"

[译文]

什么叫观其所短,以知所长呢?在性情上有所偏颇的人,都有缺点。(智慧不能考虑周全。)因此,正直的性格,其过失在于揭露别人的短处。(指责和揭发人的短处,往往伤害道义。所以,出现父亲偷羊,儿子举证的情况。)刚毅的性格,其过失在于严厉。(刚毅急切的性格往往伤害情理,所以,就有忠心劝君,君主不从就拔剑威逼的事情。)随和的性格,其过失在于懦弱。(性情懦弱就不能获得正道。所以,因宫之奇为人处世过于曲从,不能强行谏言,虞国亡于晋国。)耿直的性格,其过失在于拘束少变。(往往拘谨呆笨,不通达事理。比如古代的尾生,为了信守约会而淹死在桥下。)可是,如果性格正直的人不敢揭发别人的短处,也就不能成为正直。既然喜欢他的正直,就不要再非议他的揭短。(利用别人的正直,就应宽恕他的揭短。)揭人短处这种行为,那是性格正直的一个特征。(不敢揭发人的短处,不能算是正直。)刚毅性格的人如果不严厉,就不能成为刚毅。既然喜欢他的刚毅,就不要再非议他的严厉。(利用别人的刚毅,就应宽恕他的严厉。)严厉这种行为,那是性格刚毅的一个特征。(不严厉就不能成为刚毅。)性格随和的人,如果不懦弱,就无法保证他的随和。既然喜欢他的随和，就不要再非议他的懦弱。(利用别人的随和，就应宽恕他的懦弱。)懦弱这种行为，那是性格随和的一个特征。(不懦弱就难以成为随和。)性格耿直的人如果不拘束少变，就无法遵守他的耿直。既然喜欢他的耿直，就不要非议他的拘束少变。(利用别人的耿直，就要宽恕他的拘束少变。)拘束少变这种行为，那是性格耿直的一个特征。(不拘束僵化就不能成为耿直。)然而，性情上有偏颇不足的人，也不一定能有什么长处。(比如单纯揭人隐私的人，就不可能正直。)性情上有特别长处的人，必定以相应的缺点为特征。(完全随和的人，其性格特征一定懦弱。)所以，观察一个人的性格特征上的缺点，他性情方面的长处就可以知道了。(想要利用人的刚毅性格，一定从他的严厉行为上找到。)

何谓观其聪明，以知所达①？夫仁②者，德之基也。(载德而行。)义③者，德之节④也。(制德之所宜也。)礼⑤者，德之文⑥也。(礼，德之文理也。)信⑦者，德之固⑧也。(固，德之所执也。)智⑨者，德之帅也。(非智不成德。)夫智出于明。(明达乃成智。)明之于人，犹昼之待白日，夜之待烛火。(火、日所以照昼夜，智、达所以明物理。)其明益盛者，所见及远。(火日愈明，所照愈远。智达弥明，理通弥深。)及远之明难。(圣人犹有不及。)是故守业勤学，未必及材⑩。(生知者上，学能者次。)材艺精巧，未必及理。(因习成巧，浅于至理。)理义辨给⑪，未必及智。(理成事业，昧于玄智。)智能经⑫事，未必及道。(役智经务，去道远矣。)道思玄远，然后乃周。(道无不载，故无不周。)是谓学不及材，材不及理，理不及智，智不及道。(道智玄微，故四变而后及。)道也者，回复变通。(理不系一，故变通之。)是故别而论之，各自独行，则仁为胜。(仁者济物之资，明者见理而已。)合而俱用，则明为将⑬。(仁者待明，其功乃成。)故以明将仁，则无不怀⑭。（威以使之，仁以恤之。）以明将义，则无不胜。（示以断割之宜。）以明将理，则无不通。（理若明练，万事乃达。）然则苟无聪明，无以能遂。（暗者昧时，何能成务成遂。）故好声而实⑮，不克则恢⑯；（恢迂远于实。）好辩而理，不至则烦；（辞烦而无正理。）好法而思⑰，不深则刻；（刻过于理。）好术⑱而计⑲，不足则伪。（诡诬诈也。）是故钧材⑳而好学，明者为师；比力㉑而争，智者为雄；等德而齐㉒，达者称圣。圣之为称，明智之极明㉓也。（是以动而为天下法，言而为万世范，居上位而不亢，在下位而不闷。）是以观其聪明，而所达之材可知也。

[注释]

①观其聪明，以知所达：《四库全书·人物志》为"观其聪，则以知所达"。②仁：古代的一种道德观念，不同学派、不同阶级，解释也有所不同。一般指对人的亲善和人与人之间的相亲相爱。《庄子·天地》云："爱人利物之谓仁。"《墨子·经说下》云："仁，仁爱也。"《论语·雍也》云："夫仁者，己欲立而立人，己欲达而达人。"为封建礼教"五常"之一。③义：适宜与合理的道德、行为等。《论语·公冶长》云："其养民也惠，其使民也义。"后也成为封建礼教"五常"之一。④节：节制。《荀子·天论篇》云："强本而节用，则天不能贫。"⑤礼：指封建社会规定社会等级和人们行为的一套制度、礼仪、法则等。《礼记·曲礼上》云："礼不下庶人，刑不上大夫。"礼亦为封建礼教"五常"之一。⑥文：纹理，花纹装饰。⑦信：诚实，讲信用。《论语·学而》云："与朋友交而不信乎？"儒家也将信列为封建社会"五常"之一。⑧固：坚持。《史记·齐世家》云："管仲固谏不听。"⑨智：智慧。贾谊《治安策》云："凡人之智，能见已然，不能见将然。"智也为封建社会"五常"之一。⑩材：资质。《礼记·中庸》云："故天之生物，必因其材而笃焉。"此处指人的天资。⑪辨给：能言善辩。《韩非子·难言》云："捷敏辩给，繁于文采，则见以为史。"⑫经：治理。《史记·秦始皇本纪》云："皇帝明德，经理宇内。"⑬将：带领，又引申为带兵者，即将领。《三国志·吴书·吴主传》云："使关羽将三万兵至益阳。"⑭怀：归向。《尚书·大禹谟》

云:"黎民怀之。"⑮好声而实:声,声望,名誉。而,连词,连接主语和谓语,表示假设,含有"如果"或"却"的意思。《左传·襄公三十年》云:"子产而死,谁其嗣之。"好声而实,意为喜好虚假名声的人,却让他从事实实在在的工作。⑯不克则恢:克,能够。《尚书·尧典》云:"克明俊德。"恢,扩大。《左传·襄公四年》云:"武不可重,用不恢于夏家。"《四库全书·人物志》不克为"不充"。⑰好法而思:法,法则,法度,规章。思,思考,想问题。⑱术:手段,策略。⑲计:计划,谋略。《管子·权修》云:"终身之计,莫如树人。"⑳钧材:素质、才能相等。钧通"均",平均。《荀子·议兵篇》云:"明道而钧分之。"㉑比力:势力、力量一样大。比,并列,相近。《尚书·牧誓》云:"称尔戈,比尔干,立尔矛。"《史记·天官书》云:"危东六星,两两相比。"㉒齐:整齐,一致。《庄子·马蹄》云:"整之齐之。"㉓极明:《四库全书·人物志》为"极名"。

[译文]

什么叫观其聪明,以知所达呢?仁是道德的基础。(仁作为道德的载体而施行。)义是节制道德的。(把道德制定成规范。)礼是表现道德的外在形式。(礼就像是道德的花纹装饰。)信是道德所坚持的。(这里的坚持,是指有道德的人应该持有的。)智是道德的统帅。(没有智慧也形成不了道德。)智慧来源于聪明。(聪明、通达才形成智慧。)聪明对于人类来说,犹如白天依靠太阳,夜晚依靠灯火。(灯火、太阳是为了照亮白天与黑夜,智慧、通达是为了明白事理。)聪明程度越高的人,他的见识就能够达到很远。(灯火、太阳越明亮,所照耀的距离越远。智慧通达得越明白,知晓的道理就越深刻。)见识深远的聪明十分难得。(圣人还有达不到的。)因此,恪守学业,勤奋好学也不一定能赶得上天资聪慧的。(生下来就聪明的属于上等,经过刻苦学习后成才的比前者要低一等。)天资聪慧技艺精巧,不一定了解事物的理义。(由于养成取巧的习惯,浅尝而止,所以不去深入了解事物的原因。)对事物的理义讲得头头是道,不一定能获得大智慧。(知晓了事物的原因而成就的事业,会因为缺乏精深玄奥的智慧而昏乱。)智慧能够成就事业,不一定能掌握事物的内在规律也即真理。(有时用尽智慧管理事务,却偏离了真理。)只有对事物规律的探求思索达到十分玄奥深远的程度,然后才能精通万事万物。(规律无处不在,所以,掌握了规律就能通达所有的事物。)这就是说,后天的学习不如天资聪慧,天资聪慧不如知晓事情的理义,知晓事情的理义不如头脑智慧,头脑智慧不如掌握真理。(寻找真理的智慧玄妙而精致,所以经过四次改变后才得到。)真理这个东西,它总是反复出现,千变万化,贯通于万事万物之中。(事物的规律不一而足,所以,它变化、贯通在各种事物中。)因此,若分别来论述,按各自单独的作用说,那么仁就成为优胜者。(因为仁爱的人直接救济人们财物,而聪明的人只知道应该救济的道理。)集中起来共同使用,那么聪明就成为统帅。(仁爱的人依靠聪明,他的功德才能完成。)所以,用聪明统帅仁爱,就没有不归顺的。(用权威来促使,用仁爱来体恤。)用聪明统帅礼义,就没有不胜利的。(聪明能告诉人们适宜的方法。)用聪明统帅道理,就没有不通达的。(道理如果明白而精练,万事才能通达。)这样看来,如果没有聪明,那就会一事无成。(愚昧的人在昏乱的时候,怎能办事成功,做事顺利?)所以,喜好名声的人,如果让他从事实际工作,不是干不成,就是夸大不实。(办事浮夸、曲折,脱离实际。)喜好辩论的人,如果让他处理具体的事,不是做不到,就是烦琐。(言辞繁多却没有正确的处理方法。)喜好遵循法规礼仪、条条框框的人,如果让他独立思考着办事,不是考虑肤浅,就是呆板苛刻。(刻薄得超过常理。)喜好搞权术的人,如果让他去谋略、计划事情,不是谋划不足,就是诡诈作伪。(作伪就是欺骗狡诈。)因此,天资均等又都好学,聪明的就是老师;力量相同又彼此争强,头脑机智的成为英雄;道德相等又一致,通达事理的可以称为圣贤。圣贤作为一种称号,是聪明智慧的最高名誉。(所以,他的行动为天下效法,他的言语为万世典范,身居高官不傲慢,暂处卑微而不忧烦。)因此,观察一个人的聪明程度,他将成为什么样的人才就可以知道了。

[点评]

"八观"是观察和选拔人才的一套具体方法。这八种观察方法很实用,也颇具特点。一是"八观"之法注重人才的道德品质、性情素养的观察。如对争夺和救济的态度,考察人才的声誉、爱敬的态度等。二是注重从人的性情及情绪变化中观察人才。三是透过似是而非的行为识别人才。四是通过人的短处来了解他的长处,这一点属于刘劭在文中不时采用的正反两面品评人才的方法。

观察人的救助或是了解人的声誉等,都与人才的品德有关。自古以来,人们都将德才兼备视为理想的人才。此外,还有德高才疏、才高德寡等各种情况。其中道德欠缺、才智高强者是能够成大器或招大祸的一类人才。这种有才而无德的人,逢乱世常常如鱼得水,成就功业,临盛世则往往害人又损己。刘劭的人才观显然是以人才的德行为第一位,这一点与我们今天提倡的德才兼备、品德为首是相同的。中华民族历来尚圣贤,尚君子。在改革开放,举贤任能的今天,一大批有德才的贤能在重要岗位上发挥自己的才干。当然,鱼龙混杂的现象也是存在的,一些有才能却欠德行,或者无才又无德者受到任用,往往会危国害民,败坏风气。不过,历史上这种人鲜有能善其终的。

人们出于自我保护的天性,在实际生活中往往掩饰自己的真实情感,出现表里不一的情况。表里不一有两种,一是虚假的表象掩盖了人才的真才实学,如大智若愚之类。二是貌似贤能,隐藏了实际的奸诈无能。尽管内心的真实情感有时埋藏得很深,但是通过细致机敏地洞察,还是有迹象可寻的。

俗话说,江山易改,本性难移。从性情气质方面的突出特点,了解人的声望,也不失为观察人才的有效方式。而通过观察一个人整个的经历,以及具体事情上的所作所为,可辨识人才似是而非的表现，这就是要抓根本、找实质。都是揭人短处，正直的人与卑鄙的人目的不同。善良的谋略与虚伪的欺诈有相似的表现，本质上却完全不同。商代的伊尹罢免太甲，周公旦代成王摄政，都曾引起众人的猜疑，甚至引发动乱，而他们诚心辅佐、归权于君王的实际行动为自己洗刷了清白。只有把似是而非的事物放在一起比较，人才的实质才可以认识。

刘劭还把对于爱和敬的态度作为了解人事关系的手段。他认为，爱和敬是人类最高的伦理道德。爱使人相亲，敬使人和平相处并保持一定距离。关键是如何把握好二者的关系。爱应是第一位的，敬是第二位的。"爱不可少于敬，少于敬则廉节者归之，而众人不与。"爱可获取人心。敬如果多于爱，则人情疏远。可是没有敬又不行，那会造成高低上下不分，破坏社会人事秩序。人才若在这方面有所偏颇，不是失去群众，便是失去领导，就可能空有一身才智而难以发挥，此中机要确需人才深深领悟。值得注意的是，辨别人才爱敬态度时，须谨防品格低下、善于权术者利用虚伪的爱敬，拉拢人心，结党营私，败坏社会风尚，利用伪敬假爱达到自己不可告人的目的。所以，爱要郑重、真实、广博。充满爱意的社会才能安定团结，使亲者愈亲，敌者为友。敬要有节有度，以保持和谐有序的人际关系。有一官半职者更应警惕品德卑劣者的阿谀奉承，以防其虚伪的恭敬坏了事业。

本篇末指出，无论什么样的人才，如果缺乏聪明，就将一事无成。此处所谓的聪明，似非今天常说的头脑聪明，还包含有通情达理的意思，是指对真理理解和掌握的程度。有真才实学，又善于审时度势，把握事物发展变化的规律，其事业必能通畅无阻。所以，"钧材而好学，明者为师；比力而争，智者为雄"，"圣之为称，明智之极明也"。

卷下

七缪第十

(人物之理,妙而难明,以情鉴察,缪犹有七。)

[解题译文]

(辨别人才的种类、优劣等方面的道理,奥妙无穷而且难以详尽阐明,当人们按照自己的性情去鉴定考察不同的人才时,存在的谬误就有七种。)

[提要]

用人需要鉴别,鉴别人才时有七种谬误:第一,考察人的声誉时有偏颇不全的错误。第二,待人接物存在个人爱憎的干扰。第三,审察人才志向有不分大小的失误。第四,品评人物素质不能区别早智与晚成。第五,辨别人才类型时,有同类相敬或相争的迷惑。第六,评论人才有提携亨通者、压抑失意者的偏邪。第七,观察奇才,有不识"二尤"人才的过失。

七缪①:一曰察誉,有偏颇之缪。(征质不明,故听有偏颇也。)二曰接物,有爱恶之惑。(或情同,忘其恶,或意异,违其善也。)三曰度心②,有小大之误。(或小知而大无成,或小暗而大无明。)四曰品质③,有早晚之疑。(有早智而速成者,有晚智而晚成者。)五曰变类④,有同体之嫌。(材同势均则相竞,材同势倾则相敬。)六曰论材,有申压之诡⑤。(藉富贵则惠施而名申,处贫贱则乞求而名压。)七曰观奇,有二尤⑥之失。(妙尤含藏,直尤虚瑰,故察难中也。)

[注释]

①七缪:七种谬误。缪,通"谬",荒谬。《庄子·盗跖》云:"多辞缪说,不耕而食,不耕而衣。"②度心:度,揣度,衡量。《史记·陈涉世家》云:"会天大雨,道不通,度已失期。"心,心志。③品质:品,评定,品评。《后汉书·许劭传》云:"劭与靖俱有高名,好共核论乡党人物,每月辄更其品题。"质,材质,指人才的素质。④变类:变,按读音及文义当通"辨",辨别。类,类型,种类。⑤申压之诡:申,舒展,伸直。《三国志·蜀书·诸葛亮传》云:"使己志不申。"压,压制。诡,违背。《吕氏春秋·淫辞》云:"言行相诡。"此指违背事理的错误。⑥二尤:指尤妙和尤虚。尤,优异、突出。《庄子·徐无鬼》云:"夫子,物之尤也。"二尤是两种特殊的人,文中有论述。

[译文]

考察人才时存在着七种错误:一是考察人的声誉时,有偏颇的谬误。(由于对本质和外表辨别不清,所以听从了偏颇不公的意见。)二是待人接物时,受到个人爱好的迷惑。(有的因为在性情方面与自己有某点相同,就忘记了其丑恶的方面;有的因思想上稍有不同,就否定了别人良好的品行。)三是审察心志时,有对志向大小的情况不作具体分析的错误。(有的因志向不大,虽头脑聪明,却一事无成;有的志向不大,头脑愚昧,一生糊糊涂涂。)四是评定人的素质时,分不清聪慧早智与大器晚成。(人有少年聪明而快速成才的,也有智力开发滞后而晚有成就的。)五是辨别类型时,有对同类人才相敬或相争的疑惑。(材质相同势力均等的就相互竞争,材资相同能力各有偏向的就相互尊敬。)六是评论才能时,有提携富贵者、压抑贫困者的错误。(凭借富贵就能施舍恩惠并使名誉得到宣扬,身处贫贱就只有乞求别人而且名誉受到压抑。)七是观察奇才时,有认识尤妙和尤虚之类人才的失误。(妙尤的人含蓄深沉,直尤的人虚夸奇异,所以,一般的观察难以正确了解。)

夫采访之要,不在多少。(事无巨细,要在得正。)然征质①不明者,信耳而不敢信目。(目不能察,而信于耳。)故人以为是,则心随而明之;人以为非,则意转而化之。(信人毁誉,故向之所是,化而为非。)虽无所嫌,意若不疑。(信毁誉者心虽无嫌,意固疑矣。)且人察物,亦自有误。爱憎兼之,其情万原②。(明既不察,加之爱恶是非,是疑岂可胜计。)不畅其本,胡可必信?(去爱憎之情,则实理得矣。)是故知人者,以目正耳;(虽听人言,常正之以目。)不知人者,以耳败目。(亲见其诚,犹信毁而弃之。)故州闾③之士,皆誉皆毁,未可为正也。(或众附阿党,或独立不群。)交游之人誉不三周④,未必信是也。(交结致誉,不三周,色貌取人,而行违之。)夫实厚之士,交游之间,必每⑤所在肩称⑥。(言忠信,行笃敬,虽蛮貊之邦行矣。)上等援之,下等推之,(蛮貊推之,况州里乎?)苟不能周,必有咎毁⑦。(行不笃敬者,或诌谀得上而失于下,或阿党得下而失于上。)故偏上失下,则其终有毁;(非之者多,故不能终。)偏下失上,则其进不杰⑧。(众虽推之,上不信异。)故诚能三周,则为国所利⑨。此正直之交也。(由其正直,故名有利。)故皆合而是,亦有违比⑩;(或违正阿党,故合而是之。)皆合而非,或在其中。(或特立不群,故合而非之。)若有奇异之材,则非众所见。(奇逸绝众,众何由识?)而耳所听采,以多为信。(不能审查其材,但信众人言也。)是缪于察誉者也。(信言察物,必多缪失。是以圣人如有所誉,必有所试。)

[注释]

①征质：征，征兆，外部表现。质，本质。②万原：众多原因。指情况的复杂。③州间：州间均为古代的行政区划。《周礼·地官·大司徒》载：二千五百家为一州，二十五家为一间。此指乡里。④三周：各个方面。三，泛指多。周，周全，周遍，全部。⑤每：常常，往往。曹操《让县自明本志令》云："每用耿耿。"⑥肩称：被赞称，承受赞誉。肩，负担。《左传·襄公二年》云："子驷请息肩于晋。"⑦咎毁：被责怪诋毁。咎，罪过，过失，引申为指责。《左传·僖公二十二年》云："国人皆咎公。"毁，诋毁，诽谤。⑧杰：突出，出众。《三国志·诸葛亮传》云："雄姿杰出。"⑨利：利益，有利。⑩违比：邪恶不正的勾结。违，邪恶。《左传·桓公二年》云："昭德塞违。"比，勾结。《韩非子·孤愤》云："朋党比周以弊主。"

[译文]

选择或寻访人才的关键，不在于获取情况的多少。（掌握的事情无论大小，最关键的是要了解到正确真实的情况。）然而，那些对人的外部特征与内在品质分辨不清的人，往往只相信耳朵听到的，而不敢相信自己看到的。（眼睛观察不清，就听信于耳朵。）因此，别人认为是对的，自己就随着相信了；别人认为不对，自己便跟着改变观点。（信从别人的诽谤或赞誉，所以，以前自己肯定的，就转变为否定了。）虽然并没有自己的爱憎标准，看起来思想上似乎毫无疑虑。（听信别人的诽谤或称赞时，心中尽管没有疑惑，思想深处还是有所怀疑的。）况且人们观察事物，自己也会出现错误，再加上个人爱憎的存在，其情况是非常复杂的。（已经不容易观察清楚了，又加上个人爱憎的对与错，其中的疑惑怎么能说得清。）不理顺事情本来的实际情况，那些听到的毁誉之言怎么可以让人一定相信呢？（抛弃个人情感上的爱憎，就能得到真实的道理了。）因此，善于了解人才的人，用眼睛所见来纠正耳朵听到的；（虽然听到别人讲的，一般要用眼睛看到的来纠正。）不善于了解人才的人，往往以耳朵听到的情况，败坏与否定眼睛所见的事实。（亲眼看到了一个人的真诚，却仍然听信诽谤之辞而抛弃目睹的事实。)所以,在乡里生活的人士,容易受到一致的赞誉或共同的诋毁,这都不可当成正确的。(因为有的被众人附和偏袒,有的鹤立鸡群,脱离群众。)喜欢交际活动的人,未受到所有各方的普遍称赞,这种称赞就未必正确可信。(通过交往结识产生的赞誉,不可能全面,常常是靠外貌神情认识人,而实际行为正相反。)诚实厚道的人,在交际来往中,必然经常在当地受到称赞。(说话忠实守信,行为厚道慎重,即使在边远落后的少数民族地区也一样。)上等的人提拔他,下等的人推荐他,(边远落后地区的人推举他,更何况内地乡里呢?)如果不能全面周到地善待各方,一定会遭到指责和诽谤。(言行不忠诚慎重的人,或许因阿谀奉承受到上面的青睐却失去下面的支持,或许因迎合偏袒得到下面的拥护却失去上面的赏识。)所以,偏重上层而丧失了下层,那就终归要遭受诽谤;(非议他的人很多,所以不会有好结果。)偏重于下层而疏远上层,其晋升就不可能出众。(群众即使推举了,上层不会信从这种不同意见。)因此,如果真能做到各方面都周全,就会对国家有利,这是正直的交往。(因为这种交往是正直的,所以说有利。)所以,众口一词肯定的,也存在邪恶不善的勾结;(有的违背正道,屈从党派利益,所以,联合起来一致称赞。)大家一致非议的,可能人才就在其中。(有的人才华奇特,与众不同,所以,人们联合起来非难他。)如果有奇异的人才,那就不是一般人所能够发现的。(才能奇逸,超越众人,众人根据什么识别他呢?)而且用耳朵听到的情况,又是以多数人的观点为真实可信的。(所以,不能在审查人才的真实素质时,仅仅听从众人的意见。)这就是考察人的声誉时存在的谬误。(靠听信传言来认识事物,定会有许多错误。所以,圣人如果获知什么称誉,必定要考察测试。)

夫爱善疾恶,人情所常。(不问贤愚,情皆同之也。)苟不明质,或疏善、善非①。(非者见善,善者见疏,岂故然哉,由意不明。）何以论之。夫善非者，虽非犹有所是。（既有百非，必有一是。）以其所是，顺己所长，（恶人一是，与己所长同也。）则不自觉情通意亲，忽②忘其恶。（以与己同，忘其百非，谓矫驾为至孝，残桃为至忠。）善人虽善，犹有所乏。（虽有百善，或有一短。）以其所乏，不明己长，（善人一短，与己所长异也。）以其所长，轻己所短，则不自知志乖气违③，忽忘其善。（以与己异，百善皆弃，谓曲杖为匕首，葬楯为反具耶。）是惑于爱恶者也。（征质暗昧者，其于接物常以爱恶惑异其正。）

[注释]

①善非：亲近错误的或不善的。善，亲善，友好。《战国策·秦策二》云："齐楚之交善。"非，不对，过错。《荀子·解蔽篇》云："百家异说，则必或是或非。"②忽：不注意，忽略。《汉书·王嘉传》云："记人之功，忽于小过。"③志乖气违：志趣不投，精神相异。乖，违背，不协调。《韩非子·亡征》云："内外乖者，可亡也。"违，违反，违背，不同。

[译文]

喜爱善良，厌恶邪恶，这是人之常情。（不论贤达还是愚昧，这种情感都是一样的。）如果不能认清人的实质，或许会疏远善良的，亲近不良的。（错误邪恶的被亲近，善良美好的被疏远，难道故意要这样吗？这是由于心中不明白造成的。）为什么这样讲呢？亲近不良的，尽管错误，却仍然有其对的地方。（即使有一百个不对，毕竟还会有一点对的。）因为邪恶不良的人也有个别长处。由于其具有的长处，正好顺应符合自己的长处，（即恶人的一点好处，与自己的长处相同。）就不知不觉地情投意合，忽略了不良者的邪恶。（因为与自己志趣相同，就忘记了其众多的邪恶。这就是所谓的弥子瑕窃君车探母被视为至孝，将吃剩的残桃留给君主称为至忠。）善良的人虽然好，仍然还有其不足之处。（虽有一百个长处，可能也有一些短处。）因为别人的不足之处，不能用来证明自己的长处，（善良者的短处与自己的长处不同。）其长处又贬低了自己的短处,于是在不知不觉中便志趣不投,精神相离,忽略并忘掉了他的善良。(因为与自己不同,就舍弃他人的善良于不顾。这就是所谓把别人毁折曲杖当成制作匕首,将葬弃不用的盾牌视为造反的器物。)这就是因个人爱憎造成的迷惑。(对人的外表与实质分辨不清的人,在接人待物中往往以个人爱憎扰乱正确的认识。)

夫精欲深微,质欲懿①重,志欲弘大,心欲嗛②小。精微,所以入神妙也。(粗则失神。)懿重,所以崇德宇③也。(躁则失身。)志大,所以戡④物任⑤也。(小则不胜。)心小,所以慎咎悔⑥也。(大则骄陵。)故诗咏文王:"小心翼翼","不大声以色"⑦,小心也;(言不贪求大名,声见于颜色。)"王赫斯怒","以对于天下"⑧,志大也。(故能诛纣,定天下,以致太平。)由此论之,心小志大者,圣贤之伦⑨也。(心小,故以服事殷;志大,故三分天下有其二。)心大志大者,豪杰之隽也。(志大而心又大,故名豪隽。)心大志小者,傲荡⑩之类也。(志小而心阔远,故为傲荡之流也。)心小志小者,拘懦之人也。(心近志短,岂能弘大。)众人之察,或陋⑪其心小,(见沛公烧绝栈道,谓其不能定天下。)或壮其志大,(见项羽号称强楚,便谓足以匡诸侯。)是误于小大者也。(由智不能察其度,心常误于小大。)

[注释]

①懿:美好。《三国志·吴书·吴主传》云:"斯则前世之懿事,后王之元龟也。"②嗛:通"谦",谦虚。《荀子·仲尼篇》云:"故知者之举事也,主信爱之,则谨慎而嗛。"③德宇:气度,器量。《国语·晋语四》云:"今君之德宇,何不宽裕也。"④戡(kān 刊):征服,平定。《尚书·西伯戡黎》云:"西伯既戡黎。"此处似可通"堪",承担。⑤物任:物,除自己以外的人和物。《易·系辞》云:"近取诸身,远取诸物。"任,责任,职责。《韩非子·难二》云:"中期善承其任。"物任,指对有关的众人及各类事物的责任。

⑥慎咎悔：谨慎的态度防止可能出现的过失与悔恨。⑦"小心翼翼"，"不大声以色"：前者出自《诗经·大雅·大明》："维此文王，小心翼翼"；后者出自《诗经·大雅·皇矣》："帝谓文王，予怀明德，不大声以色，不长夏以革。"这些都是讲文王小心谨慎，不靠声情的外露表现自己。⑧"王赫斯怒"，"以对于天下"：出自《诗经·大雅·皇矣》："王赫斯怒，爰整其旅，以按徂旅，以笃于周祜，以对于天下。"这反映的是周文王对密国侵犯阮国时的态度，可表现文王志向的远大。⑨伦：类。贾谊《过秦论》云："吴起、孙膑……之伦制其兵。"⑩傲荡：傲慢放纵。⑪陋：鄙薄，轻视。

[译文]

精神要深沉细微，素质要美好厚重，志向要宏伟远大，襟怀要谦虚谨慎。精细入微，才能进入神奇美妙的境界。（粗浅就会失去神妙。）美好厚重，才能增长气度。（躁动不安便会丧失自我。）志向宏大，才能担负天下重任。（志向狭小就难以胜任。）谦虚小心，才可能谨防过失与悔恨。（自高自大就会受到自满放纵的侵害。）所以，《诗经》歌颂周文王"小心翼翼"，"不大声以色"，这正是谦虚谨慎的表现；（这是说的不贪求扩大自己的名声，并在外貌上表露出来。）"王赫斯怒"，"以对于天下"，这正是文王志向远大的证明。（所以，周文王之子周武王，能继承遗志，诛伐商纣，平定天下，使天下太平。）由此而论，小心谨慎，志向远大的人，属于圣贤之类。（谨慎小心，所以才能够服侍商王朝；志向远大，所以能最终统治天下的大部分。）心怀坦荡，志向宽宏的人，属于才智出众的豪杰。（志向弘大而且心境又宽广，所以称为俊杰。）心愿广阔，志气不足的人，属于傲慢轻浮一类。（志向狭小而理想丰富，所以成为傲慢轻浮之流。）心胸狭窄无所追求的人，属于拘谨懦弱的人。（心无大志，目光短浅，怎能有弘大志向。）在一般人的认识中，有的鄙视心胸狭小，（如看到刘邦烧绝栈道，就认为他不能平定天下。）有的赞扬志向远大，（如看见项羽号称强楚，便认为他完全能够合并诸侯，一匡天下。）这就是对志向大小的情况不作具体分析所造成的错误。（由于人们的智慧往往不能认识区分人才的标准，所以常在心志大小方面失误。)

夫人材不同,成有早晚。有早智而速成者,(质清气朗,生则秀异。故童乌苍舒,总角曜奇也。)有晚智而晚成者,(质重气迟,则久乃成器。故公孙含道,老而后章。)有少无智而终无所成者,(质浊气暗,终老无成。故原壤年老,圣人叩胫而不能化。)有少有令①材遂为隽器者。(幼而通理,长则愈明。故常材发奇于应宾,效德于公相。)四者之理,不可不察。(当察其早晚,随时而用之。)夫幼智之人,材智精达,然其在童髦②皆有端绪。(仲尼戏言俎豆,邓艾指图军旅。)故文本辞繁,(初辞繁者,长必文丽。)辩始给口③,(幼给口者,长必辩论也。)仁出慈恤,(幼慈恤者,长必矜人。)施发过与,(幼过与者,长必好施。)慎生畏惧,(幼多畏者,长必谨慎。)廉起不取。(幼不妄取,长必清廉。)早智者浅惠而见速,(见小事则达其形容。)晚成者奇识而舒迟,(智虽舒缓,能识其妙。)终暗者并困于不足,(事务难易,意皆昧然。)遂务者周达而有余。(事无大小,皆能极之。)而众人之察,不虑其变,(常以一概,责于终始。)是疑于早晚者也。(或以早成而疑晚智,或以晚智而疑早成,故于品质,常有妙失也。)

[注释]

①令:善,美好。《诗经·大雅·卷阿》云:"令闻令望。"②童髦(máo毛):指幼儿或孩童。髦,下垂到眉毛的长发,古代男子未成年时的装束。③给口:口齿伶俐。给,语言便捷。《论语·公冶长》云:"御人以口给。"

[译文]

人的天资各不相同,成就事业就有早晚的区别。有少年早慧而快速成才的,(素质清明,精神爽朗,天生的优秀奇异。所以,就有童乌和曹冲这样的人,少年时代便表现出亮丽出众的才华。)有晚年聪明而大器晚成的,(性情沉稳,神韵柔缓,就需要较长时间才能成才。所以,公孙弘到老年时才崭露头角。）有少时无才智，最终也无所成就的，（天生糊涂，缺乏灵气，到老一无所成。所以，就有原壤这类人，直到老年还不通道理，孔子敲着他的腿教训也不能开化。）有年青时便胸怀良才，又顺利成为杰出人物的。（幼时就通达事理，年长后更加聪明。所以，非凡的人才在做宾客未出道之时就显示出罕见的才能，任公侯宰相时为国家效力。）这四种情况的道理，不能不加以考察。（应当考察是早年成才还是大器晚成，根据情况随时安排使用。）幼年聪明的人，才能精明通达，这样，他们的才华在孩童时代都已显露端倪。（孔子幼时即用祭器模仿礼仪玩游戏，邓艾少年时代便面对高山大泽，指画安营扎寨。）所以，善于作文，源于幼时言辞繁多；（幼儿时期话语多，长大后必定作文精彩。）擅长辩论，始于幼时口齿伶俐；（儿时说话机智敏捷的，长大后必定能言善辩。）仁爱的品德，出自幼年的慈善体恤；（幼年能仁慈体恤的人，长大后必定富于同情心。）乐善好施，发端于幼时的慷慨给予；（幼时非常好救济别人的，长大后必定乐于施舍。）处世谨慎，产生于幼时的胆怯恐惧；（幼年时常胆小畏惧，长大后必然谨慎小心。）清正廉洁，起源于幼时的不随意索取。（幼年时不妄自索取，长大后必然清廉。）智力早熟的人，认识不深刻而反应敏捷；（看到一点苗头，就能通晓全面。）大器晚成的人，见解独特而才思舒缓；（智虑虽然迟缓，却具有辨识事物奥妙的能力。）终生愚昧糊涂的人，几乎任何事物都因才智不足而困窘；（事情不论难易，心中都愚昧无知。）事业顺利的人，万事通达而游刃有余。（事情不论大小，都能做得十分圆满。）可是，在普通人的认识中，往往不考虑这些区别变化，（常用一种看法取代全部，并自始至终都这样要求。）这就是在人才早智与晚成问题上的疑惑。（有的靠早成怀疑晚智，有的凭晚智疑虑早成，所以，在认识人才品质时，时常有所失误。）

夫人情莫不趣①名利，避损害。名利之路，在于是得②；（是得在己,名利与之。)损害之源,在于非失。(非失在己,损害攻之。)故人无贤愚,皆欲使是得在己。(贤者尚然,况愚者乎!)能明己是,莫过同体③。(体同于我,则能明己。)是以偏材之人,交游进趋之类,皆亲爱同体而誉之,(同体能明己,是以亲而誉之。)憎恶对反而毁之,(与己体反,是以恶而疏之。)序异杂而不尚也。(不与己同,不与己异,则虽不憎,亦不尚之。)推而论之,无他故焉。夫誉同体,毁对反,所以证彼非而著己是也。(由与己同体,故证彼非,而著己是也。)至于异杂之人,于彼无益,于己无害,则序而不尚。(不以彼为是,不以己为非,都无损益,何所尚之。)是故同体之人,常患于过誉。(譬俱为力人,则力小者慕大,力大者提小。故其相誉,常失其实也。)及其名敌④,则鲜能相下⑤。(若俱能负鼎,则争胜之心生,故不能相下。)是故直者性奋,好人行直于人,(见人正直,则心好之。)而不能受人之讦。(刺己之非,则讦而不受。)尽者⑥情露,好人行尽于人,(见人颖露,则心好之。)而不能纳人之径⑦。(说己径尽,则违之不纳。)务名者⑧乐人之进趋过人,(见人乘人,则悦其进趋。)而不能出陵己之后。(人陵于己,则忿而不服。)是故性同而材倾⑨,则相援而相赖也。(并有旅力,则大能奖小。)性同而势均,则相竞而相害也。(恐彼胜己,则妒善之心生。)此又同体之变也。故或助直而毁直,(人直过于己直,则非毁之心生。)或与⑩明而毁明。(人明过于己明,则妒害之心动。)而众人之察,不辨其律理⑪,是嫌⑫于体同也。(体同尚然,况异体乎。)

[注释]

①趣:趋向,奔赴。《史记·孙膑传》云:"兵法,百里而趣利者蹶上将。"②是得:办事正确有所成就。③同体:同类型。④名敌:名望相当。敌,相当,匹敌。《孙子兵法·谋攻》云:"敌则能战之。"⑤下:谦让,退让。《易·屯》云:"以贵下贱,大得民也。"⑥尽者:坦诚直爽,口无遮拦的人。

⑦径：直截了当。《荀子·性恶篇》云："少言则径而省。"⑧务名者：追求名望的人。务，致力，从事。《荀子·成相篇》云："务本节用财无极。"⑨材倾：才能有所不同。倾，偏侧，不齐。⑩与：赞许。《汉书·翟方进传》云："朝过夕改，君子与之。"⑪律理：规则和道理。⑫嫌：疑惑，疑忌。《史记·太史公自序》云："别嫌疑，定是非。"

[译文]

人之常情没有不追求名利，躲避伤害的。获取名利的途径，在于能够处世正确并有所成就；（自己办事正确并有所得，名利也就随之而来。）受到损害的原因，在于办事错误并遭受失败。（由于自己办事错误遭受失败，当然要被人损害攻击。）所以，人们不论贤能还是愚昧，都希望使正确的、成功的事情归属自己。（贤明的人尚且如此，更何况愚昧的人呢！）最能了解自己长处的，莫过于同类型的人。（和我属于一个类型，所以就能了解我。）因此，偏材的人，在交往游历以及进取向上的时候，都亲近喜爱与自己同类型的人，并给予赞誉；（同类型的人了解自己，所以就亲近他们并予以赞扬。）憎恨讨厌与自己类型相反的人，并进行诽谤；（与自己类型相反，所以就厌恶并疏远他们。）对于其他既非同类型，也非相反类型的人，只作评定而不推崇。（不与自己同类型，也不与自己相反，所以虽然不憎恨，也不推崇他们。）据此推论，没有其他原因。赞誉和自己同类型的人，诽谤和自己相反类型的人，目的是要证明别人不对，进而表明自己的正确。（因为与自己同类型，所以要证明对方错误，进而显示自己的正确。）至于其他不同类型的人，对别人无益，对自己无害，就仅作评价而不崇尚。（不以为其他类型正确，也不认为自己错误，彼此都无损害和增益，有什么可崇尚的。）因此，同一类型的人之间，常常有过分赞誉的毛病。（譬如，都是力量强壮的人，力量小的就羡慕力量大的，力量大的提拔力量小的。所以，相互之间的赞誉，常脱离实际。）等到彼此名望相当时，就很少能够相互谦让了。（就像双方力量都能扛鼎，那么争强好胜的心理就产生了，所以不能相互谦让。）因此，正直的人性情奋发向上，喜好人们用正直的行为对待人，（见到人们正直就心中喜欢。）而不能接受他人专门揭发隐私的行为。（他人批评自己的错误时，凡属不正当的意见就不予接受。）个性直爽、口无遮拦的人，情绪外露，喜欢人们坦白地对待人，（看到别人暴露心迹，心里就喜欢。）却不能采纳别人的直言。（别人直截了当地说自己时，便避开不予采纳。）追求名誉的人，高兴看到人们进取向上，赶超别人的行为，（见到人们相互追赶，就喜悦他们的进取向上的精神。）却不能甘心处于超越自己的人之后。（别人超过了自己，心中就怨恨而不服气。）因此，性情相同而才能有别的人，就相互援助并相互依赖；（军力相等，势力大的就能帮助势力小的。）性情相同而能力均等，就相互竞争并相互忌妒。（担心对方超过自己，就会产生忌妒优良人才的心态。）这又是同一类型人关系的变化。所以，有的帮助正直却又诽谤正直，（别人的正直超过了自己的正直，诋毁之心就产生了。）有的赞许英明却又诽谤英明。（别人的明智超过自己的明智，妒忌之心就萌发了。）然而，一般人的认识都不能辨别其中的道理，这就是分辨同一类型人才时的疑惑。（同一类型尚且如此，何况不同类型呢？）

夫人所处异势①，势有申压。富贵遂达②，势之申也；（身处富贵，物不能屈，是以佩六国之印，父母迎于百里之外。）贫贱穷匮③，势之压也。（身在贫贱，志何申展，是以黑貂之裘弊，妻嫂堕于闺门之内。）上材之人，能行人所不能行。（凡云为动静，固非众人之所及。）是故达有劳谦④之称，穷有著明之节。（材出于众，其进则衰多益寡，劳谦济世，退则"履道坦坦，幽人贞吉"。）中材之人，则随世⑤损益。（守常之智，申压在时。故势来则益，势去则损。）是故藉⑥富贵则货财充于内，施惠周于外。（赀财有余，恣意周济。）见赡⑦者，求可称而誉之。（感其恩纪，匡救其恶，是以朱建受金，而为食其画计。）见援者，阐小美而大之。

(感其引援，将顺其美，是以曹丘见接，为季布扬名。）虽无异材，犹行成而名立。（夫富与贵可不欣哉，乃至无善而行成，无智而名立，是以富贵妻嫂恭，况他人乎？）处贫贱，则欲施而无财，欲援而无势。（有慈心而无以拯，识奇材而不能援。）亲戚不能恤，朋友不见济。（内无蔬食之馈，外无缊袍之赠。）分义⑧不复立，恩爱浸⑨以离。（意气皆空薄，分意何由立。）怨望⑩者并至，归非⑪者日多。（非徒薄已，遂生怨谤之言。）虽无罪尤⑫，犹无故而废也。（夫贫与贱可不慑哉！乃至无由而生谤，无罪而见废，是故贫贱妻子慢，况他人乎？）故世有侈俭，名由进退。（行虽在我，而名称在世，是以良农能稼，未必能穑。）天下皆富，则清贫者虽苦，必无委顿⑬之忧。（家给人足，路人皆馈之。）且有辞施⑭之高，以获荣名之利。（得辞施之高名，受余光之善利。）皆贫，则求假⑮无所告，（家贫户乏，粟成珠玉。）而有穷乏之患，且生鄙吝之讼。（乞假无遗，与嫂叔争糟糠。）是故钧⑯材而进⑰有与之者，则体益⑱而茂遂⑲。（己既自足，复须给赐，则名美行成，所为遂达。）私理⑳卑抑㉑有累之者，（己既不足，亲戚并困。）则微降而稍退。（上等不援，下等不推。）而众人之观，不理其本，各指其所在，（谓申达者为材能，压屈者为愚短。）是疑于申压者也。（材智虽钧，贵贱殊涂，申压之变，在乎贫富。）

[注释]

①势：形势，态势。晁错《言守边备塞疏》云："起兵不知其势。"此指人在社会上的地位、环境等情况。②遂达：通达，顺利。《淮南子·精神》云："何往而不达。"③匮（kuì 愧）：不足，缺乏。《商君书·算地》云："国贫则上匮赏。"④劳谦：有功劳又能谦虚。《周易·谦》云："劳谦，君子有终，吉。"⑤世：时代。通"时"，引申为当时的。《盐铁论·论儒》云："孟轲守旧术，不知世务。"⑥藉（jiè 借）：凭借。《商君书·开塞》云："藉刑以古刑。"⑦赡（shàn 善）：供给。如赡养。⑧分（fèn 奋）义：情分道义。分，

情分。曹植《赠白马王彪》云："恩爱苟不亏，在远分日亲。"⑨浸：渐渐。《周易·遁》云："浸而长也。"⑩望：责怪，埋怨。《史记·商君列传》云："宗室贵戚多怨望者。"⑪归（kuì愧）非：羞辱诽谤。归，通"愧"，惭愧或耻辱。《战国策·秦策一》云："状有归色。"非，通"诽"，诽谤。《荀子·解蔽篇》云："百姓怨非而不用。"⑫尤：过错，罪过。《论语·为政》云："言寡尤。"⑬委顿：衰颓困顿。委，通"萎"，衰颓，枯萎。曹植《赠丁仪》云："黍稷委畴陇。"顿，疲乏困顿。《韩非子·初见秦》云："兵甲顿，士民病。"⑭辞施：不接受施舍。辞，推辞。曹操《让县自明本志令》云："固辞不受。"施，恩惠，施舍。⑮假：借。⑯钧：通"均"，平均，同样。《荀子·议兵篇》云："明道而钧分之。"⑰进：通"赆"，赠送的路费或礼物。《史记·高祖本纪》云："萧何为主吏，主进。"⑱体益：本身更有益。体，本体，这里指自身。益，利益，好处。《盐铁论·非鞅》云："有益于国，无害于人。"⑲茂遂：事业美好顺利。茂，美好，繁茂。遂，通达，成功。均形容事业、功名的兴旺。⑳私理：自己家的管理经营。私，私人的，自己的。理，治理，管理。指家庭经济状况。㉑卑抑：衰弱低下。卑，衰微，衰弱。《国语·周语上》云："王室其将卑乎。"抑，向下，受限制。

[译文]

　　人们在社会上的处境，有各自不同的情况。有的才能得以施展，有的能力受到压制。富贵通达的属于处境顺利；（自身处在富贵荣华时，谁也不能使其受到屈辱。所以，苏秦佩六国之印后，父母妻嫂走出家门百里之外迎接他。）贫贱穷困的属于处境压抑。（身在贫贱之中，志向怎么能施展？所以，苏秦在这种时候，也是身无分文，皮衣破旧不堪，回到家中受到妻子哥嫂的慢待。）上等资材的人，能够做一般人所做不到的事。（凡有所举动，本来就不是一般人所能比得上的。）因此，得志时有勤劳谦虚的美称，穷困时有光明磊落的气节。（才能出众，在仕途进取中就会遭受许多削弱而收益减少，需要辛勤操劳、谦虚谨慎地服务于社会。告退时，就会道路平坦，像恬淡幽静的隐士一样吉善无灾。）中等资材的人，就要随着当时周围环境的变化而受损或获益。（具有平常的才智,是顺利还是受压抑就在于时势了。因此,得势时就能获益,失志时就要受损。)所以,有的人凭借富贵,就能使家中的钱财货物充足,对外普遍地施舍恩惠。(资财丰富有余,可任意周济外人。)被其救济给予过的人,就会寻找可以称赞他的机会而赞美他。(感激其曾给予的恩惠,就纠正和补救其不善良的行为。所以,朱建接受了审食其的礼金,便为救他谋划计策。)被其援助过的人,就会在阐扬他的微小美德的时候夸大其辞。(感激其援助,就想顺便夸张他的美德。所以,曹丘受到季布的热情款待后,更替他张扬名声。)尽管这种人没有什么特殊的才能,还是能够事业有成而且树立名望。(钱财富足和权势高贵能不令人高兴吗?它能使人无善良的品行而办事能成,无聪明的头脑却名声树立。所以,苏秦富贵时,其妻子、嫂子都变得恭敬了,何况其他人呢?)人处于贫困低贱的地位,就是想施舍也没有钱财,想援助却没有权势。(有慈爱之心却没有拯救的能力,能识别奇异的人才却不能帮助他。)亲戚不能体恤,朋友不能救济。(对自家人没有饭菜可馈送,对外人无绵袍可赠给。)情义不复存在,恩爱日渐远去。(胸中的意愿志向因贫困而变得空虚浅薄,与亲友的情分靠什么来建立?)怨恨、责备的人同时到来,羞辱、诽谤的人日益增多。(不只是轻视自己,最终还产生怨恨、诽谤的言论。)即使没有什么罪过,还是要被无故废黜。(贫穷与卑贱能不可怕吗?它能使人毫无理由地遭到诽谤,没有罪过而被废黜。所以,苏秦贫贱时,连妻子也对他轻视怠慢,何况其他人呢?)因此,世上有奢侈和节俭,人的名声却取决于进取和退缩。(所作所为虽然在于自己,而名声赞誉却在于社会。所以,好的农民能种庄稼,却未必能够收获。)天下的人们都富裕了,那么清贫的人虽然艰苦,也一定没有衰颓困顿的忧虑。(到处家庭富裕,人们丰足,路上的人都会馈赠清贫者。)而且有辞退别人施舍的高尚行为,以获取光荣的名声。(获得辞让施舍的崇高名声,受到更多荣耀的利益。)如果天下的人都贫穷,那么人们求借都没有门路。(家家贫乏,户户穷困,小米也像珠玉一样珍贵。）而且有穷困贫乏的忧患，并会产生卑贱吝啬的争讼。（陈平年青时，乞讨求借无人给予，只能在家与叔嫂争食糟糠。）因此，才智相等，而能把财物给予他人的，就会对自己有益并使事业昌盛顺利。（自己已经富足了，就应当赠送帮助他人，这样名声就能受到赞美，办事获得成功，所作所为顺畅通达。）那些被家庭经济状况不好所拖累的人，（自己财力已经不足，亲戚们也都贫困。）就会在竞争中地位悄悄地下降，并渐渐地落后。（上等资材的人得不到援助，下等资材的人不被推荐。）然而，一般人的认识，不能理解其中的根本原因，各自只看到他们的现状，（认为得志者有才能，受到压抑委屈的不得志者志浅愚昧。）这就是在观察得志与不得志情况上的困惑。（才能虽然均等，贵贱却不相同，得志与否，也在于贫富。）

夫清雅之美，著乎形质，察之寡失。（形色外著，故可得而察之。）失缪之由，恒在二尤。二尤之生，与物异列。（是故非常人之所见。）故尤妙之人，含精于内，外无饰姿。（譬金水内明而不外朗，故冯唐白首屈于郎署。）尤虚之人，硕言[①]瑰姿，内实乖反[②]。（犹烛火外照，灰烬内暗。故主父偃辞丽，一岁四迁。）而人之求奇，不可以精微测其玄机[③]，明异希[④]。（其尤奇异，非精不察。）或以貌少为不足，（睹黻蔑貌恶，便疑其浅陋。）或以瑰姿为巨伟，（见江充貌丽，便谓其巨伟。）或以直露为虚华，（以其款尽，疑无厚实。）或以巧饬[⑤]为真实。（巧言如流，悦而睹之。）是以早拔多误，不如顺次。（或以甘罗为早成而用之，于早岁或误，复欲顺次也。）夫顺次常度也。苟不察其实，亦焉往而不失？（征质不明，不能识奇，故使顺次，亦不能得。）故遗贤而贤有济，则恨在不早拔。（故郑伯谢之于烛武。）拔奇而奇有败，败患在不素别[⑥]。（故光武悔之于朱浮。）任意而独缪[⑦]，则悔在不广问。（秦穆不从蹇叔，虽追誓而无及。）广问而误己，则怨己不自信。

(隗嚣心存于汉,而为王元所误。)是以骥子⑧发足,众士乃误;韩信立功,淮阴乃震。夫岂恶奇而好疑哉?乃尤物不世见,而奇逸美异也。(故非常人之所识也。)是以张良体弱,而精强为众智之隽也;(不以质弱而伤于智。)荆轲色平,而神勇为众勇之杰也。(不以色和而伤于勇。)然则隽杰者,众人之尤也。(奇逸过于众人,故众人不能及。)圣人者,众尤之尤也。(通达过于众奇,故众奇不能逮。)其尤弥出者,其道弥远。(非天下之至精,其孰能与于此?)故一国之隽,于州为辈⑨,未得为第⑩也。(郡国之所隽异,比于州郡,未及其第目。)一州之第,于天下为根⑪。(州郡之所第目,以比天下之隽,根而不可及。根,一回反,枢也。)天下之根,世有优劣。(英人不世继,是以伊、召、管、齐,应运乃出。)是故众人之所贵,各贵其出已之尤,(智材胜己,则以为贵。)而不贵尤之所尤。(尤之尤者,非众人之所识。)是故众人之明,能知辈士之数⑫,(众人明者,粗知郡国出辈之士而已。)而不能知第目之度⑬。(乃未识郡国品第之隽。)辈士之明,能知第目之度,(出辈明者,粗知郡国第目之良。)不能识出尤之良也。(未识出尤奇异之理。)出尤之人,能知圣人之教,(瞻之在前,忽焉在后。)不能究之入室⑭之奥也。(如有所立卓尔,虽欲从之,未由也已。)由是论之,人物之理,妙不可得而穷已。(为当拟诸形容,象其物宜,观其会通,举其一隅而已。)

[注释]

①硕言:夸大的言辞。《诗经·小雅·巧言》云:"蛇蛇硕言,出自口矣。"笺云:"硕,大也;大言者,言不顾其行,徒从口出,非由心也。"②乖反:违背相反。乖,违背,不协调。《韩非子·亡征》云:"内外乖者,可亡也。"③玄机:深奥玄妙的道理。④异希:奇异稀罕之处。⑤巧饬(chì斥):虚伪不实的假装。巧,伪诈,虚浮不实。《庄子·盗跖》云:"此夫鲁国之巧伪人孔丘非耶?"饬,巧伪,虚假。《战国策·秦策一》云:"文士并饬,诸侯

乱惑。"⑥素别：预先识别。素，预先。《国语·吴语》云："夫谋，必素见成事也。"⑦独缪：独自错误。缪，通"谬"，错误。《庄子·盗跖》云："多辞缪说，不耕而食，不织而衣。"⑧骥子：良马。比喻有才能的人。《文选》晋·左太冲《蜀都赋》云："并乘骥子，俱服鱼文。"⑨辈：类。引申为群，队，多数。《三国志·魏书·满宠传》云："当先破贼大辈，然后围乃得解。"⑩第：次第，次序。《左传·哀公十六年》云："楚国第，我死。令尹司马非胜而谁？"⑪椳（wēi危）：承托门户转轴的门臼。《尔雅·释宫》云："枢谓之椳。"门臼在下面，比喻低级人才。⑫数：几，几个。《韩非子·外储说右上》云："鸟以数十目视人，人以二目视鸟。"此处有大概之意。⑬度：限度。《左传·昭公二十年》云："征敛无度，宫室日更。"此指实际才能的限度或程度。⑭入室：学问技艺达到精深的程度。《论语·先进》云："由也，升堂矣，未入室也。"疏云："入室为深，颜渊是也；升堂次之，子路是也。"

[译文]

  清洁高雅的美德，表现在人的外貌气质上，观察的时候很少有失误。（形貌神色外露，所以能够获得并识别。）考察失误的缘由，往往在于认识尤妙和尤虚这两种人。尤妙和尤虚的产生，与众人不同。（因此，也不是平常人所能认识的。）尤妙这种人，蕴含精明于内，外表没有装饰自己的行为。（如同金属液体，内部透亮而外表却不明朗，西汉的冯唐就是这样，直到头发花白了，才屈就于中郎署长一职。）尤虚之人，言辞夸大不实，姿态优美动人，实质正好相反。（犹如蜡烛对外照明，灯芯内的灰烬却是黑暗的。像汉武帝时的主父偃，言辞华丽，一年之中升迁了四次。）然而，一般人寻求奇异不凡的人才时，不可能以精深细微的方法，探测其深奥玄妙的道理，阐明其奇异罕见的原因。（他们突出的才能十分奇特，不作精细的探究难以明察。）有的以外貌欠佳为不足，（看到鬷蔑容貌丑恶，便怀疑他才识浅陋。）有的把姿容美丽看成伟大，（如汉武帝见江充貌美，便认为他人才伟大。）有的将直率坦白视为华而不实，（因为太诚实，便怀疑其不厚道真诚。）有的以虚假伪诈为真诚实在。（花言巧语像河水一般流畅，人们喜欢看到这种情况。) 所以，过早地提拔大多容易失误，不如按正常次序选用。(有的认为甘罗十二岁封为卿相，是智慧早成而被任用，理解为年轻而被任用就错了，所以，这里又要按次序。) 按次序任用人才是正常的规则。如果不察明一个人的真实能力，怎么能保证安排在那里而不失误呢？(对一个人的表现和实质不了解，不能识别他的奇异之处，即使按顺序任用了，也不可能恰当。) 所以，用人时遗漏了贤才，而贤才后来又给予其帮助，就会悔恨没能早些提拔。(所以，郑文公要拜谢烛之武。) 提拔了奇才，而奇才又衰败堕落了，就会因没能预先识别而忧虑。(所以，光武帝刘秀就受到自己提拔的朱浮的讥讽不恭。) 不听人劝，随心所欲，并且由于独断专行犯了错误时，就会后悔没能广泛征求意见，了解情况。(秦穆公不听从蹇叔的劝告，伐郑失败后，虽然追悔发誓，却来不及了。) 广泛征求意见，了解情况，却耽误了自己的事业，就会怨恨自己缺乏自信。(隗嚣内心有归附汉朝的念头，却被王元的劝阻所贻误。) 所以，有才能的人奋发向上，才华显露时，普通人士却在误解他。韩信立功封赏时，淮阴家乡的人们才感到震惊。这难道是人们厌恶奇才而喜好怀疑吗？这是因为才能突出的人世上少见，而且他们奇特超凡，优秀不俗的才干与众不同。(不是一般人所能够认识的。) 所以，张良体质文弱却精明强干，是众多智者中出类拔萃的人物；(不因体质柔弱而损伤才智。) 荆轲表情平静却精神奋勇，是众多勇士中的杰出人物。(不因神色平和而影响勇敢。) 由此看来，出类拔萃的杰出人物，是众人中的优异人才。(奇特超凡的才能在众人之上，所以众人望尘莫及。) 圣人，是众多优异人才中的优秀人物，(他们的通达超过众多才智奇异的人，所以，才智奇异的人比不上他们。) 他们优异的才能越突出，他们的学说影响得越深远。(不是天下最精明智慧的人，谁能做到这样呢?) 因此，一个郡国内的杰出人物，放在州内就多了，不能列入人才等级。(郡国所称为才智出众的人，和州内的相比，达不到等级。) 州里列入人才等级的人，在全国范围内只是人才的下等。(州郡中列入等级的人才,和全国的杰出人物比较,就像门轴下的石臼,低不可比。) 天下的人才,历代都有优劣之分。(杰出的人不是世代相传的,所以,伊尹、召公、管仲、晏婴等,应运而出。) 因此,多数人之所以重视人才,都是分别看重那些人才超过自己的特殊才能,(才智胜过自己,就认为是可贵的人才。) 却不看重优异者之所以优异的原因。(优异人才的优异原因,不是一般人所能认识的。) 所以,一般人的聪明,能够大概了解郡国内有某一方面才智的人,(众人所知,只是郡国中有某种才智者的大致情况。) 而不能知晓郡国内列入品级者的才智的程度。(即不能识别郡国内品第人物的杰出之处。) 具有某种才智者,其中的聪明人,能够知道列入郡国品第者的才智,(有某种才能者,其中的突出人物,粗略地知道郡国列入品第者的才智。) 却不能认识特别优异者的贤良之处。(不知特殊人才所以奇异的道理。) 特别优异的人才,能够知晓圣人的教诲,(在近前的能看到,往后远些的,就有点渺茫不清了。) 却无法探求圣人教诲中蕴藏的精深奥妙。(感到好像是存在着高深的道理,虽然想遵循这些理论,却未能做到。) 由此而论,关于人才的道理,奇妙到不可得到而且没有穷尽的地步。(这样做就相当于要模仿万物的容貌,来象征万物的形象,观察其整个融会贯通的规律,最终却只能获得其中一个方面的认识。)

[点评]

本篇将认识人才时发生的错误归纳为七种,并一一予以剖析,其中的真知灼见很值得今人汲取。

考察一个人才,须多方调查,切不可道听途说,也不能简单地以多数人的意见为根据。特别是一些有奇异才能的人,有时因为上下关系处理不当而遭到贬低。或者因为鹤立鸡群,曲高和寡而受到多数人的误解和排斥。然而,这种人可能正是具有远见卓识和超前意识的人才。

完全以个人喜好评价或选用人才,不能客观地看待事物,这是常人最易出现的错误之一。时至今日,仍有一些领导者由于缺乏宽广的胸怀,不能容忍异己,在使用人才时未从整个事业的大局出发,仅以个人意见为尺度,选用自己赏识的人。这不是选用人才,而是在选朋友。

不懂得透过现象察看实质,就难以正确辨别人才志向的弘大或是狭小。这是由于心怀壮志者常常表现得平淡谦和,而虚张声势勤于表露者便被视为不凡的人才了。

人才早智与晚成的情况,需要以发展的眼光,全面地考察方能认识。"幼智之人,材智精达",其才华在早年已显露端倪;"晚成者奇识而舒迟"。二者须区别对待,适时选用,不可拘泥于年龄大小,搞一刀切。不因人才年幼而轻视,不因年高晚成而嫌弃。

性情不同的人们在一起,彼此间存在一些微妙的关系。一般讲,同类型的人能互相亲近赞誉,但是排斥其他类型的人。同类型人之间,如果性情相同而才能有别,就会彼此帮助和依赖。性情相同而能力均等,又会引起互相竞争和忌妒。这都是狭隘的名利观在作祟。

由于各种原因,不同材质的人,有的获得了施展才华的机会而富贵顺达,有的才能受到压制而穷困潦倒。普通人看不透其中缘由,只是以一个人的现状来评价这个人的能力,认为得势者才高智明,失志者才疏学浅。有些人才身居卑微贫困尚未发达时,甚至遭到包括亲友在内的众人的蔑视和诽谤,这实在是世人的悲哀。古代如此,今当戒之。以成败论英雄显然是不公平的。鼠目寸光,嫌贫爱富,趋炎附势,更是现代社会所鄙弃的品行。所以,选用人才首先要爱惜人才。当高低贫富各类人才都受到尊重,社会的潜力才会得到深层次的发掘。在此,刘劭对于经济贫困限制人才的成长和才能的施展颇为感慨。虽然他仅仅提到了个人的发达与否,与家庭经济的贫富有密切关系,对现代社会如何充分发挥人才效益,还是极具启发性的。我国政府已明确提出科教兴国的战略口号。科教兴国的实质就是人才兴国。这就需要国家和社会为人才进一步发挥作用，奠定一定的经济基础。包括提高人才的经济地位，提供先进的技术设施及工作环境，等等。为人才创造适宜的物质条件，是培养人才，吸引人才，促进人才奉献聪明才智的可靠保障。

另外，受到个人才学见识、思想观念的限制，人们对"尤妙"和"尤虚"两种人容易观察失误。因为这两种人的表现总是与众不同。尤妙之人外表平淡而把精明深藏胸中，尤虚之人言行优美而内心不实。所以，一般人无法看透其本质，就容易形成错误认识，从而造成选用人才时遗漏贤能尤妙之人、误用欺诈尤虚之人的情况。甚至长期误解才智超群、志向远大者，迷信虚伪不实者。选才用人的道理确实是博大精深，即使理解了，也未必能够运用得当。

效难第十一

(人材精微,实自难知。知之难审,效荐之难。)

[解题译文]

(各种各样人才的资质都精妙细微,实在让人难以了解。即使了解一些,也难以周详,这就是推荐真正人才的困难。)

[提要]

了解人才并取得效果,有两种困难。一是"难知之难",二是"知之而无由得效之难"。所谓"难知之难",在于人物的性情太微妙,认识规律很难掌握;一般人的观察又不能全面,各持己见,标准不一,人才的地位、志趣等又不断变化。"无由得效之难"则在于人才自身因意外死亡等情况而不能被举荐;或人才"曲高和寡",举荐而不被人接受;或举荐人"身卑力微"无法举荐;或举荐者有举荐的权位,因为"有所屈迫"而举荐不成。由此可见了解并推举人才的困难。

盖知人之效[①]有二难。有难知之难,(尤奇游杂,是以难知。)

有知之而无由得效②之难。(己虽知之，无由得荐。)何谓难知之难？人物精微③，(智无形状，奇逸精妙。)能神而明④，(欲入其神，而明其智。)其道甚难，固⑤难知之难也。(知人则哲，惟帝难之，况常人乎!)是以众人之察不能尽备，(各守其一方而已。)故各自立度⑥，以相⑦观采。(以己所能，历观众才。)或相⑧其形容，(以貌状取人。)或候⑨其动作，(以进趋取人。)或揆其终始，(以发正取人。)或揆其拟象⑩，(以旨意取人。)或推其细微，(以情理取人。)或恐其过误，(以简恕取人。)或循其所言，(以辞旨取人。)或稽⑪其行事。(以功效取人。)八者游杂⑫，(各以意之所可为准，是以杂而无纪。)故其得者少，所失者多。(但取其同于己，而失其异于己，己不必兼，故失者多。)是故必有草创信形⑬之误，(或色貌取人而行违。)又有居止⑭变化之谬。(或身在江海，心存魏阙。)故其接遇观人也，随行信名，失其中情⑮。(是以圣人听言观行，如有所誉，必有所试。)故浅美⑯扬露，则以为有异；(智浅易见，状似异美。)深明沉漠⑰，则以为空虚；(智深内明，状似无实。)分别妙理，则以为离娄⑱；(研精至理，状似离娄。)口传甲乙⑲，则以为义理⑳；(强指物类，状似有理。)好说是非，则以为臧否；(妄说是非，似明善否。)讲目成名㉑，则以为人物；(强议贤愚，似明人物。)平道㉒政事，则以为国体㉓。(妄论时事，似识国体。)犹听有声之类，名随其音。(七者不能明，物皆随行而为之名，犹听猫音而谓之猫，听雀音而谓之雀，不知二虫竟谓何名也。世之疑惑，皆此类也。是以鲁国儒服者，众人皆谓之儒，立而问之，一人而已。)夫名非实，用之不效。(南箕不可以簸扬，北斗不可挹酒浆。)故曰：名犹口进㉔，而实从事退。(众睹形而名之，故用而不验也。)中情之人㉕，名不副实，用之有效。(真智在中，众不能见，故无外名，而有内实。)故名

效难第十一　185

由众退，而实从事章，(效立则名章。)此草创之常失也。(浅智无终，深智无始，故众人之察物，常失之于初。)故必待居止，然后识之。(视其所止，观其所居，而焉不知。)故居视其所安[26]，(安其旧者，敦于仁。)达视其所举，(举刚直者，厚于义。)富视其所与，(与严状者，明于礼。)穷视其所为，(为经术者，勤于智。)贫视其所取，(取其分者，存于信。)然后乃能知贤否。(行此者贤，反此者否。)此又已试，非始相也。(试而知之，岂相也哉！)所以知质，未足以知其略[27]。(略在变通，不可常准。)且天下之人，不可得[28]皆与游处[29]。(故视其外状，可以得一，未足尽知。)或志趣变易，随物而化；(是以世祖失之庞萌，曹公失之董卓。)或未至而悬欲[30]；或已至而易顾[31]；(李轶始专心于光武，终改雇于圣公。)或穷约[32]而力行；或得志而从欲[33]。(王莽初则布衣折节，卒则穷奢极侈。)此又居止之所失也。(情变如此，谁能定之。)由是论之，能两得其要，是难知之难。(既知其情，又察其变，故非常人之所审。)

[注释]

①效：效果。引申为效验，证明。贾谊《治安策》云："故疏者必危，亲者必乱，已然之效也。"②无由得效：无法推荐。效，献出，送。《史记·秦始皇本纪》云："异日韩王纳地效玺。"③精微：指人的天资、性情等精妙细微。④能神而明：既能了解内在精神，又能知晓公开的表现。神，精神。明，明显。《荀子·正名篇》云："是非之形不明。"⑤固：通"故"，所以，因此。⑥度：标准，尺度。《淮南子·时则训》云："贡岁之数，以远近土地所宜为度。"⑦相：辅助，帮助。《左传·昭公元年》："乐桓子相赵文子。"⑧相：仔细看，审察。《韩非子·说林下》云："伯乐教其所憎者相千里之马，教其所爱者相驽马。"⑨候：窥伺，侦察。《史记·魏其武安侯列传》云："太后亦已使人候伺。"⑩拟（nǐ你）象：比拟，相似。指思想倾向。拟，比，比拟。《汉书·文三王传》云："拟于天子。"象，相似，好像。⑪稽：考证，考核。《荀子·正名篇》云："无稽之言。"⑫游杂：虚浮杂乱。游，不切实际，

虚浮。《三国志·蜀书·诸葛亮传》云："游辞巧饰者，虽轻必戮。"⑬草创信形：初步接触即相信其外表。草创，刚开始最初的时候。《汉书·外戚恩泽侯表》云："庶事草创，日不暇给。"⑭居止：寄居的处所。此处指占据的某种社会地位或职位。⑮中情：内情，实质。⑯浅美：浅薄的美德或才能。⑰沉漠：深沉寂静。漠，寂静无声。《楚辞·远游》云："野寂漠其无人。"⑱离娄：又作离朱。古代传说中的人物，视力极佳，"能视于百步之外，见秋毫之末。"黄帝的玄珠丢失了，曾让离娄帮助寻找。《孟子·离娄上》云："离娄之明，公输子之巧，不以规矩，不能成方圆。"⑲甲乙：事物的等级次第。⑳义理：经义名理。《汉书·刘歆传》云："章句义理备焉。"㉑讲目成名：批讲品目，排定名次。㉒平道：评议谈论。平通"评"。《商君书·更法》云："孝公平画。"㉓国体：国家的根本。体，实体，本体。引申为主要方面，根本。贾谊《陈政事疏》云："使少知治体者，得佐下风，致此非难也。"㉔名犹口进：名声从人们的口中宣扬扩展起来。犹，通"由"。《孟子·公孙丑上》云："然而文王犹方百里起。"进，前进，向前。此可释为向外进展，即宣扬扩展。㉕中情之人：怀有真才实学，外表含而不露的人。㉖安：安心，安于。《三国志·魏书·司马朗传》云："郊境之内，民不安业。"也有习惯之义。㉗略：大体，简要。《荀子·非相篇》云："略者举大，详则举小。"㉘不可得：不能够。得，情况允许，可以，能够。晁错《论贵粟疏》云："春不得避风尘，夏不得避暑热。"㉙游处：交际相处。游，交往，交际。《汉书·枚乘传》云："与英俊并游。"处，相处，对待。《礼记·檀弓下》云："何以处我。"㉚悬欲：志向半途而止，犹豫动摇。悬，悬挂。欲，志愿，愿望。《孙子兵法·谋攻》云："上下同欲者胜。"㉛易顾：改变目标。易，改变。顾，回头看，看。㉜穷约：受穷困的制约，失志的困扰。穷，穷困潦倒，失志。《孟子·尽心上》云："穷不失义。"约，捆缚，捆绑。《诗经·小雅·斯干》云："约之阁阁。"㉝从（zòng 粽）欲：纵欲。从通"纵"，放纵。晁错《贤良文学对策》云："非以恣怒妄诛而从暴心也。"

[译文]

　　了解人才并取得效果，存在两方面的困难。一是难以了解的困难，（超众奇异的现象虚浮杂乱，所以正确认识较困难。）二是虽然了解却无法推荐的困难。（自己虽然认识人才，却无从举荐上去。）什么叫难以了解的困难呢？人的天资、性情等精妙细微，（智慧没有一定的形状，优异超群的才干精深而奇妙。）既能知晓人的精神实质，而且认识其外在表现，（想要深入了解人的内心，就要明白其智慧。）其中的方法、规律很难把握，因此出现难以了解的困难。（能够了解别人的人就聪明。帝王们在认识人才方面尚有疑难，何况一般人呢！）所以，一般人的观察都不能做到十分彻底和完备，（人们只是各自坚持其中的一个方面。）各自分别设置不同的标准尺度，借以辅助自己的考察和选取。（根据自己所具有的能力，逐个地考察众多的人才。）有的只察看人的身形容貌，（以人的外貌形状选拔人才。）有的仅考查日常的行为动作，（凭进步的快慢选拔人才。）有的只揣度其最初时的表现，（以其开始时是否正确来决定选取。）有的则揣测其思想倾向，（凭意图趋向选取人才。）有的推究其对事物细微的情感反应，（以一个人的情绪、心理变化来选取人才。）有的估计其曾犯下的过失错误，（凭检查和宽恕其过错选取人才。）有的根据其所讲的言论，（以其言辞论述的内容含义选取人才。）有的考核其办事能力。（仅以办事功效选取人才。）上述八种了解人才的方法，虚浮杂乱，（分别按自己心里认为正确的作为选拔人才的标准，所以就混杂而没有准则。）照此办理，能选取的人才就减少，失去的人才会很多。（只选拔那些和自己的标准相符合的人，因而失去了那些与自己标准不同的人，自己必然不可能兼备各种标准，所以失去的人才就最多。）因此，必定会出现刚一开始接触便相信其外表的错误，（有的仅靠外表相貌选取人才，实际行为却与外部表现背道而驰。）还有社会地位发生变化带来的谬误。（有的自身已沦落江湖，仍然心里想着朝廷。）所以，观察接触相遇的人，仅根据其外在行为或听信其现有的名声，就会丧失对其实质的真正认识。（所以，圣人了解一个人，既要听其言，还要观其行，如果有什么赞誉，必定要有所验证。）因此，显露出一点浅薄的才能，就认为其与众不同；（小聪明容易表现，外表看起来与才能的奇异相似。）智慧聪明深深地蕴藏在心中，表面沉默寡语，就认为其空虚无实；（智慧深沉，内心清亮，外表形态好像没有真才实学。）能够识别微小的事理，就认为具有洞察秋毫的离娄之明；（细细地探寻大道理的微小部分，看起来就像有离娄那样敏锐的眼光。）嘴上转述着评论等级次序的观点，就认为能够通晓经义名理；（勉强分辨出事物的类别，外表看来似乎有道理。）喜好评判是非，就认为能够褒贬善恶；（恣意胡说是非曲直，好像是明辨善恶。）批讲品目，排定名次，就认为能够分清不同的人物；（竭力评议贤能和愚昧，似乎能识别不同人物。）评议论说政治时事，就认为懂得国家的根本大事。（随心所欲地评论时事政治，好像是通晓治理国家的根本大事。）上述情况，犹如听辨有声音的物类，只能依据其声音来称呼它们。（人们对这七种错误搞不清楚，每一种都根据其行为来称呼它，犹如听到猫的叫声，就称其为猫，听到雀的叫声，就称其为雀，却不知道这两种动物究竟叫什么名字。世人的疑惑，都属于这种情况。所以，鲁国街上穿戴儒者服饰的，大家都认为是儒者，停下来询问一下，原来只有一个人是。）名声不符合实际，按名声来任用就不会有什么效益。（天上叫南箕的星宿不能够用来簸扬谷物，北斗星也不可以用来舀取酒浆。）所以说，名声通过人们的口述宣扬传播，而其真实可信的声誉却随着事实情况的验证而消退。（众人只看到传扬的表面现象而去称赞，所以，一旦实际任用，却没有效验。）怀有真才实学，外表含而不露的人，同样是名不副实，而任用这种人却有效果。（真实的才智蕴藏在内，一般人不能够发现。所以，在外面没有名声，却怀有实际才能。）因而，盛传不实的名声，会由于众人的正确认识而销声匿迹，而符合实际的才能，随着事迹的传播得到张扬，（有了真实效益，就会名声显著。）这是众人在初步接触中常常出现的失误。（智慧浮浅的人不知道结局，智慧深远的人不了解开始，所以，一般人观察事物，经常在最初的接触中失误。）因此，一定要等到人们处于相对稳定的地位上，然后再去识别他的真面目。

（审视其所处的是什么地位，观察其如何居于这个地位，那还有什么不能了解？）所以，生活稳定的时候，看他安心于什么；（安于传统生活的人，敦厚表现在仁慈。）事业通达的时候，看他举荐的是什么人；（敢于推举刚直不阿的人，其宽厚表现在品行合宜。）发财富裕的时候，看他日常所交往的都是些什么朋友；（结交庄重有尊严的人，其明智在于懂礼。）穷困潦倒不得志的时候，看他的所作所为；（钻研经典学术的人，其勤奋用于增长才智。）贫穷卑贱的时候，看他如何取舍财物。（只取自己分内应该得到的，其思想仍保留着诚信。）然后，才能够知道哪些是贤能的人，哪些是拙劣的人。（按前面所说去做的人就是贤能，与此做法相反的人就不是贤能。）这是已经经过试验证明的认识，并非最初接触留下的印象。（经过试验而得到的认识，难道还能是初步的印象吗？）仅凭了解人的资质还不足以认识人们各种不同的情况。（人的情况都在不断地变化，不可能经常识别准确。）况且天下的人，你不可能都去与他们交际相处。（所以，看他们的外表，仅可以了解到一点，不足以全部都知道。）有的人志趣发生改变，顺应客观事物的发展而变化；（所以，东汉光武帝刘秀失去平狄将军庞萌，董卓失去了曹操。）有的人没有达到自己的目的而中途犹豫动摇；有的人已经达到目的却又改换目标；（最初专心跟随光武帝起兵的李轶，最终却改投于刘玄。）有的人穷困潦倒却努力奋进；有的人得志而忘形，恣意放纵。（王莽当初身居低位，卑躬屈节，最后大权在握，穷奢极侈。）这又是在人们地位相对稳定时，进行观察所存在的失误。（人的性情变化如此之大，谁能准确无误地去断定呢？）由此而论，既能够掌握人的性情本质，又要了解到他的大概变化，把握其中的要领，这就是难以知人的困难。（既了解其基本情况，又能够察明其变化，这不是一般人所能弄明白的。）

何谓无由得效之难？上材已莫知，（已难识知。）或所识者在幼贱之中，未达而丧。(未及进达，其人已丧。)或所识者，未拔而先没。(未及拔举，已先没世。)或曲高和寡，唱①不见赞。(公叔痤荐商鞅，而魏王不能用。)或身卑力微，言不见亮②。(禽息举百里奚，首足皆碎。)或器非时好，不见信贵③。(窦后方好黄老，儒者何由见进。)或不在其位，无由得拔。(卞和非因匠，所以抱璞泣。)或在其位，以有所屈迫④。(何武举公孙录，而为王氏所推。)是以良材识真，万不一遇也。(材能虽良，当遇知己。知己虽遇，当值明王。三者之遭，万不一会。)须⑤识真在位，识百不一有也。(虽识已真，或不在位。)以位势值⑥可荐致⑦之，宜⑧十不一合也。(识已须在位，智达复须宜。)或明足识真，有所妨夺，不欲贡荐。(虽识辨贤愚，而屈于妨夺，故有不欲。)或好贡荐，而不能识真。(在位之人，虽心好贤善，而明不能识。)是故知与不知，相与⑨分乱于总猥⑩之中。(或好贤而不识，或知贤而心妒。故用与不用，同于众总，纷然淆乱。)实知者，患于不得达效。(身无位次，无由效达。)不知者，亦自以为未识。(身虽在位，而不能识。)所谓无由得效之难也。故曰：知人之效，有二难。(是以人主常当运其聪智，广其视听，明扬侧陋，旁求俊乂，举能不避仇雠，拔贤不弃幽隐，然后国家可得而治，功业可得而济也。)

[注释]

①唱：倡导。《史记·陈涉世家》云："为天下唱。"②亮：诚信。《孟子·告子下》云："君子不亮，恶乎执？"③信贵：信任，重视。④屈迫：受压抑。⑤须：等待。《韩非子·外储说左上》云："吴起须故人而食。"⑥值：相当。《仪礼·丧服》云："大功八升若九升。"郑玄注云："欲其文相值。"⑦荐致：推荐到，举荐成。致，达到。《礼记·玉藻》云："稽首据掌致诸地。"⑧宜：大概。《左传·成公六年》云："视流而行速，不安其位，宜不能久。"⑨相与：相互交错。相，共，交互。《周易·咸卦》云："柔上而刚下，

二气感应以相与。"与,参加,参与。《左传·僖公三十二年》云:"蹇叔之子与师。"⑩总猥(wěi伟):烦琐杂乱的聚合。总,聚合,汇集。《荀子·不苟篇》云:"总天下之要,治海内之众。"猥,杂滥,烦琐。《后汉书·范滂传》云:"尚书责滂所劾猥多,疑有私故。"

[译文]

什么叫无从推荐的困难?上等人才已是不可知晓,(已经难以识别。)有的已经识别出来的人才尚在幼年或贫贱之中,还没有来得及施展才华就丧失了生命。(未赶上推举显达,其生命已经结束。)有的已被识别的人才,还没有轮上提拔任用,就先去世了。(未赶上进一步提拔,已先行辞世。)有的才学精深,曲高和寡,虽然有人带头倡导举荐,却不被赞同响应。(魏国的宰相公孙痤在病中推荐商鞅,魏惠王却不任用。)有的推荐者身份卑贱,势力微薄,其荐举人才的言论得不到真诚的信任。(春秋时期,秦国大夫禽息,极力推举百里奚,不被秦穆公接受,最终导致头破血流。)有的因为才能不符合当时所好,不被信任和重视。(西汉的窦皇后喜好道家学说,因而当权之时黜退儒家大臣。崇尚儒学的人士凭什么被选拔任用呢?)有的推举者因不在相应的职位上,推举的人才就无法得到提拔。(春秋时期,楚国人卞和,因为不是制玉的名匠,两次将找到的玉璞献给楚王,却不被信任,先后被砍去双脚,所以,只好抱着玉璞在荆山下哭泣。)有的推荐者虽然在一定的职位上,却受到其他方面的压迫限制。(西汉末年的大司空何武,在满朝皆荐王莽的情况下,举荐公孙录。太后任用了王莽,何武最终被王莽诬陷自杀。)所以,优良的人才和能够识辨真才实学的人,在一万个人当中也不一定能遇到一个。(一个人的才能虽然优秀,还应当遇上了解自己的人。虽然遇上了解自己的人,还应当在明智的君王执政的时候。这三者恰好遇到一起的机会,一万次也碰不上一次。)等待能识别真才实学的人取得职位,这种情况认识一百个人也不一定会有一个。(即使有人认识自己的真才实学,或许又不在相应的职位上。)因为举荐人有相当的职位权势而能够推荐上去的，大概十个人中没有一个能够适合。（了解自己的人必须在职位上，智慧通达还要等待适当的机会。）有的人聪明才智足以识别真才实学，由于有其他方面的妨碍和干扰，便不想推荐。（虽然能够认识辨别贤良和愚昧，却屈服于别人的干预，所以造成不想推荐。）有的喜欢举荐人才，却不能识别真才实学。（有些身处一定职位的人，尽管心里喜好贤明优秀的人才，可是他们的才智不足以辨别真假人才。）因此，能够识别了解人才的人和不能识别了解人才的人，相互交错纷乱地混杂在一起，（有的爱惜人才却不能辨识真假，有的认识贤能却心存妒忌。所以，能任用的和不能任用的人，共同汇总在一起，乱纷纷的一片混乱。）真正能够认识人才的人，担心不能达到推荐的效果；（自身没有职位，无法推荐成功。）不能认识人才的人，也自以为不能识别人才而放弃举荐。（自身虽然处在一定职位上，却不能识别人才。）这就是所谓无法推荐人才的困难。所以说，了解识别人才并取得效果，存在两种困难。（因此，作为一国的君主，要常常发挥自己的聪明才智，扩大见闻，起用那些有才德而地位卑微的人，四处寻求有杰出才能的人，举荐贤能不回避仇敌，选拔贤良不放弃退隐之士，这样国家就能够得到治理，功业也可以成就。）

[点评]

本篇从"难知之难"与"无由得效之难"两个方面，论述了将人才举荐出来的种种困难。

要推举真正的人才，必须了解人才的实际情况，认识其本质。可是人才繁多，性情不一，既要认识人才的表现，还要知晓其实质，其中的方式、方法与变化规律奥妙无穷，难以把握，这是"难知之难"的原因。

由于多数人观察事物不全面，各有自己的标准，在了解人才时就出现八种虚浮杂乱的方法。有的只察看人才的外表，有的只察看人才的过去，有的只根据其言论……。大家都按自己的标准和方法选择人才，必然会失去许多不合乎自己标准的人才。这些片面的方法又造成只凭初步接触来认识人才的许多错误。所以，主观片面地了解人才是行不通的，必须全面观察人才的日常生活，在此基础上去识别他。如生活稳定时，他干些什么；得志时举荐什么人；失意时有何作为，等等。同时，还要观察人才在事物变化时的应变情况。既知其常情，又识其应变，二者都要认识到，这是难以了解人才的困难所在。

难以推荐人才的困难也很多。你了解的人才，还未顾上举荐，人才却发生意外而无法推举。有的人才虽然才学精深，却因曲高和寡或不合时宜而不被任用。有的举荐者身份卑微，推举人才而不被信任。有的想推荐人才，却不在其位而失败。还有的推荐者虽在其位，却因其他方面的干扰而无法举荐。更有一些人，愿意推举有才之士，而自己却不具备识辨真伪人才的学识，不是就此放弃，便是举荐失误。古今中外，举荐人才的途径多种多样，举荐成功则并非易事。这需要人才自身的努力，又离不开慧眼识人的伯乐，能否成功，最终还要取决于选拔任用者的远见卓识。

释争第十二

（贤善不伐，况小事乎。释忿去争，必荷荣福。）

[解题译文]

（自己的贤能善举尚不夸耀，更不要说那些微不足道的小事了。放弃对别人的怨恨，消除彼此之间的争斗，能够这样做必会得到无穷无尽的荣光和吉祥幸福。）

[提要]

优良贤能的人才在人际交往中，应当放弃相互争斗，保持谦虚忍让。"以不伐为大"，"以自矜为损"，"内勤己以自济，外谦让以敬惧"，这样才能走上事业昌盛、成功进取的道路，荣华富贵方可长久。争强好胜的人，"以在前为速锐，以处后为留滞；以下众为卑屈，以蹑等为异杰，以让敌为回辱，以陵上为高厉"，最终结果只能是结下仇怨。所以，"君子之求胜也，以推让为利锐，以自修为棚橹"，静则自省，动则恭顺，"战胜而争不形，敌服而怨不构"，以屈求伸，化敌为友，以不争为争。

盖善以不伐①为大，（为善而自伐其能，众人之所小。）贤以自矜②为损。（行贤而去自贤之心，何往而不益哉！）是故舜让于德③，而显义登闻④。汤降不迟，而圣敬日跻⑤。（彼二帝虽天挺圣德，生而上哲，犹怀劳谦，疾行退下。然后信义登闻，光宅天位。）郄至上人⑥，而抑下滋甚⑦。王叔⑧好争，而终于出奔。（此二大夫矜功陵物，或宗移族灭，或逃祸出奔。由此观之，争让之道，岂不悬欤。）然则卑让降下者，茂进之遂路也。（江海所以为百谷王，以其处下也。）矜奋⑨侵陵者，毁塞之险途也。（咒虎所以撄牢槛，以其性犷噬也。）是以君子举不敢越仪准⑩，志不敢凌轶等⑪，（足不苟蹈，常怀退下。）内勤己⑫以自济⑬，外谦让以敬⑭惧。（独处不敢为非，出门如见大宾。）是以怨难不在于身，而荣福通于长久也。（外物不见伤，子孙赖以免。）彼小人则不然，矜功伐能，好以陵人。（初无巨细，心发扬以陵物。）是以在前者人害之，（矜能奔纵，人情所害。）有功者人毁之，（恃功骄盈，人情所毁。）毁败者人幸之。（及其覆败，人情所幸。）是故并辔⑮争先，而不能相夺。（小人竞进，智不相过，并驱争险，更相蹈籍。）两顿⑯俱折，而为后者所趋。（中道而毙，后者乘之，譬兔殚犬疲，而田父收其功。）由是论之，争让之途，其别明矣。（君子尚让，故涉万里而途清。小人好争，足未动而路塞。）

[注释]

①伐：夸耀。《庄子·山木》云："自伐者无功。"②自矜：自傲。矜，骄傲，自夸。③舜让于德：语出《尚书·舜典》："帝曰：'格，汝舜。询事考言，乃言厎可绩，三载。汝陟帝位。'舜让于德，弗嗣。"舜，古史传说中父系社会后期部落联盟首领。姚姓，有虞氏，名重华，又称虞舜。尧帝时，舜因品德高尚，被四岳推选为尧帝的继承人。尧对舜考核了三年，命其摄行执政。但舜自认为德才不够，要让位于尧子丹朱，因丹朱不成器，舜才继帝位。舜让于德，即虞舜谦让于更有德才的人。④显义登闻：显著的德行立刻闻名于世。义，合宜的道德、行为或道理。《左传·隐公元年》云："多行不义必自毙。"

登,即刻,马上。《玉台新咏·古诗为焦仲卿妻作》:"登即相许和,便可作婚姻。"⑤汤降不迟,而圣敬日跻:商王成汤毫不迟疑地礼贤下士,他的圣明受到的尊敬与日俱增。此句源自《诗经·商颂·长发》,疏曰:"汤之下士尊贤甚疾而不迟也,其圣明恭敬之德日升而不退也。"汤,又称成汤、成唐、武汤、天乙、大乙、武王等,商王朝的创始人。他与有莘氏通婚后,任用陪嫁来的奴隶伊尹辅助国政,经十一次大的战争,消灭夏王朝。⑥郤(xì细)至上人:郤至欺压别人。郤至,春秋时期晋国大夫。也作郄至。晋厉公时,晋楚战于鄢陵,郤至有功,后居功自傲,生活奢侈,积怨甚多,招致杀身灭族之祸。⑦滋甚:更严重,更厉害。滋,益,增加。《孟子·公孙丑上》云:"若是,则弟子之惑滋甚。"甚,厉害,过分。《诗经·大雅·云汉》云:"旱既太甚,涤涤山川。"⑧王叔:春秋时期周王室卿士王叔陈生。因周灵王让伯舆的地位在王叔之上,王叔非常气愤,弃官出走。后来晋国曾派范宣子去劝解二人纠纷,未果,王叔就逃到晋国去了。⑨矜奋:奋勉。《管子·形势》云:"矜奋自功,而不因众人之力。"⑩仪准:法度、准则、标准。⑪轨等:法则,等级。⑫勤己:自己帮助自己,即自我完善。勤,帮助。《左传·僖公三年》云:"齐方勤我,弃德不祥。"⑬自济:与"勤己"同义。济,帮助,接济。《后汉书·何颙传》云:"为求援救,以济其患。"又含有利、有益之义。《周易·系辞下》云:"万民以济。"⑭敬:警戒。《诗经·大雅·常武》云:"既敬既戒,惠此南国。"⑮并辔(pèi配):并驾。辔,驾驭牲口的缰绳。《诗经·秦风·小戎》云:"四牡孔阜,六辔在手。"⑯顿:挫伤,困顿。《荀子·仲尼篇》云:"顿穷则从之疾力以申重之。"

[译文]

美好善良的品行中,以不自我夸耀为最崇高,(做了好事却自己夸耀自己的贤能,这是大家所蔑视的行为。)贤良的美德因骄傲自满而遭受损害。(施展贤能而去除自以为贤能的心理,往哪里能没有收益呢?)因此,虞舜谦让于有德才的人,他显赫的美德立刻闻名于世。商王成汤礼贤下士毫不迟疑,他的圣明受到的尊敬与日俱增。(这两位帝王,虽然天生具有突出超凡的圣德和与生俱来的聪慧,仍然怀有谦让功劳的美德,面对功名利禄,敢于急流勇退。这样做了之后,他们的诚信与美德立即闻名天下，都顺利安定地登上了帝王之位。）而春秋时代，晋国大夫郤至，居功自傲，欺压他人，他被别人压迫的时候也就更惨。东周王室的臣僚王叔陈生，争强好胜，最终只得出奔晋国。（这两位大夫居功自傲，恃强陵物，或者被杀身灭族，或者逃祸出奔。由此可见，争强好胜与恭敬谦让这两条道路，其结果难道还不够悬殊吗?）因此，谦卑退让，甘居人下是事业昌盛、成功进取的顺畅通达之路。（长江大海成为统帅众多山涧小溪的"大王"，原因就在于它们处在下游。）骄傲奋勉，侵强凌弱，这是毁坏声誉、阻塞前途的危险之路。（凶咒猛虎之类所以被关进牢笼，是因为它们的性情凶恶，强悍好斗，嗜好撕咬。）所以，君子的所作所为不敢超越一定的准则，个人的志向不敢凌驾于正常的法规秩序之上，（举足投步都不敢随意践踏，时常怀着谦让退下之心。）对内完善自我，以使自己的品行有所增益，对外谦恭礼让，以保持自己的警戒和谨慎。（单独居处时不敢胡作非为，外出交往如同会见贵宾。）这样一来，怨恨责难就不会招惹到自己身上，而且已有的荣耀和幸福也会长久不衰。（不被外人所伤害，子孙后代也因此消灾免祸。）那些心胸狭窄、目光短浅的小人却不是这样，他们居功自傲，夸耀才能，喜欢以此凌驾他人之上。（从来不分大事小事，心中想的都是如何能凌驾他人之上。）所以，当其处于别人之前的时候，人们就会忌妒他；（夸耀自己的才能，这是人们性情所忌妒的。）当其有所成就时，人们就诽谤他；（自恃有功，骄傲自满，这是人们性情上所要诋毁的。）当其遭受诽谤和失败时，人们就会为此幸灾乐祸。（等到他失败时，正是人们心里所希望的。）因此，当人们并驾齐驱、争先恐后地竞争时，却不一定这两方都能够获胜。（小人们竞逐争先，才智相等，却要并驾齐驱地争夺不易获取的成果，就会变本加厉地相互倾轧。）当双方两败俱伤后，却被后来者快速超过。（争斗双方半途而废，后来者乘机赶上，如同野兔被咬死，猎犬也疲劳，而种田人却坐收其利。）由此论之，争夺和谦让这两条不同的道路，其差别是十分明显的。(君子崇尚谦虚礼让,所以跋涉万里而道路畅通无阻。小人喜欢明争暗斗,脚步还未移动而路途已经堵塞。)

然好胜之人,犹谓不然。(贪则好胜,虽闻德让之风,意犹昧然,乃云古人让以得,今人让以失,心之所是,起而争之。)以在前为速锐,以处后为留滞;(故行坐汲汲,不暇脂车。)以下众为卑屈,以蹑等①为异杰;(苟秎起等,不羞负乘。)以让敌为回辱②,以陵上为高厉③。(故赵穿不顾元帅,麂子以偏师陷。)是故抗奋遂往,不能自反④也。(譬虎狼食生物,遂有杀人之怒。)夫以抗⑤遇贤,必见逊下;(相如为廉颇逡巡,两得其利。)以抗遇暴,必构敌难⑥。(灌夫不为田蚡持下,两得其尤。)敌难既构,则是非之理必溷而难明。(俱自是而非彼,谁明之耶?)溷而难明,则其与自毁何以异哉?(两虎共斗,小者死,大者伤,焉得而两全。)且人之毁己,皆发怨憾而变生衅⑦也。(若本无憾恨,遭事际会,亦不致毁害。)必依托于事,饰成端末⑧。(凡相毁谤,必因事类而饰成之。)其于听者虽不尽信,犹半以为然也。(由言有端角,故信之者半。)己之校报⑨,亦又如之。(复当报谤,为生翅尾。)终其所归,亦各有半,信著⑩于远近也。(俱有形状,不知其实,是以近远之听,皆半信于此,半信于彼。)然则交气疾争者,为易口而自毁也。(己说人之瑕,人亦说己之秽,虽詈人,自取其詈也。)并辞竞说者,为贷手以自殴。(辞忿则力争,己既殴人,人亦殴己,此其为借手以自殴。)为惑缪岂不甚哉!(借手自殴,借口自詈,非惑如何?)然原其所由,岂有躬自厚责,以致变讼⑪者乎?(己能自责,人亦自责,两不言竞,变讼何由生哉!)皆由内恕不足,外望不已。(所以争者,由内不能恕己自责,而外望于人不已也。)或怨彼轻我,或疾⑫彼胜己。(是故心争终无休

释争第十二　199

已。)夫我薄而彼轻之,则由我曲而彼直也。(曲而见轻,固其宜矣。)我贤而彼不知,则见轻非我咎也。(亲反伤也,固其宜矣。)若彼贤而处我前,则我德之未至也。(德轻在彼,固所宜也。)若德钧而彼先我,则我德之近次也。(德钧年次,固其常矣。)夫何怨哉?且两贤未别,则能让者为隽矣。(材均而不争优劣,众人善其让。)争隽未别,则用力者为惫[13]矣。(隽等而名未别,众人恶其斗。)是故蔺相如[14]以回车决胜于廉颇[15],寇恂[16]以不斗取贤于贾复[17]。(此二贤者,知争途不可由,故回车退避,或酒炙迎送,故廉贾肉袒,争尚泯矣。)**物势之反,乃君子所谓道也。**(龙蛇之蛰以存身,尺蠖之屈以求伸,虫微物耳,尚知蟠屈,况于人乎。)是故君子知屈之可以为伸,故含辱而不辞。(韩信屈于胯下之辱。)知卑让之可以胜敌,故下之而不疑。(展喜犒齐师之谓也。)及其终极,乃转祸而为福,(晋文避楚三舍,而有城濮之勋。)屈仇而为友。(相如下廉颇,而为刎颈之交。)使怨仇不延于后嗣,而美名宣于无穷。(子孙荷其荣荫,竹帛纪其高义。)君子之道岂不裕乎?(若偏急好争,则身危当年,何后来之能福?)且君子能受纤微之小嫌[18],故无变斗之大讼。(大讼起于纤芥,故君子慎其小。)小人不能忍小忿之故,终有赫赫之败辱。(小人以小恶为无伤而不去,故罪大不可解,恶积不可救。)怨在微而下之[19],犹可以为谦德也;(怨在纤微,则谦德可以除之。)变在萌而争之,则祸成而不救矣。(涓涓不息,遂成江河,水漏覆舟,胡可救哉!)是故陈馀以张耳之变[20],卒受离身之害。(思复须臾之忿,忘终身之恶,是以身灭而嗣绝也。)彭宠[21]以朱浮[22]之郄[23],终有覆亡之祸。(恨督责之小故,违终始之大计,是以宗夷而族覆也。)祸福之机,可不慎哉。(二女争桑,吴楚之难作;季郈斗鸡,鲁国之衅作。可不畏欤,可不畏欤。)

[注释]

①蹑（niè 涅）等：踩着同辈登高位。蹑，踩。《史记·陈丞相世家》云："汉王大怒而骂，陈平蹑汉王。"等，相同，同等。《淮南子·主术训》云："有法者而不用，与无法等。"②回辱：受对方的屈辱。回，回转，掉转。《离骚》云："回朕车以复路兮。"③高厉：高强而严厉。④自反：自觉返回。反，返回。《韩非子·说林上》云："春往冬反。"⑤抗：不顺从，违抗。引申为刚直不屈。⑥敌难：相互敌对的仇怨。⑦衅（xìn）：嫌隙，争端。⑧端末：事情的开始与结局。此指有头有尾的事情。⑨校（jiào 叫）报：对抗报复。校，较量，对抗。《战国策·秦策四》云："足以校于秦矣。"报，报复，报答。《左传·成公三年》云："无怨无德，不知所报。"⑩著（zhuó）：通"着"，附着，归于，依靠。贾谊《论积贮疏》云："今驱民而归之农，皆著于本，使天下各食其力。"⑪变讼：变故和争讼。变，变故，事变。《史记·李斯列传》云："陛下不图，臣恐其为变也。"⑫疾：妒忌。《史记·孙膑列传》云："庞涓恐其贤于己，疾之。"⑬惫：疲乏。《庄子·山木》云："何先生之惫邪？"⑭蔺相如：战国时期赵国的大臣。秦昭襄王许以15座城换赵国的"和氏璧"，相如奉璧前往。秦王得璧后却不欲给城，相如当廷争辩，用计取璧，终于完璧归赵。后又随赵王赴渑池之会，使赵王免受秦王的污辱，因功拜为上卿，位在将军廉颇之上。廉颇不服，欲辱相如，相如以国事为重，再三回避谦让。廉颇觉悟后，负荆请罪，两人结为至交。⑮廉颇：战国时期赵国名将。赵惠文王时，多次率军战胜齐国和魏国，拜为上卿。与蔺相如结为刎颈之交。赵孝成王十五年，破燕军，任相国，封信平君。后不得志而奔魏国。病死在楚国寿春。⑯寇恂：字子翼，东汉初期上谷昌平人，跟随刘秀打天下。后任颍川、汝南太守，封雍奴侯。贾复部下杀人，寇恂捕获并杀之。贾复感到受辱，扬言见到寇恂，一定要用剑杀掉他。恂以蔺相如自勉，尽量躲避，并以酒席款待贾复军队。光武帝从中和解。二人"共车同出，结友而去"。⑰贾复：字君文，南阳人，东汉名将。因功封胶东侯。与寇恂结怨，后释怨为友。⑱小嫌：小怨恨。《三国志·蜀书·先主传》云："于是璋收斩松，嫌隙始构矣。"⑲下之：以谦下退让的态度对待它。⑳陈馀以张耳之变：陈馀、张耳均为秦末大梁人，一起投奔陈涉起义军。武臣在河北自立为赵王，张耳任右丞相，陈馀

为大将军，二人成为刎颈之交。后二人分道扬镳，张耳投靠刘邦，与韩信联手击败赵军，杀陈馀。㉑彭宠：字伯通，东汉初期南阳宛人。哀帝时曾任渔阳太守。后归附光武帝刘秀。封建忠侯，赐号大将军。与幽州牧朱浮不和，攻拔蓟城，自立为燕王。后为子密所缚杀。㉒朱浮：字叔元，沛国萧人。从光武帝为大司马主簿，迁偏将军。后封大将军幽州牧，守蓟城，封舞阳侯。与彭宠有怨，被其战败俘获，光武帝重新任用为朝官，多次讥讽朝政，刘秀不悦，后被人诬告，赐死。㉓郄：同"郤"，嫌隙。《战国策·燕策》云："将军过听，以与寡人有郄，遂捐燕而归赵。"

[译文]

然而，争强好胜的人，仍不以为然。（性情贪婪就好争胜，虽然知道品德崇高的礼让风尚，思想却还处于愚昧不化的状态，于是就说：古人是把欲得到的让给他人，今人是把失去不要的让给他人。心中是这样想的，也就开始争强好胜。）把抢先占前视为快速精锐，以居于人后为滞留不前；（所以，行路坐车都急急忙忙，停车以给车轴涂抹油脂也顾不上。）以居于众人之下为卑贱受屈，把能够将同辈踩在脚下视为优异杰出；（以傲慢不敬的态度对待同辈，背信弃义，欺凌他人也不觉羞耻。）以礼让对手为受到对方的屈辱，把敢于欺凌上级视作高强严厉。（春秋时期，晋国的赵穿年少受宠，好勇而狂，不顾军帅命令，就独自出战；晋将彘子在晋楚邲之战前夕，自以为勇敢，有帅而不从，私自领军渡河，陷入敌阵。）因此，情绪亢奋就随意采取行动，往往在歧途上不能自返。（如同老虎豺狼这些猛兽，常吃活的动物，于是就有置人死地的猖狂。）用傲慢而不恭顺的态度对待贤能的人，一定会被贤能者谦逊礼让地对待。（战国时期，赵国大臣蔺相如有意回避礼让廉颇的不恭，对双方都有益。）以高亢不恭的态度对待性情强暴的人，必定会造成相互为敌的仇怨。（西汉的灌夫性情横暴，不甘居骄横专断的丞相田蚡之下，两人争斗，灌夫因不敬被灭族，双方都受众人的指责。）相互敌视的怨仇既已构成，那么双方是是非非的道理必然混淆难辨。（都认为自己对而对方错，谁能分辨清楚呢？）是非混淆而难以辨明，那么这与自我毁灭有什么不同呢？（两只老虎互相争斗，小的死了，大的受伤，怎么能够获得两全？）况且别人之所以要诋毁自己，都是因为怨恨，进而演变成嫌隙纠纷。（如果原来就没有怨恨，即使彼此之间遇到什么变故事端，也不至于去毁害对方。）这就必然要利用事端，把事情掩饰得有头有尾。（凡是双方的相互诋毁诽谤，一定是根据有关事件加工修饰而成的。）这些事对于旁听的人来说，即使不完全相信，仍然会相信其中的一半内容。（由于说的有根有据，所以让人觉得可信的内容有一半。）自己针锋相对的报复，也又如此。（又给对方相应的报复诽谤，以增强自己的说服力。）最后的结局是各自所说，都只有一半可信，相信的程度如何，取决于所听的早晚远近。（双方所说的都是大致情况，因不能了解其中的真实情况，所以，近处、远处不同地方听到的，也都是一半信从这一方，一半又相信那一方。）这样一来，互相生气，怀恨争斗的人，不过是换用他人的嘴而自我诋毁罢了。（自己说别人的缺点，别人也说自己的污秽，虽然骂了别人，自己也挨了别人的骂。）双方同时开口猛烈地相互攻击，这实际上是借别人的手来自我殴打。（言辞激愤就会导致武力相斗，自己已经打了别人，别人也会殴打自己，这就是借别人的手来自己打自己。）这种糊涂荒谬的行为难道不是太过分了吗？（借别人的手自己打自己，借他人的口自己骂自己，这不是糊涂是什么？）然而，追根寻源，难道有亲自重责本身的错误，而导致产生变故争讼的吗？（自己能够自我批评，别人也作自我批评，双方都不争辩，纠纷争讼从哪里产生？）这都是由于自己内心不够宽容，对别人苛求不已。（所以发生争执，是因为不能使自己宽容，做自我批评，而对别人的苛刻要求却没完没了。）有的怨恨对方轻视自己，有的忌妒对方胜过自己。（因此，暗中的争斗始终没有停止。）如果是我刻薄而对方轻视我，那是由于我偏邪而对方正直；（行为偏邪而被人轻视，本来就是应该的。）如果我贤能而对方并不知道，那么我被轻视就不是我的过失了。（因关系疏远不够了解而伤害对方，所以也属正常。）如果对方

释争第十二

贤能而位居我的前面,那是我的德行还没有达到他的水平;(对方德行在上,所以应该。)如果彼此德行相当,而对方先于我,那是我的德行接近而略次于对方。(品德相等而修养的时间略次,所以也属正常。)这样一想,还有什么可怨恨呢?况且两位贤良者的品德没有差别,那么,能够礼让的就是俊杰了。(才能和别人均等而不与人争优劣,众人赞赏他的谦让。)争当俊秀没能分出高下,那么用力大的就是能力不足。(才智一样出众,而名次不分先后,众人厌恶他们的争斗。)因此,蔺相如以回车避让,决胜于廉颇;寇恂靠以礼款待,放弃争斗取贤于贾复。(这二位贤明的人,知道相互争斗的路不可走,所以回车退避,或者酒肉迎送,因而廉颇和贾复负荆请罪,赔礼道歉,竞争高低的纠纷才泯灭了。)观察分析形势的反转变化,这就是君子所说的"道"。(龙蛇的冬眠是为了自身生存,尺蠖爬行时的屈体是为了伸展向前,这些微不足道的动物,还知道委曲求全,何况我们人类呢?)所以,君子知道忍受委屈可以施展才智,因而承受耻辱而无怨言;(韩信忍受从他人裤裆下爬过去的污辱。)懂得谦卑礼让可以战胜敌人,故此居于人下而不迟疑。(像春秋时期,鲁僖公让展喜犒劳前来伐鲁的齐国军队就是这样。)等事情发展到最后,就能使灾祸转变为吉祥,(晋文公命军队避让楚军,撤退90里,才有城濮之战大获全胜的功勋。)使仇敌屈服并成为朋友。(蔺相如以谦下的态度对待廉颇,进而二人结为刎颈之交。)使怨仇不延续到后代子孙,而美誉盛名世世代代传扬。(子孙承受其荣耀的庇护,史书记载其高风亮节。)君子处世的道理难道还不够宽宏富足吗?(如果为人偏执急躁,喜好争斗,当时就会危及自身,怎么能有子孙后代的幸福?)况且君子能够忍受细小的怨恨,所以没有变为争斗的大争讼。(大的争讼产生于小矛盾,所以君子谨慎地对待小事情。)缺乏修养的小人由于不能容忍小怨恨的缘故,最终会导致很大的失败和耻辱。(小人把小的不良行为看成无伤大雅的事情而不及时改掉,所以当过失增大之后就不易消除,罪恶积累太多就无可挽救。)当仇怨不大的时候，以谦让的态度看待对方，仍然可以称为品德谦逊。(怨恨处于微小状态，那么谦逊的品德可以消除它。) 变故处在萌芽阶段，却以争斗的态度对待它，那么就会酿成灾祸而无法挽救。(小溪涓涓不停地流淌，就汇成了长江大河，点点滴滴地漏水造成舟船倾覆，怎么能够拯救呢?) 因此，陈馀由于张耳叛变投汉，最终遭受杀身之祸。(只想报一时的怨恨，忘记考虑终身的不良后果。所以，自身灭亡而且子孙后代也断绝了。) 彭宠因为和朱浮不和，终于招来覆灭的灾难。(只因怨恨他人监督指责的小事，不顾一生的大计，所以，遭到宗庙被毁、家族被灭的灾祸。) 把握祸福变化的苗头，一定要慎重啊！(吴国和楚国边境上，两家少女争夺桑叶，引发了两国之间的战争灾难。鲁国季氏与郈氏斗鸡争胜，导致君臣贵族之间的矛盾隔阂，这能不让人害怕吗？能不让人恐惧吗？)

是故君子之求胜也，以推让为利锐，(推让所往，前无坚敌。) 以自修为棚橹①，(修己以敬，物无害者。) 静则闭嘿泯之玄门②，动则由恭顺之通路。(时可以静，则重闭而玄嘿；时可以动，则履正而后进。) 是以战胜而争不形③，(动静得节，故胜无与争；争不以力，故胜功见耳。) 敌服而怨不构。(干戈不用，何怨构之有？) 若然者悔吝④不存于声色，夫何显争之有哉？(色貌犹不动，况力争乎。) 彼显争者，必自以为贤人，而人以为险诐⑤者。(以己为贤，专固自是，是己非人，人不得不争乎！) 实无险德，则无可毁之义。若信有险德，又何可与讼乎？险而与之讼，是柙咒⑥而撄虎⑦，其可乎？怒而害人，亦必矣。《易》曰："险而违者，讼。讼必有众起。"(言险而行违，必起众而成讼矣。) 《老子》曰："夫惟不争，故天下莫能与之争。"(以谦让为务者，所往而无争。) 是故君子以争途之不可由也。(由于争途者，必覆轮而致祸。)

[注释]

①棚橹：指掩护自身的场所。棚，用草木、竹子等搭盖的小屋或篷架。橹，没有覆盖屋顶的望楼。《史记·司马相如传》云："泰山为橹。"集解引郭璞："橹，望楼也。"②嘿（mò默）泯之玄门：寂默无声、幽深玄妙的境界。嘿，同"默"。《荀子·不苟篇》云："君子至德，嘿然而喻。"泯，尽。《诗经·大雅·桑柔》云："乱生不夷，靡国不泯。"嘿泯，完全寂静无声。玄门，道教用语。《老子》云："玄之又玄，众妙之门。"此指玄妙无穷的一种高深境界。③不形：无形，没有表现或表露出来。④悔吝：悔恨。《周易·系辞》云："悔吝者，忧虞之象也。"⑤险诐（bì避）：邪诐不正。《诗经·周南·卷耳序》云："内有进贤之志，而无险诐私谒之心。"⑥柙（xiá狭）兕（sì似）：关押犀牛。柙，关押兽类的笼子。《论语·季氏》云："虎兕出于柙。"兕，兽名，古书中常拿兕和犀对举。《尔雅·释兽》认为兕似牛，犀似猪。后人认为兕为雌犀牛。⑦撄（yīng英）虎：触犯老虎。撄，触犯，接触。《孟子·尽心下》云："有众逐虎，虎负嵎，莫之敢撄。"

[译文]

因此，君子追求胜利，是把推辞和谦让当作锐利的武器，（凭借推辞和谦让，所到之处没有坚不可摧的敌人。）以自我修养作为掩护自身的场所，（靠慎重修养自己的品德，别人就不会有忌妒的。）安静时就封闭在沉默无语的幽深玄妙之境界中，行动时就遵循恭敬顺从的通达道路。（时间允许安静下来，就深深地闭门修养，进而达到沉静无为的境地。时间上有行动的机会，就要履行正义并跟随先人前进。）所以，战胜敌手却不见争斗的表现，（行动和静止都有节制有限度，所以取得胜利就没有和人争斗。竞争不依靠强力，所以胜利和成就便实现了。）敌方屈服却未造成怨恨。（没有争斗，能有什么怨仇？）如果能像这样，人们的后悔怨恨都不在言行神色上表现出来，还会有什么公开的争斗呢？（在神色外貌上还看不到动静，更不要说去激烈竞争了。）那些发生公开争斗的人，必定自以为是贤明的人，而别人却认为他是邪诐不正的人。（认为自己是贤能的人，因而专横固执，自以为是，凡事都肯定自己，否定别人，别人能不与他争斗吗？）一个人确实没有险恶的品德，那就不存在被人诽谤的道理。如果他真的有险恶的品德，又怎么能够与他争讼呢？他的品行险恶却要与他争讼，这如同关押犀牛和触犯老虎，这样做能行吗？由此引发愤怒并伤害人，也是必然的了。《易经》上说："性情凶险而行为邪恶的人容易引起争讼，争讼必然有众人发动。"（这是说性情凶险而行为邪恶的人，必然会发动众人并形成争讼。）《老子》说："正是因为不和别人争斗，所以天下没有谁能争得过他。"（以谦让作为日常必须遵守的准则，无论到什么地方都不会有争斗。）因此，君子认为争斗的道路不可走。（从争斗的路途上经过的人，必定会翻车并导致灾祸。）

是以越俗乘高，独行于三等之上。何谓三等？大无功而自矜，一等。（空虚自矜，故为下等也。）有功而伐之，二等。（自伐其能，故为中等。）功大而不伐，三等。（推功于物，故为上等。）愚而好胜，一等。（不自量度，故为下等。）贤而尚人①，二等。（自美其能，故为中等。）贤而能让，三等。（归善于物，故为上等。）缓己急人②，一等。（性不恕人，故为下等。）急己急人，二等。（褊戾峭刻，故为中等。）急己宽人，三等。（谨身恕物，故为上等。）凡此数者，皆道之奇，物之变也。（心不纯一，是为奇变。）三变而后得之，故人莫能远③也。（小人安其下等，何由能及哉。）夫惟知道通变者，然后能处之。（处上等而不失者也。）是故孟之反④以不伐，获圣人之誉。（不伐其功，美誉自生。）管叔⑤以辞赏，受嘉重之赐。（不贪其赏，嘉赐自致。）夫岂诡遇⑥以求之哉，乃纯德自然之所合⑦也。（岂故不伐辞赏，诡情求名耶？乃至直发于中，自与理会也。）彼君子知自损⑧之为益，故功一而美二。（自损而行成名立。）小人不知自益⑨之为损，故一伐而并失。（自伐而行毁名丧。）由此论之，则不伐者，伐之也。不争者，争之也。（不伐而名章，不争而理得。）让敌者，胜之也。下众者，上之也。（退让而敌服，谦尊而德光。）君子诚能睹争途之名险，独乘高于玄路⑩，则光晖焕而日新，德声伦⑪于古人矣。（避忿肆之险途，独逍遥于上等，远燕雀于啁啾，跻鸣凤于玄旷，然后德辉耀于来今，清光侔于往代。）

[注释]

①尚人：超越别人或高傲地对待别人。尚同"上"。《孟子·万章下》："舜尚见帝。"②急人：对别人严谨。急，紧急。《孟子·滕文公下》："未尝闻仕如此其急。"此处有严格、严厉之义。③远：疏远，离开。《论语·雍也》："敬鬼神而远之，可谓知矣。"④孟之反：春秋时期鲁国大夫。名侧，字反。鲁哀公十一年，鲁国与齐国交战，鲁国军队大败而回，孟之反在后面掩护撤退。回到城门口时，受到人们的赞扬，他却用鞭子打着马说："非敢后也，马不进也。"并未居功自傲。⑤管叔：周武王之弟，周成王之叔姬鲜。周武王克商后，封于管。后与蔡叔、武庚等作乱被杀。他并无辞赏之事。因辞官退隐而受到赏赐的有三国时期的管宁，字幼安，此人《三国志·魏书》有传，疑是此人，而"叔"字为"宁"字之误。⑥诡遇：指古时狩猎不按礼法规定，随意猎杀禽兽。后比喻采取不正当的方法猎取名利地位。《孟子·滕文公下》："吾为之范我驰驱，终日不获一。为之诡遇，一朝而获十。"⑦合：配，配合，符合。《诗经·大雅·大明》："天作之合。"⑧自损：自我贬降。损，谦抑，贬低。《三国志·魏书·管辂传》："未有损己而不光大，行非而不伤败。"⑨自益：自我增益。益，利益，好处。《尚书·大禹谟》："满招损，谦受益。"⑩玄路：指超脱世俗的神妙无穷的境界。⑪伦：类，同。

[译文]

所以，要超脱世俗，追随崇高的道德境界，独立不移地越居"三等"之上。什么叫"三等"呢？基本上没有建立功绩却自高自大，这属于一等。（空虚无能又骄傲自大，所以列为下等。）有一定的功劳却自我夸耀，这属于二等。（自己夸耀自己的才能功绩，所以列为中等。）成就的功业很大却不自我夸耀，这属于三等。（放弃功名，归功于其他人,所以列为上等。)头脑愚昧却争强好胜,这属于一等。(不自量力,所以列为下等。)才智贤明却争居人上,这属于二等。(自己赞美自己的才能比别人好,所以列为中等。)才能贤明而且能够谦让,这属于三等。(把功劳善举归于别人,所以列为上等。)宽待自己而严待别人,这属于一等。(性情苛刻,不能宽恕别人,所以列为下等。)严于律己又严厉待人,这属于二等。(性情偏执凶暴,对人严厉刻薄,所以列为中等。)严于律己,宽以待人,这属于三等。(自身谨慎小心,对人宽宏大量,所以列为上等。)大致有以上几种情况,这都是事物自然发展的不同表现和正常的变化。(人心不是纯洁单一的,因此就出现了不同的变化。)经过多次对三种行为变化的观察之后,才获得了正确的道理,所以,人们没有谁能背离它。(小人甘愿处于下等,怎么能赶上二、三等呢?)只有成为了解事物发展的规律并且通权达变的人,才能处于第三等。(位居上等而没有过失的人。)因此,孟之反由于不自我夸耀,才荣获圣人一样的赞誉;(不夸耀自己的功德,美好的声誉自然就产生。)管叔由于辞让对他的赞赏,受到隆重的嘉奖赏赐。(不贪求赞扬,嘉奖和赏赐自然会得到。)这些难道是用不正当的手段得到的吗?这是纯洁的品德与自然规律完美结合的结果。(难道是故意谦让、不自夸,用不正当的手段求取名誉?这是发自内心最正直无邪的德行,自然符合事物发展的道理。)那些品德高尚、才能出众的君子,懂得自我贬抑能够获益,所以,总是有一份功绩而得到二倍的赞美。(自己谦让自贬,却能功成名就。)才智浅薄的小人,不明白自己夸耀自己,是对自身的损害,所以,每次自我炫耀都造成名利的损失。(自夸便言行遭到诋毁,名誉受到损失。)由此论之,不自我宣扬炫耀的人,却受到了夸赞表扬;不争名夺利的人,却名利双收;(不自夸而名声显著,不争辩而事理已得。)避让敌手的人,战胜了敌手;甘居人下者,却位居众人之上。(主动退让而敌方屈服,屈尊谦让而美德光大。)君子如果真的能够看清争斗之途的巨大风险,在超脱世俗的神奇道路上,独自追求崇高的境界,就会事业光辉灿烂,日新月异,道德声望可与古代圣贤相媲美了。(避开充满争斗怨恨的危险路途,独自在上等区域内逍遥自在。远离目光短浅、燕雀般小人的闲言碎语,好像在幽深广阔的境界中,领略凤凰般高尚的圣贤教诲。这样,才能品德辉煌,照耀当今和未来;美丽卓越的风采,等同于昔日的圣贤。)

[点评]

本篇反复论述了人才争斗的危害、原因,放弃争斗的吉祥,倡导人们"善以不伐为大,贤以自矜为损","内勤己以自济,外谦让以敬惧",用谦虚忍让的态度对待争斗。"以推让为利锐,以自修为棚橹",取得"战胜而争不形,敌服而怨不构"的效果。并告诫争强好胜之人,"以在前为速锐,以处后为留滞;以下众为卑屈,以躐等为异杰;以让敌为回辱,以陵上为高厉",将导致结交仇怨,自我诋毁。

文中再三强调的"不伐"、"不争"、"卑让降下"等处世之道,都属典型的儒家和道家的思想内容。其源远流长,几千年来已经渗透到政治、经济、军事、日常生活等各个领域,成为中华民族宝贵的文化遗产。儒家历来主张谦让恭敬,以和为贵,行中庸之道,把谦虚礼让作为个人修养的重要方面。《孟子·公孙丑上》曰:"辞让之心,礼之端也。"以谦让为个人修身的四大前提之一,视为礼的开端。《荀子·不苟篇》曰:"君子宽而不僈,廉而不刿,辩而不争,察而不激,寡立而不胜,坚强而不暴,柔从而不流,恭敬谨慎而容。"在《荀子·臣道篇》中,更明确地讲:"恭敬,礼也;调和,乐也;谨慎,利也;斗怒,害也。"提倡无为而治、不争而胜是道家学派的理论精髓。《老子》曰:"夫惟不争,故天下莫能与之争。""善用人者为之下,是谓不争之德。"刘劭总结的"不伐者,伐之也。不争者,争之也。让敌者,胜之也。下众者,上之也",可谓纯粹的道家思想。

本篇主张的以屈求伸、卑让胜敌、以推让为利锐等处理人际关系的方法，均与儒家的谦让、道家的不争同出一辙。作为一种谋略和方法，它由来已久。其本质是积极的，主动的，进取的，是要以退为进，以柔克刚，以屈求伸，以不争而获胜。《老子》中说："曲则全，枉则直，洼则盈，敝则新，少则得，多则惑……古之所谓曲则全者，岂虚言哉？"老子以退为进的处世哲学，虽浅显易懂，却寓意精深。退让为下一步前进留出了余地，委曲可以自我保全，以图继续发展。在中外战争史上，主动撤退诱歼敌军的事例很多，战国时期，齐魏两国的"马陵之战"即是以退取胜的范例。当时魏军来势凶猛，齐国军师孙膑建议齐军假装败退至马陵，一举将庞涓所率十余万人全歼，俘获魏太子申，庞涓也自杀身亡。《周易·系辞下》曰："往者屈也，来者信也，屈信相感而利生焉。尺蠖之屈，以求信也。龙蛇之蛰，以存身也。"这也是用软虫以收缩求伸展、龙蛇以藏身保存生命作比喻，说明委曲求全的道理。没有博大的胸怀，较深的修养，高度的自我克制精神，要做到这一点并非易事。不少人才由于宁折不弯、英雄气短而难以退避自保，委曲求全。春秋战国时期，越王勾践是以屈求伸的典型人物之一。他卧薪尝胆，报仇雪恨，终于灭吴兴国。当代中国伟大的政治家邓小平，三起三落的政治生涯，向世人展示了他忍辱负重、坚忍不拔的杰出风范。

　　谦让不争实属为人处世之道，与人才自身的聪明才能无直接关系。刘劭单独立篇阐述，可见其对人才的成长、才智的发挥有着举足轻重的意义。无论何等人才，首先是保存自身，然后才是谋取发展，谦让不争为此提供了保障。事实证明，并非才能超群就可成就事业。那些不懂谦让、遇事争强好斗的人才，往往因此而自毁前程。

附录一

人物志序

人性为之原,而情者性之流也。性发于内,情导于外,而形色随之。故邪正态度,变露莫状,溷而莫睹其真也。惟至哲为能,以材观情索性,寻流照原,而善恶之迹判矣。圣人没,诸子之言性者各胶一见,以倡惑于后,是俾驰辨斗异者得肆其说,蔓衍天下。故学者莫要其归,而天理几乎熄矣。予好阅古书,于史部中得刘邵《人物志》十二篇,极数万言。其述性品之上下、材质之兼偏,研幽摘微,一贯于道,若度之长短,权之轻重,无铢发蔽也。大抵考诸行事,而约人于中庸之域,诚一家之善志也。由魏至宋历数百载,其用尚晦,而鲜有知者。吁,可惜哉!雕虫篆浅技,无益于教者,犹刊镂以行于世。是书也,博而畅,辨而不肆,非众说之流也。王者得之,为知人之龟鉴;士君子得之,为治性修身之檠栝。其效不为小矣。予安得不序而传之。媲夫良金美玉,簏椟一启,而观者必知其宝也。

阮逸 撰

跋

　　右《人物志》三卷十二篇，魏刘邵撰。案：隋唐《经籍志》篇第皆与今同，列于名家。十六国时，敦煌刘昞重其书，始作注解。然世所传本多谬误，今合官私书校之，去其复重附益之文为定本。内或疑字，无书可证者，今据众本皆相承传疑难，辄意改云。邵之叙五行曰："简畅而明砭，火之德也。"遍检书传，无明砭之证。案：字书砭者，以石刺病，此外更无他训。然自魏晋以后，转相传写，豕亥之变，莫能究知，不尔则邵当别有异闻，今则亡矣。愚谓明砭都无意义，自东晋诸公草书"启"字为然。疑为"简畅而明启"耳。

文宽夫　题

序人物志后

余尝三复《人物志》，而窃有感焉。夫人德性资之继成，初未始有异也，而终之相去悬绝者，醇驳较于材，隆污判诸习。曰三品，曰五仪，胥是焉，而贤不肖殊途矣。是以知人之哲，古人难之。言貌而取人者，圣人弗是也。兹刘邵氏之有以志人物也乎。修己者得之以自观，用人者持之以照物，焉可废诸。然用舍之际，人材之趋向由之，可弗慎乎。精于择，而庸适其能；笃于任，而弗贰以私。则真材获用，大猷允升矣。其或偏听眩志，而用不以道，动曰才难。吾恐萧艾弗择，鱼目混珍也。

左冯翊王三省识

重刻人物志跋

刘邵《人物志》凡十二篇，辨性质而准之中庸，甄材品以程其职任。事核词章，三代而下，善评人品者，莫或能逾之矣。邵生汉末，乃其著论体裁，缅然有荀卿、韩非风致，而亹亹自成一家言。即九征八则之论，质之孔孟观人之法、唐虞九德之旨，自有发所未发者。后世欲辨官论材，恶可以不知也。顾其书获见者少，又脱落难读。大中丞真定梁公，持节钺拊镇中州，熊车所莅，吏称民安。爰觅善本，加订正，刻之宋郡，用以传之人人。授简属吏旻缀一言于末简。旻得卒业，反复《流业篇》国体、器能之说，深有味乎其言之也。今中丞公厉风俗，正天下，谋庙胜，三材允兼，至其振策群吏，惟器所适，靡不奋力展采，兢兢罔敢怠遑，总达众材至矣。异日秉钧当轴，将使官不易方，而太平用成。知人安民之道，拭目身亲见之。邵之志，何幸获酬于公哉。刻成辄忘固陋，僭书识刻之岁月，览者当知言之非佞云。

　　隆庆六年壬申仲夏之吉，归德府知府揭阳郑旻谨书

人物志提要

臣等谨案：《人物志》三卷，魏刘邵撰。邵，字孔才，邯郸人，黄初中官散骑常侍，正始中赐爵关内侯，事迹具三国《魏志》。别本或作刘劭，或作刘卲。此书末有宋庠《跋》云："据今官书《魏志》作勉劭之'劭'，从力。他本或从邑者，晋邑之名。案：字书此二训外，别无他释，然俱不协孔才之义。《说文》则为邵，音同上，但召旁从阝耳，训高也；李舟《切韵》训美也。高、美又与孔才义符。扬子《法言》曰周公之才之邵，是也。"所辨精核，今从之。其注为刘昞所作。昞，字延明，敦煌人，旧本名上结衔题"凉儒林祭酒"，盖李暠时尝授是官。然《十六国春秋》称，沮渠蒙逊平酒泉，以昞为秘书郎，专管注记。魏太武时，又以昞为乐平王从事中郎，则昞历事三主，惟署凉官者误矣。邵书凡十二篇，首尾完具，晁公武《读书志》作十六篇，疑传写之误。其书主于论辨人才，以外见之符，验内藏之器，分别流品，研析疑似，故《隋志》以下皆著录于名家。然所言究悉物情，而精核近理。视尹文之说，兼陈黄老、申韩、公孙龙之说，惟析"坚白同异"者迥乎不同。盖其学虽出于名家，其理则弗乖于儒者也。昞注不涉训诂，惟疏通大意，而文词简古，犹有魏晋之遗。《汉魏丛书》所载，仅每篇之首，存其解题十六字，而尽删注释，且卷首讹题晋人，殊为疏舛。此本为万历甲申河间刘用霖所刊，盖用隆庆壬申郑旻旧板而修之，犹古本云。乾隆四十一年七月恭校上。

《四库全书》
总纂官：臣纪昀、臣陆锡熊、臣孙士毅
总校官：臣陆费墀

附录二

刘劭传

刘劭，字孔才，广平邯郸人也。建安中，为计吏，诣许。太史上言："正旦当日蚀。"劭时在尚书令荀彧所，坐者数十人，或云当废朝，或云宜却会。劭曰："梓慎、裨灶，古之良史，犹占水火，错失天时。《礼记》曰：诸侯旅见天子，及门不得终礼者四，日蚀在一。然则圣人垂制，不为变〔异〕豫废朝礼者，或灾消异伏，或推术谬误也。"彧善其言。敕朝会如旧，日亦不蚀。

御史大夫郗虑辟劭，会虑免，拜太子舍人，迁秘书郎。黄初中，为尚书郎、散骑侍郎。受诏集五经群书，以类相从，作《皇览》。明帝即位，出为陈留太守，敦崇教化，百姓称之。征拜骑都尉，与议郎庾嶷、荀诜等定科令，作《新律》十八篇，著《律略论》。迁散骑常侍。时闻公孙渊受孙权燕王之号，议者欲留渊计吏，遣兵讨之。劭以为："昔袁尚兄弟归渊父康，康斩送其首，是渊先世之效忠也。又所闻虚实，未可审知。古者要荒未服，修德而不征，重劳民也。宜加宽贷，使有以自新。"后渊果斩送权使张弥等首。劭尝作《赵都赋》，明帝美之，诏劭作《许都赋》、《洛都赋》。时外兴军旅，内营宫室，劭作二赋，皆讽谏焉。

青龙中，吴围合肥，时东方吏士皆分休，征东将军满宠表请中军兵，并召休将士，须集击之。劭议以为："贼众新至，心专气锐。宠以少人自战其地，若便进击，不必能制。宠求待兵，未有所失也。以为可先遣步兵五千，精骑三千，军前发，扬声进道，震曜形势。骑到合肥，疏其行队，多其旌鼓，曜兵城下，引出贼后，拟其归路，要其粮道。贼闻大军来，骑断其后，必震怖遁走，不战自破贼矣。"帝从之。兵比至合肥，贼果退还。

时诏书博求众贤。散骑侍郎夏侯惠荐劭曰："伏见常侍刘劭，深忠笃思，体周于数，凡所错综，源流弘远，是以群才大小，咸取所同而斟酌焉。故性实之士服其平和良正，清静之人慕其玄虚退让，文学之士嘉其推步详密，法理之士明其分数精比，意思之士知其沉深笃固，文章之士爱其著论属辞，制度之士贵其化略较要，策谋之士赞其明思通微，凡此诸论，皆取适己所长而举其支流者也。臣数听其清谈，览其笃论，渐渍历年，服膺弥久，实为朝廷奇其器量。以为若此人者，宜辅翼机事，纳谋帏幄，当与国道俱隆，非世俗所常有也。惟陛下垂优游之听，使劭承清闲之欢，得自尽于前，则德音上通，辉耀日新矣。"

景初中，受诏作《都官考课》。劭上疏曰："百官考课，王政之大较，然而历代弗务，是以治典阙而未补，能否混而相蒙。陛下以上圣之宏略，愍王纲之弛顿，神虑内鉴，明诏外发。臣奉恩旷然，得以启蒙，辄作《都官考课》七十二条，又作《说略》一篇。臣学寡识浅，诚不足以宣畅圣旨，著定典制。"又以为宜制礼作乐，以移风俗，著《乐论》十四篇，事成未上。会明帝崩，不施行。正始中，执经讲学，赐爵关内侯。凡所撰述，《法论》、《人物志》之类百余篇。卒，追赠光禄勋。子琳嗣。

（《三国志·魏书》）

刘昞传

刘昞,字延明,敦煌人也。父宝,字子玉,以儒学称。昞年十四,就博士郭瑀学。时瑀弟子五百余人,通经业者八十余人。瑀有女始笄,妙选良偶,有心于昞。遂别设一席于坐前,谓诸弟子曰:"吾有一女,年向成长,欲觅一快女婿,谁坐此席者,吾当婚焉。"昞遂奋衣来坐,神志肃然,曰:"向闻先生欲求快女婿,昞其人也。"瑀遂以女妻之。

昞后隐居酒泉,不应州郡之命,弟子受业者五百余人。李暠私署,征为儒林祭酒、从事中郎。暠好尚文典,书史穿落者亲自补治,昞时侍侧,前请代暠。暠曰:"躬自执者,欲人重此典籍。吾与卿相值,何异孔明之会玄德。"迁抚夷护军,虽有政务,手不释卷。暠曰:"卿注记篇籍,以烛继昼。白日且然,夜可休息。"昞曰:"朝闻道,夕死可矣,不知老之将至,孔圣称焉。昞何人斯,敢不如此。"昞以三史文繁,著《略记》百三十篇、八十四卷,《凉书》十卷,《敦煌实录》二十卷,《方言》三卷,《靖恭堂铭》一卷,注《周易》、《韩子》、《人物志》、《黄石公三略》,并行于世。

蒙逊平酒泉,拜秘书郎,专管注记。筑陆沉观于西苑,躬往礼焉,号"玄处先生",学徒数百,月致羊酒。牧犍尊为国师,亲自致拜,命官属以下皆北面受业焉。时同郡索敞、阴兴为助教,并以文学见举，每巾衣而入。

世祖平凉州，士民东迁，夙闻其名，拜乐平王从事中郎。世祖诏诸年七十以上听留本乡，一子扶养。昞时老矣，在姑臧，岁余，思乡而返，至凉州西四百里韭谷窟，遇疾而卒。

昞六子。长子僧衍，早亡。次仲礼，留乡里。次字仲，次贰归，少归仁，并迁代京。后分属诸州，为城民。归仁有二子，长买奴，次显宗。

太和十四年，尚书李冲奏：昞河右硕儒，今子孙沉屈，未有禄润，贤者子孙宜蒙显异。于是除其一子为郢州云阳令。正光三年，太保崔光奏曰："臣闻太上立德，其次立功、立言。死而不朽，前哲所尚；思人爱树，自古称美。故乐平王从事中郎敦煌刘昞，著业凉城，遗文兹在，篇籍之美，颇足可观。如或愆衅，当蒙数世之宥，况乃维祖逮孙，相去未远，而令久沦皂隶，不获收异，儒学之士，所为窃叹。臣忝职史教，冒以闻奏，乞敕尚书，推检所属，甄免碎役，用广圣朝旌善继绝。敦化厉俗，于是乎在。"四年六月诏曰："昞德冠前世，蔚为儒宗，太保启陈，深合劝善。其孙等三家，特可听免。"河西人以为荣。

（《魏书》）

附录三

读《人物志》

刘邵《人物志》三卷十二篇，隋唐志均列入名家。凉刘昞为之注。唐刘知幾《史通·自序篇》及《李卫公集·穷愁志》均有称述。此外罕有论及者。宋阮逸序惜其由魏至宋，历数百载，鲜有知者。然阮乃云得书于史部，则实不知本为魏晋形名家言。其真相晦已久矣。按汉魏之际，中国学术起甚大变化。当时人著述，存者甚鲜。吾人读此书，于当世思想之内容，学问之变迁，颇可知其崖略，亦可贵矣。兹分三段述所见，一述书大义，二叙变迁，三明四家（名法儒道）。

一

书中大义可注意者有八。

一曰品人物则由形所显观心所蕴。人物之本出于情性。情性之理玄而难察。然人禀阴阳以立性，体五行而著形。苟有形质，犹可即而求之。故识鉴人伦，相其外而知其中，察其章以推其微。就人之形容声色情味而知其才性。才性有中庸，有偏至，有依似，各有名目。故形质异而才性不同，因才性之不同，而名目亦殊。此根本为形名之辨也。汉代选士首为察举（魏因之而以九品官人），察举则重识鉴。刘邵之书，集当世识鉴之术。论形容则尚骨法。昔王充既论性命之原，遭遇之理（《论衡》第一至第十），继说骨相（第十一），谓察表候以知命,犹察斗斛以知容。其原理与刘邵所据者同也。论声则原于气禀。气合成声,声应律吕。故整饰音辞,出言如流,宫商朱紫发言成句,乃清谈名士所尚。论色则诚于中形于外。诚仁则色温柔,诚勇则色矜奋,诚智则色明达。此与形容音声,均由外章以辨其情性,本形名家之原理也。论情味则谓风操,风格,风韵。此谓为精神之征。汉魏论人,最重神味。曰神姿高彻,神理隽彻,神矜可爱,神锋太俊,精神渊箸。神之征显于目(邵曰:"征神见貌,则情发于目"),蒋济作论谓观其眸子可以知人。甄别人物,论神最难。论形容,卫玠少有璧人之目,自为有目者所共赏。论神情,黄叔度汪汪如千顷之陂,自非巨眼不能识。故蒋济论眸子,而申明言不尽意之旨。盖谓眸子传神,其理微妙,可以意得,而不可以言宣也。《抱朴子》曰:"料之无惑,望形得神,圣者其将病诸。"《人物志》曰:"能知精神,则穷理尽性。"二语均有鉴于神鉴之难也。

二曰分别才性而详其所宜。凡人禀气生,性分各殊。自非圣人,材能有偏。就其禀分各有名目(此即形名)。陈群立九品,评人高下,各为辈目。傅玄品才有九。《人物志》言人流之业十有二焉。有清节家,师氏之任也。有法家,司寇之任也。有术家,三孤之任也。有国体,三公之任也。有器能,冢宰之任也。有臧否,师氏之佐也。有智意,冢宰之佐也。有伎俩,司空之任也。有儒学,安民之任也。有文章,国史之任也。有辩给,行人之任也。有雄杰(骁雄),将帅之任也。夫圣王体天设位,序列官司,各有攸宜,谓之名分。人材禀体不同,所能亦异,则有名目。以名目之所宜,应名分(名位)之所需。合则名正,失则名乖。傅玄曰:"位之不建,名理废也。"此谓名分失序也。刘邵曰:"夫名非实,用之不效。"此谓名目滥杂也。圣人设官分职,位人以材,则能运用名教。袁弘著《后汉纪》,叙名教之本。其言有曰:"至治贵万物得所而不失其情。"圣人故作为名教,以平章天下。盖适性任官,治道之本。欲求其适宜,乃不能不辨大小与同异。《抱朴子·备阙篇》云:"能调和阴阳者,未必能兼百行,修简书也。能敷五迈九者,不必能全小洁,经曲碎也。"蔡邕《荐赵让书》曰:"大器之于小用,固有所不宜。"皆辨小大,与《人物志·材能篇》所论者同(持义则异)。当世之题目人物者,如曰庞士元非百里才,此言才大用小之不宜也。《昌言》云:"以同异为善恶。"《抱朴子》云:"校同异以备虚饰。"《人物志》曰:"能出于材,材不同量,材能既殊,任政亦异。"曰:"能识同体之善,而或失异量之美。"曰:"取同体也,则接论而相得。取异体也,虽历久而不知。"皆论知人与同异之关系也(参看《论衡·答佞篇·贤佞同异》)。

三曰验之行为以正其名目。夫名生于形须符其实,察人者须依其形实以检其名目。汉晋之际,固重形检,而名检行检之名亦常见。《老子》王弼注曰:"圣人不立形名以检于物。"夏侯玄《时事议》云:"互相形检,孰能相失。"《论衡·定贤篇》云:"世人之检。"傅玄曰:"圣人至明,不能一检而治百姓。"皆谓验其名实也(检本常作验)。刘邵有见于相人之难,形容动作均有伪似。故必检之行为,久而得之。如言曰:"必待居止然后识之。故居视其所安,达视其所举,富视其所与,穷视其所为,贫视其所取,然后乃能知贤否。此又已试,非始相也。"(刘注云:"试而知之,岂相也哉?")《人物志》八观之说,均验其所为。而刘邵主都官考课之议,作七十二条及《说略》一篇,则《人物志》之辅翼也。

四曰重人伦则尚谈论。夫依言知人,世之共信。《人物志》曰:"夫国体之人,兼有三材,故谈不三日,不足以尽之。一以论道德,二以论法制,三以论策术。然后乃能竭其所长,而举之不疑。"然依言知人,岂易也哉。世故多巧言乱德,似是而非者。徐幹《中论·核辩篇》评世之利口者,能屈人之口,而不能服人之心。《人物志·材理篇》谓辩有理胜,有辞胜。盖自以察举以取士,士人进身之途径端在言行，而以言显者尤易。故天下趋于谈辩。论辩以立异，动听取宠，亦犹行事以异操蕲求人知（《后汉书》袁奉高不修异操，而致名当世。则知当世修异操以要声誉者多也）。故识鉴人伦，不可不留意论难之名实相符。（徐幹云："俗士闻辩之名，不知辩之实。"）刘邵志人物，而作《材理》之篇，谓建事立义，须理而定，然理多品而人异，定之实难。因是一方须明谈理与才性之关系，一方须明言辞与义理之关系，而后识鉴，乃有准则。故刘邵陈述论难，而名其篇曰《材理》也（按夏侯惠称美邵之清谈，则邵亦善于此道）。

五曰察人物常失于奇尤。形名之学在校核名实，依实立名，因以取士。然奇尤之人，则实质难知。汉代于取常士则由察举，进特出则由征辟。其甄别人物分二类。王充《论衡》于常士则称为知材，于特出则号为超奇。蒋济《万机论》谓守成则考功案第，定社稷则拔奇取异。均谓人才有常奇之分也。刘邵立论谓有二尤。"尤妙之人含精于内，外无饰姿。尤虚之人，硕言瑰姿，内实乖反。"前者实为超奇，后者只系常人。超奇者以内蕴不易测，常人以外异而误别。拔取奇尤，本可越序。但天下内有超奇之实者本少，外冒超奇之名者极多。故取士，与其越序，不如顺次。越序征辟则失之多，顺次察举则其失较少。依刘邵之意，品藻之术盖以常士为准，而不可用于超奇之人也。然世之论者，恒因观人有谬，名实多乖，而疑因名选士之不可用。如魏明帝曰："选举莫取有名，名如画地作饼，不可啖也。"吏部尚书卢毓对曰："名不足以致异人，而可以得常士。常士畏教慕善，然后有名，非所当疾也。愚臣既不足以识异人，又主者正以循名案常为职，但当有以验其后。今考绩之法废，故真伪混杂。"明帝纳其言，诏作考课法。卢毓、刘邵同属名家。毓谓选举可得常士，难识异人。循名案常，吏部之职。综核名实，当行考绩。其意与刘邵全同也。

六曰致太平必赖圣人。刘邵曰："情性之理甚微而玄，非圣人之察，其孰能究之哉！"夫品题人物基于才性，圣人之察，乃能究其理，而甄拔乃可望名实之相符。邵又曰："主道得而臣道序,官不易方而太平用成。"盖天地设位,圣人成能。人主设官分职,任选材能,各当其宜,则可以成天功。是则人君配天,正名分,为王者之大柄。诚能以人物名实之相符,应官司名分之差别,而天下太平。然则太平之治,固非圣王则莫能致也。魏世钟繇、王粲著论云:"非圣人不能致太平。"司马朗以为伊颜之徒,虽非圣人,使得数世相承,太平可致。按刘邵曰:"众人之明,能知辈士之数,而不能知第目之度。辈士之明,能知第目之度,不能识出尤之良也。出尤之人,能知圣人之教,不能究之入室之奥也。"夫圣人尤中之尤,天下众辈多而奇尤少。甄别才性,自只可以得常士。超奇之人,已不可识,而况欲得圣人乎。圣人不可识,得之又或不在其位,则胡能克明俊德,品物咸宜,而致治平欤?依刘邵所信之理推之,则钟王之论为是,而司马朗之说为非也。

七曰创大业则尚英雄。英雄者,汉魏间月旦人物所有名目之一也。天下大乱,拨乱反正则需英雄。汉末豪俊并起,群欲平定天下,均以英雄自许,故王粲著有《汉末英雄传》。当时四方鼎沸,亟须定乱,故曹操曰:"方今收英雄时也。"夫拨乱端仗英雄,故许子将目曹操曰:"君清平之奸贼,乱世之英雄。"(此引《后汉书》)而孟德为之大悦。盖操素以创业自任也。又天下豪俊既均以英雄自许,然皆实不当名。故曹操谓刘备曰:"天下英雄惟使君与操耳。"而玄德闻之大惊。盖英雄可以创业,正中操贼之忌也。刘邵《人物志》论英雄,著有专篇,亦正为其时流行之讨论。其所举之例为汉高祖,所谓能成大业者也。志曰:"聪明秀出谓之英,胆力过人谓之雄。"英雄者,明胆兼备,文武茂异。若胆多则目为雄,韩信是也。明多则目为英,张良是也。此偏至之材,人臣之任也(傅巽目庞统为半英雄,亦当系谓其偏至)。若一人兼有英雄,则能长世,高祖项羽是也。然成大业者尤须明多于胆,高祖是也。(参看嵇康《明胆论》)按汉魏之际，在社会中据有位势者有二。一为名士，蔡邕、王粲、夏侯玄、何晏等是也。一为英雄，刘备、曹操等是矣。魏初名士尚多具名法之精神，其后乃多趋于道德虚无。汉魏中英雄犹有正人，否则亦文武兼备具有豪气。其后亦流为司马懿辈，专运阴谋，狼顾狗偷，品格更下。则英雄抑亦仅为虚名矣。

八曰美君德则主中庸无为。此说中糅合儒道之言，但于后述之。

二

汉末晋初，学术前后不同。此可就《人物志》推论之。本段因论汉晋之际学术之变迁。

《隋志》名家类著录之书除先秦古籍二种共三卷外，有：

《士操》一卷　魏文帝撰

《人物志》三卷　刘邵撰

此二书之入名家，当沿晋代目录之旧。其梁代目录所著录入名家者，《隋志》称有下列诸种：

《刑声论》一卷　（撰者不明）

《士纬新书》十卷　姚信撰

《姚氏新书》二卷　与《士纬》相似（当亦姚信撰）

《九州人士论》一卷　魏司空卢毓撰

《通古人论》一卷　（撰者不明）

以上共九种二十二卷，与《广弘明集》所载梁阮孝绪《七录》名家类著录者相合（惟卷数二十三当有误字）。然则刘邵书之入名家，至少在梁代即然。《刑声论》者，疑即形声，言就形声以甄别人物也。其余诸书，从其名观之，亦不出识鉴人伦之作。至若姚信，乃吴选部尚书，而《士纬》现存佚文，如论及人性物性，称有清高之士，平议之士，品评孟子、延陵、扬雄、马援、陈仲举、李元礼、孔文举，则固品题人物之作也。《意林》引有一条曰："孔文举金性太多，木性不足,背阴向阳,雄倬孤立。"其说极似《人物志·九征篇》所载。然则魏晋名家与先秦惠施、公孙龙实有不同。

名学有关治道伦常,先秦已有其说,兹不具论。《汉书·艺文志》论名家而谓出于礼官。古者名位不同,礼亦异数。名学已视为研究名位名分之理。《隋志》云:"名者所以正百物,叙尊卑,列贵贱,各控名而责实,无相僭滥者也。"其说仍袭《汉志》。然控名责实,已摄有量材授官,识鉴之理亦在其中(晋袁弘《后汉纪》论名家亦相同)。《人物志》、《士纬新书》之列为名家,自不足异也。

现存《尹文子》非先秦旧籍,或即汉末形名说流行时所伪托之书(兹已不可考)。其中所论要与汉晋间之政论名理相合(《隋志》名家有尹文而无公孙龙、惠施)。据其所论,以循名责实为骨干。如曰:"名以检形,形以定名;名以定事,事以检名。察其所以然,则形名之与事物无所隐其理矣。"(王伯厚《汉志考证》名家下曾略引此段)检形定名,为名家学说之中心理论。故名学之学,称为形名学(亦作刑名学)。

溯自汉代取士大别为地方察举,公府征辟。人物品鉴遂极重要。有名者入青云,无闻者委沟渠。朝廷以名为治(顾亭林语),士风亦竞以名行相高。声名出于乡里之臧否,故民间清议乃隐操士人进退之权。于是月旦人物,流为俗尚;进目成名(《人物志》语),具有定格,乃成社会中不成文之法度。一方由此而士人重操行,洁身自好,而名教乃可以鼓舞风气,奖励名节。一方清议势盛,因特重交游,同类翕集而蚁附,计士频踬而胁从。(崔寔语)党人之祸由是而起。历时既久,流弊遂生。辗转提携,互相揄扬。厉行者不必知名,诈伪者得播令誉。后汉晋文经、黄子艾恃其才智,炫耀上京。声价已定,征辟不就。士大夫坐门问疾,犹不得见。随其臧否,以为予夺。后因符融、李膺之非议而名渐衰,惭叹逃去。黄、晋二人本轻薄子,而得致高名,并一时操品题人物之权,则知东汉士人,名实未必相符也。及至汉末，名器尤滥。《抱朴子·名实篇》曰：“汉末之世，灵献之时，品藻乖滥，英逸穷滞，饕餮得志，名不准实，贾不本物，以其通者为贤，塞者为愚。”（《审举篇》亦言及此）天下人士痛名实之不讲，而形名之义见重，汉魏间名法家言遂见流行。

汉末政论家首称崔寔、仲长统。崔寔综核名实，号称法家。其《政论》亦称贤佞难别，是非倒置。并谓世人徒以一面之交，定臧否之决。仲长统作《乐志论》，立身行己，服膺老庄。然《昌言》曰："天下之士有三可贱。慕名而不知实，一可贱。"王符《潜夫论》主张考绩，谓为太平之基。文有曰："有号者必称于典，名理者必效于实，则官无废职，位无非人。"徐幹《中论》曰："名者所以名实也。实立而名从之，非名立而实从之也。故长形立而名之曰长，短形立而名之曰短。非长短之名先立，而长短之形从之也。仲尼之所以贵者，名实之名也。贵名乃所以贵实也。"刘廙《政论·正名篇》曰："名不正则其事错矣。""王者必正名以督其实。""行不美则名不得称，称必实所以然，效其所以成。故实无不称于名，名无不当于实。"据此诸言，可征形名、名实之辨，为学术界所甚注意之问题。

《人物志》者，为汉代品鉴风气之结果。其所采观人之法，所分人物名目，所论问题，必均有所本。惜今不可详考。惟其书宗旨，要以名实为归。凡束名实者，可称为名家言也。（《后汉书·仲长统传》注曰："名实，名家也。"）《材能篇》曰："或曰人材有能大而不能小，犹函牛之鼎不可以烹鸡，愚以为此非名也。"盖名必当实，若非实事，则非名也。《效难篇》曰："名犹（疑由字）口进，而实从事退。"又曰："名由众退，而实从事章。"（此二语似系引当时常用语）前者名胜于实，众口吹嘘，然考之事功，则其名败。后者实超于名，众所轻视，然按之事功，则真相显。二者均月旦人物普通之过失也。夫邵既注意名实，察人自重考绩，故作《都官考课》之法。其上疏有曰："百官考课，王政之大较。"且核名实者，常长于法制。邵作有《法论》(《隋志》入法家)，又受诏作《新律》十八篇，著《律略论》。按魏律以刑名为首篇，盖亦深察名实之表现也。

王者通天地之性，体万物之情，作为名教。建伦常，设百官，是谓名分。察人物彰其用，始名目。以名教治天下，于是制定礼法以移风俗。礼者国家之名器（刘邵劝魏明帝制礼作乐），法者亦须本于综核名实之精神。凡此皆汉晋间流行之学说，以名实或名形一观念为中心。其说虽涉入儒名法三家，而且不离政治人事，然常称为形名家言。至于纯粹之名学，则所罕见。然名学既见重，故亦兼有述作。魏晋间爱俞辩于论议，采公孙龙之辞以谈微理。其后乃有鲁胜注墨辩，为刑（依孙校作形）名二篇。爱俞之言今不可知。鲁胜则仍袭汉魏名家之义。其叙曰："名者所以别同异，明是非，道义之门，政化之准绳也。"又曰："取辩于一物，而原极天下之污隆，名之至也。"又自谓采诸众集为刑（形）名二篇，略解指归云云。如其所采亦有魏晋形名之说，则是书指归，必兼及于政治人事也。

魏晋清谈，学凡数变。应詹上疏，称正始与元康、永嘉之风不同。戴逵作论，谓竹林与元康之狂放有别。依史观之，有正始名士（老学较盛）、元康名士（庄学最盛）、东晋名士（佛学较盛）之别。而正始如以王何为代表，则魏初之名士，固亦与正始有异也。魏初，一方承东都之习尚，而好正名分，评人物。一方因魏帝之好法术，注重典制，精刑律。盖均以综核名实为归。名士所究心者为政治人伦。著书关于朝廷社会之实事，或尚论往昔之政事人物，以为今日之龟鉴，其中不无原理。然纯粹高谈性理及抽象原则者，绝不可见。刘邵之论性情，比之于宋明诸儒；论形名，较之惠施、公孙龙之书，趣旨大别。后世称魏晋风气概为清谈玄学。而论清谈者，多引干宝《晋论》，如曰："谈者以虚薄为辩，而贱名检。"然魏曹羲，何晏、邓飏之党与也，其《至公论》曰："谈论者以当实为清。"则谈并不主虚薄也。又曹羲之言，乃论清议臧否，而魏初论人物者固亦甚贵名检也

（当实为清，本循名责实之意）。

魏初清谈，上接汉代之清议，其性质相差不远。其后乃演变而为玄学之清谈。此其原因有二：（一）正始以后之学术兼接汉代道家（非道教或道术）之绪（由严遵、扬雄、桓谭、王充、蔡邕以至于王弼），老子之学影响逐渐显著，即《人物志》已采取道家之旨（下详）。（二）谈论既久，由具体人事以至抽象玄理，乃学问演进之必然趋势。汉代清议，非议朝政，月旦当时人物。而魏初乃于论实事时，且绎寻其原理。如《人物志》，虽非纯论原理之书（故非纯名学），然已是取汉代识鉴之事而总论其理则也。因其亦总论理则，故可称为形名家言。汉代琐碎之言论已进而几为专门之学矣。而同时因其所讨论题材原理与更抽象之原理有关，乃不得不谈玄理。所谓更抽象者，玄远而更不近人事也。

上项转变，可征诸于《人物志》一书。其可陈述者凡二点：（甲）刘邵论君德，本道家言。人君配天，自可进而对于天道加以发挥。此项趋势最显于王弼之书，待后论之。（乙）《人物志》以情性为根本，而只论情性之用。因此自须进而对于人性本身加以探讨，才性之辩是矣（按魏中正品状，品美其性，状显其才。故当时不论性情而辩才性。此盖与实际政治有关）。才性论者，魏有傅嘏、李丰、钟会、王广。嘏与会均精于识鉴。（嘏评夏侯玄、何晏等事，见《魏志》本传注及《世说》。会相许允子事，见《魏志·夏侯玄传》注）李丰曾与卢毓论才性。（丰主才性异，见《魏志·卢毓传》）毓本好论人物，作《九州人物论》。而丰亦称能识别人物。（《魏志·夏侯玄传》注）盖皆是与刘邵同类人物也。（王广待详）按何邵《荀粲别传》（《魏志·荀彧传》注及《世说》注）云：

太和初到京邑，与傅嘏谈。嘏善名理，而粲尚玄远。

《世说·文学篇》云：

傅嘏善言虚胜，荀粲谈尚玄远。

注引《傅子》曰：

> 嘏既达治好正，而有清理识要。如论才性，原本精微。

合观上文，嘏所善谈者名理。而才性即名理也。虚胜者，谓不关具体实事，而注重抽象原理。注故称其所谈原本精微也。至若玄远，乃为老庄之学，更不近于政事实际，则正始以后，谈者主要之学问也。又《世说·德行篇》注引李秉（原作康误）《家诫》，言司马文王云：

> 天下之至慎者，其惟阮嗣宗乎。每与之言，言及玄远，而未尝评论时事、臧否人物。

按自东汉党祸以还，曹氏与司马历世猜忌，名士少有全者。士大夫惧祸，乃不评论时事、臧否人物。此则由汉至晋，谈者由具体事实至抽象原理，由切近人事至玄远理则，亦时势所造成也。

综上所言，正始前后学风不同，谈论殊异。《人物志》为正始前学风之代表作品，故可贵也。其后一方因学理之自然演进，一方因时势所促成，遂趋于虚无玄远之途，而鄙薄人事。《世说·言语篇》曰：

> 刘尹与桓宣武共听讲《礼记》。桓云："时有入心处，便觉咫尺玄门。"刘曰："此未关至极，自是金华殿之语。"

魏初名士谈论，均与政治人事有关，亦金华殿语也。东晋名士听讲《礼记》，虽觉入心，而叹其未关至极。则风尚之已大有变迁，盖可窥矣。

三

《人物志》一书之价值如何，兹姑不论。但魏初学术杂取儒名法道诸家，读此书颇可见其大概。故其具历史上之价值，兹略述于下。

汉魏名家亦曰形名家，其所谈论者为名理。王符《潜夫论》曰："有号者必称于典，名理者必效于实，则官无废职，位无非人。"此谓典制有号，相称则官无废职，人物有名，见效则位无非人。然则名理乃甄察人物之理也。傅玄曰："国典之坠，犹位丧也。位之不建，名理废也。"据此，则设位建官亦谓之名理。荀粲善谈名理，据《世说》注，似其所善谈者才性之理也，此皆名理一词之旧义。后人于魏晋玄学家均谓长于名理，失其原义矣。按名家以检形定名为宗而推之于制度人事，儒家本有正名之义，论名教者，必宪章周孔，故《人物志》自以为乃依圣人之训。其序曰：

> 是故仲尼不试，无所援升。犹序门人以为四科，泛论众材以辨三等。又叹中庸以殊圣人之德，尚德以劝庶几之论，训六蔽以戒偏材之失，思狂狷以通拘抗之材，疾悾悾而无信以明为（应作依，名见《九征篇》，依《全三国文》据宋本作伪）似之难保。

刘邵叙列人物首为圣人，有中庸至德。次为兼材，以德为目（伊尹、吕望又如颜子）。次为偏至之材自名。此乃三度，谓出于仲尼之三等也。此外则抗者过之，拘者不逮，谓出于孔子所言之狂狷。至若乱德之人，一至一违，称为依似，则是孔子所斥悾悾无信之人。刘邵分别品目，大较不出于此，均自谓本于儒教也（书中引儒义尚多，兹不赘）。应詹上疏谓元康时乃以玄虚弘放为夷达，以儒术清俭为鄙俗。正始之间则不然，盖魏世名分礼法本为时尚，读者并为儒书，家教尤具典型。即阮嵇放达，亦似有疾而为，非以乱道（戴逵《放达为非道论》）。晋兴以后则不然矣。

名法二家均言循名责实，其关系尤密，此可于刘邵、卢毓二人见之。刘作《人物志》，卢作《九州人士论》，同主依名选士，考课核实。毓与邵同定律，于刑律均有著述。毓所举之名人有阮武。武亦为法家，亦能知人，比为郭林宗。其所作《政论》言弩有法准，故易为善，明主张法于天下以制强梁之人。其告杜恕依才性能用为言，则亦兼名法家言也。又建立纲常，尊卑有序，设官分职，位人以材，本儒教正名制礼之义。然《韩非子》曰："术者因任而授官，循名而责实，操杀生之柄，课群臣之能，此人主之所执。"则名分卑尊择人任官，在儒家为教化，而在法家则为主术。教化所以导善，主术乃以防奸。魏晋相继，篡逆迭起，权臣执柄，君臣危之，则不得不申尊卑之防。篡杀既成，窃国者自危，尤不得不再申正名之义。曹魏父子严刑峻法，司马父子奖挹忠孝，其迹虽殊，用意则一。故不但儒名二家相通，而其实则常实为法术之运用也。又考课之法原载儒书，然其意固在综核名实，则又法家之言。故论者多讥其专在止奸，而失于立本。故卢毓、刘邵立考课之法而傅嘏上疏有曰："建官均职，清理民物，所以立本也。循名考实，纠励成规，所以治末也。"杜恕奏有曰："世有乱人无乱法，若使法可任，则唐虞不须稷契之佐，殷周无贵伊吕之辅矣。"又曰："今之学者师商韩而上法术，竞以儒家为迂阔，不周世用，此最风俗之流弊。"据此则考绩托言源出圣王之治，而实阴取申韩之术也。按傅嘏论才性出于名家，杜恕作《体论》乃儒家言（《隋志》），殊少法家趣味。刘邵重考课，修刑律，其学虽合儒名，而法家之精神亦甚显著也。

魏文帝重法术，明帝奖经术，形名家言通于二家亦甚流行于世。然其时道家之学亦渐盛，终成正始玄风。故正始以前名士中颇兼老氏学而可称为过渡之人物。夏侯玄少知名，士大夫中声望极重。荀粲好道家言，赞泰初为一时之杰。何晏喜玄理，谓其深而能通天下之志。玄亦复崇奉自然，在魏代玄学家泰初之地位颇高，而时亦较早。然玄亦以知人见称于世，为中护军拔用武官无非俊杰（以此为司马氏所忌）。书议时事，评九品中正，陈建官之意，最中时弊。其论古无肉刑，与李胜往复，则知亦留心于法意。故夏侯泰初者上接太和中名法之绪，下开正始玄理之风也。钟会少尝受《易》与《老子》，反复诵习，曾论《易》无互体，与王弼之意相同，史亦称其与辅嗣并知名，则会固擅长玄学。会又长于识鉴，善论才性，集傅嘏等之说而为《四本论》，此论在魏晋甚流行，故史又称会精练名理也。《魏志》本传曰："及会死后，于会家得书二十篇，名为《道论》，而实刑（应作形）名家也。其文似会。"夫论以道名而内容为形名，其故何在，颇

读《人物志》 241

堪探索。

今本《尹文子》序曰："其学本于黄老，大较刑（形）名家也。"高似孙《子略》论，亦言其杂取道法。《四库提要》云："其书本名家者流，大旨指陈治道欲自处于虚静，而万事万物则一一综核其实。故其言出入于黄老申韩之间。"魏代名家本采纳黄老之说，《尹文子》所陈与钟会之《道论》想大体不殊。《尹文子》似是汉末名家伪托之书，兹以无确证，姑不详疏。然魏世任嘏作《道论》，其书固亦为名家，其佚文多言政治人事，而《御览》引一条曰：

> 木气人勇，金气人刚，火气人强而躁，土气人智而宽，水气人急而贼。

此论人物之理与刘邵九征之说虽不全同，但任子《道论》，因亦形名家言也。

何晏、王弼已为正始之玄学家，与魏初名士不同（晏之《道论》自与任子《道论》有殊），然犹受时代之影响。平叔具有法家精神，选人各得其才（傅咸语），则亦善名家之术。至若辅嗣著书，外崇孔教，内实道家，为一纯粹之玄学家。然其论君道，辨形名，则并为名家之说。《老子注》自未受《人物志》之影响，然其所采名家理论，颇见于刘邵之书也。

《人物志》中道家之说有二：一为立身之道，一为人君之德。其言有曰：

> 老子以无为德，以虚为道。

> 君子知屈之可以为伸，故含辱而不辞。知卑让之可以胜敌，故下之而不疑。

> 君子之求胜也，以推让为利锐，以自修为棚橹，静则闲嘿泯之玄门，动则由恭顺之通路。是以战胜而争不形，敌服而怨不构。

> 《老子》曰："夫惟不争，故天下莫能与之争。"是故君子以

> 争途之不可由也。是以越俗乘高，独行于三等之上。何谓三等？大无功而自矜一等，有功而伐之二等，功大而不伐三等。（下略）
>
> 不伐者，伐之也。不争者，争之也。让敌者，胜之也。下众者，上之也。

卑弱自持为刘邵教人立身之要道。《人物志》本为鉴人序材之书，此义似若与题无干，而书末竟加有《释争》一篇，则其于《老子》之说深为契赏，可以知也。

刘邵以为平治天下必须圣人，圣人明智之极，故知人善任。知人善任则垂拱而治，故能劳聪明于求人，获安逸于任使（序文）。此人君无为而治之一解也。晋裴頠上疏有曰：

> 故尧舜劳于求贤，逸于使能，分业既辨，居任得人，无为而治，岂不宜哉！

裴頠本以善名理见称，并作《崇有论》以尊名教，与喜玄虚者不同，尚为魏初学术之余响。与其说有相似者为郭象，《庄子注》有曰：

> 夫在上者患于不能无为而代人臣之所司，使咎繇不得行其明断，后稷不得施其播殖，则群才失其任，而主上困于役矣。

郭象之说其所据虽别有妙义，而此处解无为之治与上文无异也。此解亦见于王弼《老子注》，其文曰：

> 夫天地设位，圣人成能。人谋鬼谋，百姓与能者，能者与之，资者取之，能大则大，资贵则贵，物有其宗，事有其主。如此则冕旒充目而不惧于欺，黈纩塞耳而无戚于慢，又何为劳一身之聪明以察百姓之情哉？

魏明帝至尚书门欲案行文书，尚书令陈矫跪阻曰："此自臣职分，非陛下所宜临也。若臣不称其职，则请就黜退，陛下宜还。"帝惭而反。此具见当时此类学说当世上下共知，今世推克特它（Dictator）大权独握，百事躬亲，在下者亦不敢进以此言，即言之，在上者亦必所未喻也。

读《人物志》 243

知人善任，治平之基。知人必待圣王，圣人之所以能知人善任，则因其有中庸至德。中庸本出于孔家之说，而刘邵乃以老氏学解释之。《人物志》曰：

> 凡人之质量中和最贵矣。中和之质必平淡无味，故能调成五材，变化应节。

> 夫中庸之德，其质无名，咸而不碱，淡而不䁠，质而不缦，文而不缋，能威能怀，能辨能讷，变化无方，以达为节。

> 若道不平淡与一材同用好，则一材处权，而众材失任矣。

> 主德者聪明平淡，总达众材，而不以事自任者也。

圣德中庸，平淡无名，不偏不倚，无适无莫，故能与万物相应，明照一切，不与一材同用好，故众材不失任（无名）。平淡而总达众材，故不以事自任（无为）。和洽谓魏武帝曰："立教观俗，贵处中庸，为可继也。"亦是同意。

知人善任，名家所注意。中庸应变乃采道家之说。此不独在政治上有此综合，而其所据乃有形而上之学说也。此则见于《尹文子》，《尹文子》固形名家而参以道家。其书首曰："大道无形，称器有名。"夫形而上者谓之道，形而下者谓之器。依宇宙说，道无名无形，而器则有名有形。就政治说，君德配天，上应天道。故君亦无名，不偏，而能知用众材，百官则有名而材各有偏至。器以道为本，臣亦君为主。此合虚无名分为一理，铸道德形名于一炉也。

刘邵仍是名家，此义仅用之于政治，王弼乃玄学家，故既用此义于解君德，而且阐明其形上学之根据。《论语》皇疏四引王弼云：

> 中和质备，五材无名。

此称美圣德，文意与《人物志》全同。《老子》曰："朴散则为器，圣人用之则为官长。"王注曰：

> 朴，真也。真散则百行出，殊类生，若器也。圣人因其分散，故为之立官长，以善为师，不善为资，移风易俗，复使归于

一也。

夫道常无名，朴散则为器（有名），圣王亦无名，但因天下百行殊类而设官分职，器源于道，臣统于君也。故三十二章注又曰：

> 道无形，不系，常，不可名……朴之为物，以无为心也，亦无名。故将得道，莫若守朴。

道无形无名，圣君法天，故莫若守朴。圣德守朴则中庸平淡，可役使众材（如智勇等）而为之君（即不为人所役使）。故注又曰：

> 夫智者可以能臣也，勇者可以武使也，巧者可以事役也，力者可以重任也（百官分职）。朴之为物，愦然不偏，近于无有，故曰莫能臣也（谓君也）。

故三十八章注有曰：

> 载之以道，统之以母（无名无形）。故显之而无所尚，彰之而无所竞。用夫无名，故名以笃焉。用夫无形，故形以成焉。守母以存其子，崇本以举其末，则形名俱有而邪不生，大美配天而华不作。故母不可远，本不可失。仁义，母之所生，非可以为母。形器，匠之所成，非可以为匠也。

君德法道，中和无名，因万物之自然（故二十七章注曰："圣人不立形名以检于物。"《后汉纪》卷三袁论首段可参看），任名分而恰如分际（故三十二章注曰："过此以往，将争锥刀之末"），则可以成天功而跻于至治也（《列子》注引夏侯玄语，疑亦可如上解，兹不赘）。

总上所言，刘邵、王弼所陈君德虽同，而其发挥则殊异，《人物志》言君德中庸，仅用为知人任官之本，《老子注》言君德无名，乃证解其形上学说，故邵以名家见知，而弼则为玄学之秀也。

汤用彤

略述刘邵《人物志》

今天我要约略讲一部将两汉学术思想开辟到另一新方向之书，此即刘邵之《人物志》。此书仅有两卷、十二篇。刘邵之时代已下至三国。此书以前向少为人注意，直至最近，始有提及。我们一看其书名，即知此书是专讨论人物的。我尝谓中国文化传统特别注重于人文主义，因此也特别着重讲人物，如在《论语》中，即曾批评自尧舜以下直到孔子当时之各类人物；《孟子》书亦然。中国人一向甚重视对人物之批评，此乃中国思想一特点。

因讲政治教化皆需人。在汉代，政府用人必以读书人为条件，读书必以通经为条件，非读书通经即不得从政。此在孔孟当时，可谓仅存有此一理想，而到汉代，却已真在制度上实现了。政教合一，政治上之人物即是学术上之人物，此项制度，可谓是根据了经学中之最高理论而来。但后来汉代亦趋衰乱，终至于不可收拾，此中原因何在，岂不深值时人猛省？在汉代开始时，讲黄老无为，但亦须有理想适合人来推行，不是随便讲黄老学的都能胜任愉快。为何到东汉末年，产生了黄巾、董卓之乱，终于导致三国分裂？不容得当时人不觉悟到政治上之失败，其理由即因于政治上用人之不够理想。故退一步先从人物方面作研究，庶可希望在政治上能用到合理想、合条件之人。此亦可谓是一个反本穷源的想法。刘邵《人物志》即根据此一时代要求而写出。

《人物志》主要在讨论人物。"物"是品类之义。将人分成许多品类，遂称之为"人物"。西方人常依职业或知识来分人物，如宗教家、医生、律师，或某类专门学者，这些都从外面职业知识分。中国人却重在从人之内面品性道德分。此一态度，显然与西方不同。中国人向来看重人的道德、性情，如《论语》中讲"仁"、"孝"，讲"圣"、"贤"，讲"君子"、"小人"，此等皆是道德上字眼。汉人最讲求道德，及汉代中央政府崩溃后，曹操却提出了新鲜口号，他说："治天下，平时尚德行；有事尚功能。"他把才干看重在道德之上。若论曹孟德自己，就其道德论，实在太差了；然其人甚能干，正是乱世之奸雄。在此一风气下，更激起有思想者之郑重注意，于是方有刘邵《人物志》之出现。

孟子曾云："穷则独善其身，达则兼善天下。"孔子亦曾说过："道不行，乘桴浮于海。"又说："用之则行，舍之则藏。"从个人立场讲，当世界陷于绝望时，只有退避一旁，采明哲保身之一法。但自另一方面讲，世道否塞，终需要物色人才来扭转此局面。刘邵写《人物志》，并非站在私人立场着想，而是站在政府立场着想。他的意态是积极的，非消极的。因此他衡评人物，一讲德性，一重才能，务求二者兼顾。换言之，衡评人物，不能不顾到其对当时人群所能贡献之功利一方面。若要顾到人群功利，即需讲才智。若无才智，如何能在此社会上为人群建立起功利？故刘邵《人物志》极重人之才智，但也并未放弃道德。而他书里，也并未提到隐沦一流，这是此书一特点。

今问人之才智何由来？刘邵以为人之才智乃来自自然，此即所谓"人性"。孟子亦是本"才"以论"性"。当三国时，才性问题成为一大家爱讨论的问题。因在东汉时，社会极重"名教"，当时选举孝廉，孝廉固是一种德行，但亦成了一种"名色"。当时人注重道德，教人定要作成这样名色的人，教人应立身于此名色上而再不动摇，如此则成为"名节"了。惟如此推演，德行转成从外面讲。人之道德，受德目之规定，从"性"讲成了"行"，渐渐昧失了道德之内在本原。现在世局大坏，人们觉得专讲当时儒家思想，似乎已不够；于是又要将道家思想掺入，再回到讲自然。认为人之才能，应来自自然。但一讲到自然，又会牵连讲到邹衍一派之阴阳家言。在先秦以前，各家思想本可分别来讲；但汉以下各家思想已渐汇通，不能再如先秦般严格作分别。当时人把自然分成为"金、木、水、火、土"五行，人性亦分别属之。即如近代命相之说，也仍把人分"金性"、"木性"等。当时人把儒家所讲仁、义、礼、智、信配入五行，变成了五性。那一性的人，其所长在何处，如：木性近仁、金性近义等。直到宋代理学家们，也还作如此的分别。

但刘邵《人物志》并不看重那些旧德目，他书中提出了许多新意见。他说：人才大概可分为两等：一是"偏至之才"，此乃于一方面有专长者。如今称科学家、艺术家等，在刘邵说来，应都属此偏至之一类。第二是"兼材"，即其才不偏于一方面，而能有兼长者。依近代人观念，其人果是一文学家，若定要同时兼长科学，岂不甚难？然此等本属西方人侧重职业与知识的分法，中国人则不如此看人，人品不以知识、职业作分别。今天的我们，都已接受了西方人说法，多将人分属于某项知识、某项职业之下，乃对刘邵所提兼才一项，骤难了解。

我们试再就此讲下。刘邵在《人物志》中将人分成十二"流"。中国人所谓流品，亦即是品类之义。此十二流乃依其人之性格言，人之"才"皆自其"性"来。如有人喜讲法律，有人喜臧否人物，有人善文辞，此皆所谓才性不同。刘邵所分十二类中之第一类，称为"清节家"。他说如吴季札、齐晏婴等是。因此类人禀此性，便宜做此类事，即其才之专长在此也。其第二类称"法家"。此非指先秦诸子中之法家学派言。法家学派指的是一套思想，而刘邵所指则是某一类人之性格。如管仲、商鞅等，此一类人，性喜讲法律制度，因此其才亦于此方面见长。第三类称为"术家"。如范蠡、张良等是。因于人性不同，而其所表现之才能亦不同。如：管仲、商鞅，他们每能建立一套制度或法律，然遇需要权术应变处，即见他们之才短。

前三类皆是所谓"偏至之材"。但亦有其人不止在某一类事上有用，而其才可多方面使用者。此所谓"兼材"，即其才不限于某一方面、某一类事。刘邵言：如此之人，即具兼才之人，乃可谓之"德"。依照刘邵如此说来，"德"自在"才"之上。但其所用德字之涵义，显与指仁、义、礼、智为德者有辩。刘邵又谓：若其人又能"兼德"，此种人则可谓之"圣人"。故刘邵心中之圣人，应是一全才之人，至少应是一多才之人。刘邵主张在偏至之才之上，更应注重兼才，此种人始是有德。如曹操不可托以幼主，而诸葛孔明则可以幼主相托。此因孔明兼有清节之才，而曹操不能兼。若照我们普通说法，只说曹操无道德；依刘邵讲法，即论其人有无此类之才，或说是否具有此一方面之性格，此乃刘邵思想之独特处。

刘邵又谓：若"兼德而至"，谓之"中庸"。此处所谓之中庸，亦不同于儒家所谓之中庸。刘邵之所谓中庸者，实是兼备众才，使人不能以一才目之，甚至不能以兼才目之。因此刘邵将人物分为三类，即"圣人"、"德行"与"偏材"。中庸则是圣人。复下有"依似"，此乃勉强学之于人，而并非出自其人之本性者。此下又有"间杂"与"无恒"。如其人今日如此，明日又不如此，便是间杂、无恒。"依似"与"无恒"，皆不从其人之本性来，只从外面强学，故有此弊。盖因东汉重名教，人渐向外效慕，刘氏特加矫正。然刘邵仍将"德行"置于才智之上。他的意见，德行应由内发，而仍必兼有才智。谓其本原乃出于人之天性，因此主张要"观人察质"。他意谓要观察一个人，必注重观察其性格。此处察质之"质"字，其涵义犹不止是"性质"义，且兼有"体质"义。直至今日论人，犹有相骨、相面之说，此即观人之体质也。其人或厚重，或轻薄，或谨慎，或粗疏，皆从其人之体质与性质来。此种意见，实亦流传迄今，仍为一般人所信奉。

但"观人察质"更有一重要处。刘邵说：看人"必先察其平淡，而后求其聪明"。此两语实有深意。若论圣人，本即是一聪明人，目能视，耳能听，所视所听又能深入玄微，这便是其人之聪明。又如同读一书，各人所得不同，此即其人之聪明不同。圣人便是聪明之尤者。但在看一人之聪明之外，更应察其性格之能平淡与否。此语中极涵深义。从前儒家多讲仁、义、礼、智、信，把美德渐讲成了名色；至刘邵时便不再讲此，转移重点，来讲人之性格与其用处。人之性格与其用处之最高者，刘邵谓是"平淡"一格，此如一杯淡水，惟其是淡，始可随宜使其变化，或为咸，或为甜。人之成才而不能变，即成一偏至之才，其用即有限。故注意人才而求其有大用，则务先自其天性平淡处去察看。

所谓"平淡"，应可有两种讲法：一指其人之内心讲，即其人之所好、所愿望。如人都喜欢在某一方面有所表现，此人即是不平淡。以其不平淡，因而亦只能依其所好、所想望而成一偏至之才。又如人好走偏锋，急功近利，爱出锋头，此等皆是不平淡。必大圣如孔子，始是一直平淡者。惟其平淡，故可大受，而当大任。如孔子之"毋意、毋必、毋固、毋我"及其"无可、无不可"，此即孔子之平淡也。刘邵说："中庸之德，其质无名。"此即或人批评孔子所谓"博学而无所成名也"。亦可说平淡即是不好名，不求人知。刘邵此番理论，正是针对东汉人风气，亦可谓其乃来自道家。如老子说："名可名，非常名。"人若成为一个"名色"，其人亦即只可有一种用，不能再作他用，此即违背刘邵所谓之中庸之德矣。故刘邵意乃谓：人之至者，须能"变化无方，以达为节"。此所谓"达"，即是达成我们之所希望与其到达之目标之谓。我们之目标与希望，惟有其人性格到一平淡境界时，始可达到。盖平淡之人，始能不拘一格，因应变化，故能达成其任务也。刘邵所用"平淡"二字，明是老庄思想；但其用"中庸"二字，则自儒家来。刘邵将此儒、道二家思想配合而自创一新说，此在汉儒中甚少见。

以上讲的是"圣人"，此乃承传统观念来。在三国时，一般人又多喜欢讲"英雄"，因乱世需英雄也。如曹操尝语刘备曰："今天下英雄，惟使君与操耳！"即时人尚英雄之证。据刘邵《人物志》意见："英"，乃指其人之聪明；"雄"，乃指其人之胆力。如张良柔弱似妇人女子，乃英而不雄；韩信则是雄而不英。然英才之人不能使用雄才，雄才之人亦不能使用英才。必求其人聪明、胆力相兼，方可谓之英雄。若不得已而必须分别论之，则英才较雄才为高。然必兼英与雄，始可用天下英雄之才，而得建成大业也。

刘邵又从功利观点来讲人之德性，谓其最可宝贵者，应在"爱"与"敬"两项。因凡人皆喜欢得他人之"爱"与"敬"，故此二者乃人之最高道德性格也。因若任何人能爱敬人，则能动获人心，道无不通，如此自然所遇无不顺利。故刘邵讲道德主要乃兼功利观点讲。他说如"仁"字，在单独讲时是好的；但合起来讲，则仁不如"明"。若其不明而仅有仁，则成无明，此说实亦有理。故孔子讲"仁"必另加上一"智"字，后人太偏讲道德，便失却孔子仁、智兼重之义。仁、智必相兼，聪明与平淡二者亦必相兼，此皆刘邵论人物之重要点。

再说"平淡"二字。平者如置放任何一物，放平处便可安顿，放不平处则不易得安顿。淡则能放进任何物，而使其发生变化，不致拘缚在一定格上。总之，平淡之性格可使人之潜在性能获得更多之发现与成就。刘氏因此又说："学"虽可使人成才，然成于此，即失于彼。此显然是道家义。刘氏又颇看不起"恕"字，彼意若其人自己心上有了毛病，如何能"推己及人"？故说"学不入道"；又说"恕不周物"。这是他对儒家义之修正。

刘邵《人物志》一书，其中所涵思想，兼有儒、道、名、法诸家，把来会通，用以批评、观察人物。依刘邵理论，把道德、仁义、才能、功利诸观点都会通了，用来物色人才以为世用。此种讲法，颇与宋、明儒所讲德行之学只注重在个人内部之正心、诚意方面者并不全相同。所惜是后人没有将刘邵此一套学问更向前推进，此在刘邵思想本身，自然也有缺点：一是刘邵只注意观察人物，却不注意在各人之修养方法上；二是刘邵所讲，专注意在政治场合之实用上，他的眼光，已就陷于一偏。这可证明刘邵还是两汉以来单注意政治实用一方面的思想传统。

我自己很喜爱刘邵此书，认为：他提出"平淡"二字，其中即有甚深修养功夫。在我年轻时读《人物志》，至"观人察质，必先察其平淡，而后求其聪明"一语，即深爱之，反复玩诵，每不忍释；至今还时时玩味此语，弥感其意味无穷。

钱　穆

（1961年在香港大学讲）